# Eduardo Muylaert

# CARTAS DE PARIS

*Notícias do Brasil*

autêntica

EDITORAS RESPONSÁVEIS
*Rejane Dias*
*Cecília Martins*

PREPARAÇÃO DE TEXTO
*Sonia Junqueira*

REVISÃO
*Samira Vilela*

CAPA
*Diogo Droschi*
*(Sobre foto do*
*arquivo do autor)*

DIAGRAMAÇÃO
*Guilherme Fagundes*

**Dados Internacionais de Catalogação na Publicação (CIP)**
**(Câmara Brasileira do Livro, SP, Brasil)**

Muylaert, Eduardo
    Cartas de Paris, notícias do Brasil / Eduardo Muylaert. -- 1. ed. -- Belo Horizonte, MG : Autêntica Editora, 2023.

    ISBN 978-65-5928-343-9

    1. Brasil - Política e governo 2. Cartas - Coletâneas 3. Correspondências 4. Ditadura - Brasil - História - 1964-1985 5. Literatura brasileira 6. Paris (França) 7. Universidade I. Título.

23-173745                                          CDD-B869.6

**Índices para catálogo sistemático:**
1. Cartas : Literatura brasileira B869.6

Aline Graziele Benitez - Bibliotecária - CRB-1/3129

 GRUPO **AUTÊNTICA**

**Belo Horizonte**
Rua Carlos Turner, 420
Silveira . 31140-520
Belo Horizonte . MG
Tel.: (55 31) 3465 4500

**São Paulo**
Av. Paulista, 2.073 . Conjunto Nacional
Horsa I . Sala 309 . Bela Vista
01311-940 . São Paulo . SP
Tel.: (55 11) 3034 4468

www.grupoautentica.com.br
SAC: atendimentoleitor@grupoautentica.com.br

*Em memória das pessoas, não são poucas,*
*que não estão mais aqui para relembrar estas histórias.*

# AGRADECIMENTOS

Preciso registrar meus agradecimentos. A Helô Mello, minha mulher, que me acompanhou o tempo todo nesse percurso, inclusive voltando comigo aos lugares citados e sendo minha primeira leitora. A Samir Mesquita, amigo escritor, leitor exigente e crítico, cujas minuciosas observações foram de grande valia. A Valéria Mendonça, amiga que fez o paciente trabalho da transcrição das cartas. A Rejane Dias dos Santos, audaciosa editora, com sua reconhecida paixão por livros e por Paris. E ao tempo, esse ser fluido e imprevisível, que displicentemente me permitiu chegar até aqui.

## RASGAR AS CARTAS, APAGAR O PASSADO

Ler o futuro nas cartas nem sempre dá certo. E o passado, então?

Apagar, com um gesto brusco, as perdas do passado: perigosa ingenuidade, inútil empreitada. Enquanto os registros somem e a memória se dissipa, os sentimentos se refugiam em algum lugar. Podemos chamá-lo inconsciente, ou alma, mas isso não muda nada. Tudo continua lá. Uma simples fagulha, uma canção, um aroma, uma *madeleine* podem provocar inesperada erupção.

Às vezes, "no fluxo ininterrupto de palavras e frases, alguns detalhes que você esqueceu ou que enterrou, ninguém sabe por quê, no fundo de sua memória, gradualmente virão à tona".[1]

Paris não era só uma festa. A França ainda não se reencontrara depois de maio de 1968; havia desejo de ordem, também contestação e correria nas ruas. O Brasil enfrentava o pesadelo do AI-5, o governo militar tentava impor ordem à força, havia passeatas, prisões e perseguições. As notícias que chegavam do Brasil, mesmo veladas, eram assustadoras.

As cartas que eu escrevia de Paris todas as semanas, entre 1969 e 1972, contavam muitas histórias, registravam muita

---

[1] Patrick Modiano, *Encre sympathique*, Gallimard, 2019.

coisa. O correio, mesmo censurado, era o único meio de comunicação; um telefonema internacional custava uma fortuna.

Os dias eram recheados com aulas, estudos e tarefas cotidianas, tais como preparar as refeições, lavar a louça, varrer o tapete. Aos domingos, porém, um ritual alterava minha rotina. Sentado à mesa, a mesma das refeições e do trabalho, eu escrevia longas cartas que seriam postadas logo na segunda-feira. Se as notícias tardassem a chegar, os protestos eram imediatos. As cartas que vinham da Europa eram esperadas e consumidas com avidez pela família, que chegava a disputá-las.

Cinquenta anos depois, o acaso me levou de volta a esse tempo. Preparando a mudança do apartamento em que morei por mais de trinta anos, encontrei, no fundo de um armário pouco frequentado, uma caixa, uma simples caixa-arquivo de papelão, dessas que se usam para guardar velhos recibos e notas fiscais.

Num gesto mecânico, fui conferir o conteúdo antes de descartá-la junto com as muitas coisas já destinadas ao lixo. E eis que descubro um tesouro: lá estavam cartas, muitas cartas, a maioria do tempo de Paris, e com caligrafias bastante familiares.

Pensei em folheá-las, mas resisti. Lembrei-me da canção: "Para que mexer nas águas paradas do rio? Para que saber o que há no seu fundo sombrio?". Achei que não estava preparado para a viagem de volta. A curiosidade, entretanto, prevaleceu.

A maioria das cartas era de minha mãe e de meu avô. Alguns bilhetes de meu pai. Cartas esparsas de amigos. E muito poucas das que eu mesmo escrevi. Meus relatos, que hoje me seriam preciosos, desapareceram quase todos.

Ainda que essas cartas tenham sido devolvidas por minha mãe, que as guardou com carinho, destruí a maior parte delas. Decepção e desencanto são péssimos conselheiros. Hoje lamento que não tenham sobrevivido; eu queria muito tê-las de volta.

Embora não possa comparar minhas cartas às de André Gide, ele também teve que lamentar a destruição de algumas importantes. Sua esposa Madeleine ficou chocada ao descobrir uma faceta do marido que até então ignorava, e Gide registrou em seu diário que ela destruiu todas as cartas que ele lhe havia dirigido. "Ela acaba de me fazer esta confissão, que me deixa perplexo. Ela o fez, disse, logo depois que parti para a Inglaterra. Bem, eu sei o quanto minha partida com Marc a fez sofrer, mas tinha que se vingar do passado? Sinto-me arrasado. Não estou com disposição para nada. Teria me matado sem esforço. Se ao menos essa perda fosse devida a algum acidente, invasão, incêndio [...], mas que ela tenha feito isso! O melhor de mim, eu havia confiado a essas cartas, meu coração, minha alegria e minhas variações de humor, a ocupação de meus dias... Sofro como se ela tivesse matado nosso filho."[2]

Sobraram, talvez por descuido, algumas das tantas cartas que escrevi em Paris. Reconheço a letra nas folhas rabiscadas, ou no final das datilografadas. Sofri para me adaptar ao teclado francês, dito Azerty,[3] da compacta Olivetti Lettera 22, com seu característico tom de verde.

---

[2] André Gide, *Diario 1887-1910*, ALBA, 2012; Antônio Olinto, *O "Journal" de André Gide*, Imprensa Nacional, 1955.

[3] Modelo de teclado usado na França, na Bélgica e em alguns países vizinhos, sobretudo os de língua francesa. (N.E.)

Minhas outras cartas, a maioria, apenas sumiram, se foram de vez. Se de um lado minha correspondência descrevia um lindo sonho, cujo fim eu não podia antever, era também o registro preciso de uma vida de estudante à qual, por momentos, procuro retornar.

Por sorte, poupei parte das cartas que recebi. Essas sobreviventes acabam sendo um espelho invertido da minha vida naqueles anos. Como num quebra-cabeças, elas permitem reconstituir parte da história pelas respostas, uma espécie de testemunho de uma existência que, tanto tempo depois, poderia parecer fantasiosa. Muitas lacunas exigem esforço da memória. Esta, por vezes, ainda que de modo furtivo, se socorre sem cerimônia da imaginação.

"Uma lembrança não é mesmo, como acredita a teoria usual, sempre a mesma representação que vem a ser de novo retirada de seu reservatório. Ao contrário, a cada vez se cria uma representação nova [...], daí que os fantasmas, que acreditamos ter conservado na memória, se transformam de forma imperceptível."[4]

Na caixa de papelão havia também fotografias, não são muitas, mas formam um quadro, parecem cenas de filmes dos anos 1960. Mais do que as cartas, as imagens me transportam de imediato. Vejo Henri e Ângela esperando o trem na estação Luxemburgo. Silvia no jardim. Emílio na nossa sala. Ruth, a amiga suíça que nos ensinou a fazer *fondue*, retocando a maquiagem no espelho do banheiro com a porta aberta. Os Hare Krishna na frente da Cinemateca. Lola num parque. O braço de José Olympio

---

[4] Sobre a quadrúplice raiz do princípio de razão suficiente, tese que deu o título de doutor a Arthur Schopenhauer em 1813, citado por Paolo Rossi em *O passado, a memória, o esquecimento*, Unesp, 2007.

no canto direito da foto da Torre Eiffel. Laércio de calças vermelhas num piquenique em Versalhes. Cecilia não está nesses retratos. Mas revejo a sala de estar e suas cortinas. A cômoda no canto, muitos livros empilhados em cima. A cozinha apertada. O rádio de pilha. A televisão. A vista da janela. E as férias na Grécia, cada detalhe em Kodacolor ainda intenso.

Reler as cartas tantos anos depois, em especial as de minha mãe e de meu avô, é como retomar a conversa com eles. Parecem vivos: percebo a respiração, ouço as vozes, as risadas, as meias palavras; transparecem os contentamentos, os silêncios, as ironias e as angústias.

"Este capítulo das minhas lembranças me deu mais trabalho do que os outros. [...] Eu guardava a lembrança de algumas cartas. Na verdade, havia mais de cinquenta, cada uma com várias páginas... Eu não tinha prestado suficiente atenção nelas. Ao lê-las com cuidado, descubro um tesouro. [...] Hoje, elas me restituem com uma intensidade quase insuportável uma presença e uma ausência tão pesadas uma quanto a outra."[5]

O mergulho retrospectivo fica, sem dúvida, prejudicado pela falta da maior parte dos meus relatos de domingo. Tento recompor o caminho de volta com os resíduos de que disponho, estas cartas e fotografias preservadas numa caixa quase anônima.

Nas linhas difíceis de decifrar, mais ainda nas entrelinhas, vejo desfilar circunstâncias ora felizes, ora malfadadas. A maioria dos personagens, os principais, já se foram. Não há mais interlocutores a confirmar ou desmentir nada. Minha reconstituição se pretende tão verdadeira quanto possível,

---

[5] Pierre Nora, *Jeunesse*, NRF, 2022.

mas nem eu mesmo posso ter certeza. "Outro aspecto da questão me parece mais claro hoje do que quando eu era jovem: podemos confiar nas testemunhas?"[6]

"Flaubert ordena suas cartas e conta os desaparecidos: 'Quantas pessoas mortas! Quantas também são esquecidas!'. A correspondência é um cemitério onde se alinham túmulos vazios (Zola). Porque está de luto pela voz, pela presença, pelo passado e por si, o gênero epistolar é um gênero melancólico (Marc Fumaroli)."[7]

Apesar de tudo, foram tempos felizes, em que meu encantamento com a vida de estudante em Paris se refletia por inteiro nas cartas que escrevia nas tardes de domingo. Mas foi também um período de perdas dolorosas, como testemunham as cartas recebidas.

[6] Patrick Modiano, *Encre sympathique*, Gallimard, 2019.

[7] Brigitte Diaz, *O gênero epistolar ou o pensamento nômade*, Edusp, 2016.

■ Estação da linha RER B que liga o Luxembourg à Cité Universitaire.

*Primeira parte*

# A CHEGADA

# 1969, AGOSTO

## ■ SUFOCO NO GALEÃO

A polícia podia chegar a qualquer momento, mas seria pior se fossem agentes do Exército ou da Aeronáutica. Mal ousávamos nos falar. A escala parecia não terminar. O calor era insuportável na abafada sala de trânsito do aeroporto do Galeão naquela noite de sábado, 23 de agosto de 1969.

Eu procurava disfarçar a inquietação, mas minhas mãos suavam tanto que no lenço molhado começava a se formar uma mancha, a umidade transparecia do lado de fora da calça. A aflição aumentava, pois era importante que nenhum sinal denunciasse o nervosismo. Tínhamos que parecer turistas despreocupados em busca das delícias do verão europeu.

A partida de São Paulo foi típica daquele tempo em que as viagens aéreas, além de caras, tinham algo de solene. A família e os amigos compareciam à despedida. As mães tentavam conter o choro, enquanto os pais queriam ser práticos e disfarçavam a emoção. Irmãos e irmãs riam de tudo, como de hábito, enquanto se provocavam. Ninguém se dava conta de que alguma coisa diferente estava acontecendo, mas é certo que havia alguma tensão dispersa no ambiente.

A maioria dos amigos também tinha acabado de se formar; poucos queriam deixar o emprego, mas admiravam os que optavam por partir. Alguns iam para os Estados Unidos em busca de um diploma de Harvard ou da New York University (NYU), investimento garantido. Já estudar na França parecia mais um sonho, uma aventura que causava certo *frisson*, mas não prometia glória nem fortuna.

O alívio da partida sem incidentes no aeroporto de Viracopos durou menos de uma hora, pois a escala era obrigatória no aeroporto internacional do Rio de Janeiro, situado dentro da base aérea do Galeão.

Naquele mesmo dia, o presidente Artur da Costa e Silva tinha recebido uma proposta de reforma da Constituição de 1967. Um general sugeria que o presidente baixasse logo a nova Carta para evitar discussões inúteis com o Congresso, já que "a Revolução tem poder constituinte".

A grande preocupação nacional, mais do que a Constituição, era o jogo de sábado: o Brasil ia enfrentar a Venezuela pelas eliminatórias da Copa do Mundo de 1970. Gerson, contundido, declarou que queria entrar em campo, mesmo de maca. Rivelino, convocado para substituí-lo, não escondia o orgulho pela oportunidade de vestir a camisa oito.

A noite do Rio continuava em festa. Elis Regina cantava no teatro da Praia, Bethânia no Sérgio Porto. Norma Bengell encenava *A noite dos assassinos* no teatro Ipanema. Entre shows de *striptease*, Costinha apresentava *Mulheres em ritmo de 69* no teatro Rival.

No Galeão, entretanto, o clima era de aflição. Olhávamos em volta, esperando para ver se viriam buscar Lola e Cecilia, que tinham embarcado comigo em São Paulo. Nenhum de nós simpatizava com a ditadura, mas eu não sabia quase nada sobre o envolvimento delas. Lola uma vez perguntou se eu queria contribuir para certa organização, mas a conversa era tão cifrada que acabou não tendo continuidade.

O Departamento de Ordem Política e Social (DOPS), a polícia política, nos assustava a todos, pois qualquer um podia ser levado por seus agentes, e aí as consequências eram imprevisíveis. Lola certa vez estava na casa de sua família, em São Paulo, quando tocaram a campainha e ela ouviu a sigla fatídica, DOPS. Depois de horas dentro de um armário, vendo que nada acontecia, ela saiu e descobriu que havia batido à porta um simples vendedor que apregoava seu produto, copos.

Mesmo quem não estava envolvido com política, como eu, ficava aterrorizado com o soar de uma sirene ou a simples vista de uma perua Veraneio como aquelas que, embora descaracterizadas, não escondiam sua origem: era o modelo preferido de carros usados "pelos homens".

"Acorda, amor / Eu tive um pesadelo agora / Sonhei que tinha gente lá fora / Batendo no portão, que aflição." A música de Chico Buarque, no disco Sinal Fechado, de 1974, traduz o clima desse período. E o fato de constar como autor "Julinho da Adelaide", pseudônimo adotado por ele para contornar a censura, só reforça o temor em que vivíamos.

A canção "Apesar de você", de 1970, por descuido passou pela censura e, em menos de uma semana, tinha vendido quase 100 mil cópias. Quando caiu a ficha de que "você", no caso, era o regime militar, o censor foi demitido por incompetência, a canção foi proibida no rádio e homens do Exército invadiram o depósito da gravadora, destruíram as matrizes e apreenderam todo o estoque de compactos.

Eu viajava com uma bolsa de pós-graduação do governo francês para estudar Direito Constitucional em Aix-en-Provence, no sul da França. Antes que começasse o semestre letivo, devia passar por Paris para aprimorar o idioma na Aliança Francesa. As duas amigas vinham de improviso: apenas precisavam sair do Brasil, e logo.

Eu nem sabia que Cecilia namorava o jornalista Flávio Tavares, nem que ele já estava preso. Uma notinha no *Estadão* daquele dia, entretanto, dava conta da prisão do jornalista, acusado de atividades subversivas.

**IPM vai para a Auditoria**

Da Sucursal do
RIO

Foi distribuído á 2.a Auditoria da 1.a Região Militar, no Rio, o inquérito policial-militar, em que figuram como indiciados, o jornalista Flavio Aristides de Freitas Tavares, José André Borges e José Duarte dos Santos, todos acusados de atividades subversivas.

Enquanto a Corregedoria informava já ter encaminhado os autos do inquérito áquela Auditoria, o juiz José Bolivar Regis alega ainda não os ter recebido. Esclareceu que só dará vista da matéria á imprensa depois que o promotor a examinar e oferecer seu parecer.

O jornalista Flavio Tavares e os demais indiciados estão presos á disposição das autoridades militares, sob a acusação de envolvimento na preparação intelectual que deu origem á fuga de nove presos na penitenciaria "Professor Lemos de Brito".

**Marighela procura socorros**

Da Sucursal do
RIO

Dois médicos, ambos especialistas em cardiologia, já foram procurados pelos membros da organização de Carlos Marighela, procurado pelas Fôrças Armadas e pelas Polícia Federal e estaduais como responsável por assaltos a diversos estabelecimentos bancários e por prática de atos de terrorismo. A informação é de fontes da Secretaria da Segurança da Guanabara, que afirmam que o líder da organização subversiva está em grave estado de saude, desde o ataque cardíaco que sofreu há cerca de um mês.

Ainda segundo essas informações, um dos médicos já fez duas visitas a Carlos Marighela e o outro tem sua residência permanentemente vigiada por policiais do Departamento de Ordem Política e Social. O

Flávio Tavares tinha sido preso no dia 6 de agosto e havia dezessete dias que estava sendo torturado no quartel do Primeiro Exército da Rua Barão de Mesquita, na Tijuca, Rio de Janeiro.

Desenvolvia-se, ao mesmo tempo, uma caçada a Carlos Marighella, que havia criado em 1968 a Ação Libertadora Nacional (ALN), organização de luta armada contra o regime militar que praticava assaltos a bancos e atos de terrorismo. Uma pequena nota do mesmo *Estadão* dizia: "Marighella procura socorros". Seus companheiros tinham feito contato com dois cardiologistas, já vigiados de perto. O cerco só terminou em 4 de novembro de 1969, quando Marighella foi morto numa emboscada em São Paulo.

Preocupado com a partida, os documentos, as malas, as despedidas, nem consegui ler os jornais naquele dia. Ainda que tivesse lido, não teria como conectar as peças esparsas de um jogo que ainda estava além do meu alcance. Percebia, apenas, que Lola e Cecilia estavam numa situação perigosa. E bem perto de mim.

Respirei com enorme alívio quando o avião sobrevoou a baía de Guanabara e o Pão de Açúcar foi sumindo no horizonte. Morri de curiosidade durante toda a travessia do Atlântico, pois as duas amigas, que viajavam na fileira de trás, falavam muito, mas em voz tão baixa que eu não conseguia ouvir nada.

A chegada ao aeroporto de Orly – ainda não havia o Charles de Gaulle – foi sentida como uma libertação. Estávamos fora do alcance do AI-5, o Ato Institucional de 13 de dezembro de 1968, do governo Costa e Silva, que fechou o Congresso, suspendeu direitos e inaugurou o período mais perigoso e violento da ditadura.

Agora, era começar a vida nova em Paris.

Para escrever sobre Paris é preciso conseguir dizer algo "verdadeiro, que seja pessoal, descobrindo a sua própria cidade, uma Paris da qual limparíamos a fuligem, como Malraux mandou fazer, para enfeitar a cidade com a beleza e a tristeza que se traz de longe, como o peregrino vindo de regiões e de regimes estrangeiros e que decora a seu gosto, ao sabor das suas misteriosas nostalgias, o lugar que alugou por um tempo". É a lição de Ismail Kadaré, escritor da Albânia que viveu como exilado em Paris.[8]

## ■ O HÔTEL DU DRAGON

O Hôtel du Dragon fica no número 36 da rua de mesmo nome. Despojado, tinha a diária ao nosso alcance e

[8] Ismail Kadaré, *Invitation à l'atelier de l'écrivain*, Arthème Fayard, 1991.

ficava num ponto ótimo, a dois passos do Boulevard Saint-Germain. Até hoje, continua no mesmo lugar; é uma das muitas coisas que não mudam em Paris.

Não me lembro de como cheguei a esse pequeno hotel. Posso ter visto a indicação em algum guia, devo ter sido atraído pelo preço e pela vizinhança. Lola e Cecilia lá se instalaram também, naquele domingo, 24 de agosto.

Antes que se tornasse hotel, com vinte e oito apartamentos distribuídos por seis andares, o prédio tinha sido ocupado, ao longo do século XIX, por comerciantes de vinho, tais como a viúva Galbert e os senhores Leoti, Durant, Davion, Hant e Roulay.

Sempre que vinha a Paris, entre 1929 e 1937, o escritor Jean Giono se hospedava ali. Sua janela era a segunda à direita, no primeiro andar, como indica a placa na fachada. Quanto à minha, não tenho a mínima lembrança, sei que tinha vista para a Rue du Dragon.

Outro hóspede ilustre foi Candido Portinari, que aos 25 anos recebeu, como prêmio pela obra *Retrato de Olegário Mariano*, uma viagem à Europa. Ele morava no Hôtel du Dragon quando conheceu a uruguaia Maria Victoria Martinelli, com quem se casou em 1930, antes de voltar ao Brasil.

Toda pessoa que chega a uma cidade, seja um jovem estudante, seja um artista, seja um escritor conhecido, precisa encontrar um abrigo, um ponto de apoio. Foi assim que Portinari, Jean Giono e eu fomos ter ao Hôtel du Dragon: "Que ordem escondida misteriosamente me fez escolher esta rua, este hotel de nome devorador e flamejante, na noite já longínqua de minha primeira chegada? [...] Eu amo essa Rue du Dragon mais do que cem mil ruas de Paris, com tudo o que vocês me façam ver de mais bonito: Notre-Dame, os jardins secretos entre as casas, o céu sobre o Sena".[9]

Outros grandes escritores, entre os quais Victor Hugo e Roger Martin du Gard, chegaram a morar na Rue du Dragon. Alguns lugares, algumas coisas, nos marcam para sempre. A cada vez que vou a Paris, preciso voltar à Rue du Dragon, pequena rua rica de lembranças, como observou Giono.

Segundo Miguel Reale: "Analisemos o conhecimento de uma cidade. Podemos conhecer o Rio de Janeiro ou Paris por meio de plantas, guias, fotografias. Obtemos fotografias precisas dos quarteirões, das principais praças e monumentos, lemos guias, decoramos nomes de ruas, estudamos a situação das igrejas, dos museus e dos teatros. Eis um conhecimento típico da inteligência, pela contemplação de fragmentos, pela composição daquilo que previamente se dividiu e se separou. Este é um conhecimento puramente intelectual. Comparemo-lo, no entanto, com o conquistado por quem vai morar na cidade, põe-se em contato com suas ruas, com suas casas, com sua gente, não fica na visão fragmentária do todo, mas se insere naquilo que é insuscetível de divisão e de fragmentação. Quem vive assim na cidade penetra no coração da realidade urbana".[10]

Reale atribui a comparação a Henri Bergson. Não consegui encontrá-la na obra do filósofo francês, nem encontrei o mesmo encanto anos mais tarde, quando fui visitar o Hôtel du Dragon. As lembranças ficam, mas as pessoas e os lugares às vezes não se encaixam mais. O abrigo fecundo dos anos 1969-1970 era mais uma página virada.

---

[9] Jean Giono, *Les vrais richesses*, Aulard, Grasset, 1936.

[10] "Bergson, ponto de partida." Disponível em: http://miguelreale.com.br/artigos/bergson.htm

Meus pais fizeram a viagem à Europa em junho de 1966. Naquele tempo, a excursão para conhecer o Velho Mundo era uma empreitada que eles, como muitos de seus amigos, empreenderam uma única vez. Sem terem completado 50 anos, os dois tinham quatro filhos. Vivíamos tranquilos numa casa de tijolos aparentes que meu pai, engenheiro, tinha construído havia muitos anos, numa rua sem saída em São Paulo. Crescemos nessa casa, e nessa rua aprendemos a andar de bicicleta, a jogar futebol com os vizinhos, a brigar de vez em quando, enfim, a conhecer o mundo fora de casa. Parecia uma época de relativa prosperidade, nada nos faltava. A única preocupação de meus pais com a viagem foi a de abandonarem os filhos. Eu e Gui já estávamos na faculdade, minha irmã era temporã, tinha 6 anos, e Flávio, 16. Para que tudo pudesse correr bem, minha avó paterna, viúva, se mudou para nossa casa e devia, em tese, tomar conta dos netos.

"Fomos chamados para o avião Viscount às 19h40 no aeroporto de Congonhas, São Paulo. Chegamos ao Rio uma hora e meia depois e mudamos para o Boeing da Air France. Comida excelente, mas avião muito cheio e classe turística, ou econômica, horrivelmente apertada. Pouco dormimos, e chegamos a Madrid." Minha mãe iniciou um diário, escreveu algumas páginas, mas acabou tragada pelo cansaço dos inúmeros trajetos e da vontade de conhecer tudo em cada lugar.

Meu pai foi visitar uma fábrica na Suécia, minha mãe aproveitou para passear em Estocolmo: "Visitei o museu principal, onde havia belíssimos quadros de Rembrandt, Rubens, esculturas e pinturas suecas e mais um andar só dos modernos, com alguns Picasso, Utrillo etc. Havia um colosso de *playboys and girls* nas ruas, nos bancos, tomando sol, alguns com cabelos longos até os ombros e barba, de *blue jeans* e horríveis. É difícil distinguir os rapazes das meninas".

As várias cartas que mandamos do Brasil demoraram a chegar, mas eu e meus irmãos escrevíamos, minha avó também, além de amigos da família. "Vocês não sabem quanta gente chegou atrasada ao seu bota-fora", escreveu uma tia. "Acho que a razão de terem apressado a partida foi a viagem do Adhemar, que embarcou rapidamente."

O ex-governador Adhemar de Barros foi um dos primeiros alvos da fase autofágica do golpe de 1964. Tinha participado da preparação do movimento, liderando a Marcha da Família com Deus pela Liberdade, em São Paulo, em março de 1964. Dois anos depois, em 6 de junho de 1966, foi afastado do cargo de governador e teve os direitos políticos cassados, sob acusação, entre outras, de corrupção. O lema a ele atribuído era: "Rouba, mas faz!". No mesmo voo em que meus pais iam conhecer a Europa, Adhemar ia para o exílio em Paris, onde morreu em março de 1969.

A primeira carta de minha mãe veio da Suécia, no dia 13 de junho: "O programa tem sido puxadíssimo, mas tenho aguentado, embora esteja com olheiras até o meio da cara. Seus tios estiveram conosco em Viena, estão sempre apressados e não querem perder tempo nem para comer, com o que seu pai não concorda. Dá gosto ver a satisfação com que ele experimenta tudo".

Meu pai redigiu uma única carta, na qual revela seu encantamento com Londres e o desejo de compartilhar a experiência com os filhos. "A cada passo nesta viagem lembramos de todos vocês e com muita saudade. Desejamos que cada um possa conhecer e ver tudo de interessante que estamos apreciando." A frase não ficou só na intenção: já em janeiro do ano seguinte meus pais me ofereceram uma linda viagem à Europa, onde nasceu meu encanto com Paris.

"Até que enfim, aqui em Paris, recebemos sua primeira carta, que nos deu uma alegria enorme. Estava desesperada por notícias, mas quando falei com vocês, pelo telefone, foi um enorme alívio saber que tudo corria bem. O telefone picava as frases e perdia-se muito do que você dizia. Parecia impossível, a ligação levou só uma hora para ser completada. Às vezes leva-se o dia inteiro para falar daí para o Rio! Gostei muito de Londres e visitamos o castelo de Windsor que achei uma beleza, mas até agora Paris bate tudo, para mim! Não cansem sua avó."

(Carta da mãe, 24/06/1966)

Para nós também a ligação da Europa foi emocionante: "Seu telefonema de domingo foi a surpresa mais agradável que tivemos aqui, ficou todo mundo elétrico; parece impossível que nós pudéssemos estar com vocês, estando tão longe. Vovó soltou até umas lágrimas de emoção. Meu avô já fez sua visita matinal com a neta e, segundo o Gui, deve estar preparando umas perguntinhas provocativas para fazer durante o jantar. Na política, tudo na mesma. As últimas notícias, fresquinhas, são da prisão dos cachorrinhos do circo de Moscou, por terem defecado na arena, e a de que o seu Artur, convocado para uma reunião do Estado Maior, teria tomado um avião para o Amazonas!".

Em 1966, ainda não tínhamos receio de fazer piadas com o regime. Arena (Aliança Renovadora Nacional) era o partido do governo, e seu Artur era o presidente Costa e

Silva. Depois de dezembro de 1968, começamos a tomar mais cuidado.

Flávio escreveu uma longa carta no dia 25, cheia de humor e de notícias: "Eu já estou de férias. Não se preocupem aí. Fiquem sossegados. Não temos 'quebrado o pau'. A casa vive numa calma enorme".

Nessa carta, ele relata seu sucesso: "Há um mês, mais ou menos, eu escrevi um trabalho sobre um poema do Manuel Bandeira, 'Nietzschiana'.[11] Há uns dias o recebi de volta, o professor o considerou excelente (como não poderia deixar de ser) e disse para eu escrevê-lo à máquina para que ele o remetesse ao Bandeira, através do Cassiano Ricardo. Recebi também uma carta informando minha aprovação em grau excelente, só concedido em caráter excepcional, conceito esse que é atribuído pela quarta vez na história do Colégio". É possível que Flávio fosse o mais talentoso de todos nós, mas no momento estava aproveitando as férias: "Agora, só tenho lido e montado carros".

Veneza foi de onde veio a última carta de minha mãe, do dia 29 de junho, encantada com a cidade, apesar do cansaço: "Estou ficando enjoada de tanto mudar de um lugar para outro e fazer e desfazer malas, mas a cada lugar que chegamos encontramos tanta coisa linda que, no fim, a canseira vale a pena". Guardo uma fotografia em branco e preto do casal numa gôndola, meu pai com sua máquina fotográfica Leica a tiracolo. Para mim, é o retrato de um momento de felicidade.

---

[11] "Meu pai, ah que me esmaga a sensação do nada! / – Já sei, minha filha... É atavismo. / E ela reluzia com as mil cintilações do Êxito intacto." Manuel Bandeira, *Estrela da vida inteira*, Nova Fronteira, 1993.

## ■ PARIS COMO DESTINO

A família tinha posto os pés na Europa, agora era a minha vez. Minha primeira grande viagem tinha sido no Brasil, em 1961, um mergulho no estado de Pernambuco. Eu tinha 15 anos quando um colega de escola, cuja família era do Recife, me convidou para passar com eles as férias de janeiro. Achei uma carta em que declaro: "Já me sinto em casa aqui. Embora sinta um pouco de saudade, é bom mudar de família de vez em quando". Hoje vejo que, de algum modo, a frase serviria também para o período em Paris, oito anos depois.

Ainda tinha planos de conhecer a Bahia, berço da família materna, onde uma tia havia se proposto a me acolher, mas fui alongando minha estada em Recife até que meu pai me deu um ultimato para voltar no mesmo dia para São Paulo.

Aos 21 anos, em janeiro de 1967, tive a chance de conhecer a Europa com um grupo de amigos. Éramos cinco: além de mim, Zé Pedro, Antônio, George e seu irmão Marcos. Fizemos um desses cursos básicos de civilização francesa organizados pela Sorbonne, só que em Créteil, na periferia de Paris. No longo voo da Air France, começaram as emoções. Nos ofereceram champanhe, e Zé Pedro se encantou com a bebida. Quando acordou, com a boca seca, passou um apuro: descobriu que tinha acabado a água mineral no avião. Só chegamos ao alojamento escolar quase de noite, e eu, depois de escolher um dos beliches e ajeitar minhas coisas, já pensava em ir para a cama. Mas Zé Pedro, passada a ressaca, assumiu o comando: vamos a Paris. Era uma noite gelada de janeiro e, enquanto caminhávamos em direção ao ponto de ônibus, achei que minha testa poderia rachar de frio. Me deixei guiar, e não me arrependi. O metrô só chegou a Créteil muitos anos mais tarde.

Até hoje me lembro do primeiro passeio noturno em Paris, amor à primeira vista, parecia um sonho, ainda mais por estar ainda um pouco aturdido da viagem. Lembro-me de termos caminhado pelo mercado central, Les Halles, com seus antigos pavilhões de ferro, que foram demolidos logo depois, em 1971. Fomos reconfortados pela tradicional sopa de cebola servida no Au Pied de Cochon, único restaurante que acabou sobrevivendo à reforma do mercado.

Garantido o certificado de conclusão do curso, que durava poucas horas e nos deixava com os dias livres para passeios, fomos a Londres. Antônio ficou em Paris e nos deixou preocupados. Ele só tinha levado 200 dólares, metade gastou num fim de semana que fomos passar em Amsterdá, num hotel de primeira. Seu pai possuía aplicações numa empresa de investimentos, a IOS, então proscrita no Brasil, e tinha lhe dado uma carta para retirar o saldo do dinheiro aplicado. A empresa exigiu procuração legalizada no consulado etc., ou seja, Antônio ficou quase sem recursos e não pôde seguir viagem conosco. Quando voltamos a Paris, soubemos que ele tinha se dado bem, tocava flauta nas ruas e arranjou amigos, ou amigas, que o hospedaram e o mimaram com os melhores queijos.

O contato com a capital da Inglaterra não foi ameno. Ficamos hospedados num prédio muito frio da Associação Cristã de Moços (YMCA), onde tive de enfrentar uma terrível infecção. Por vários dias os amigos, na volta dos passeios, me traziam uma caixinha de leite, ou suco, e alguma coisa para comer, enquanto eu ficava de cama, com uma diarreia incontida e uma febre que me fazia acordar ensopado, a ponto de ter de torcer o pijama em cima da pia. Por sorte, uma amiga brasileira tinha uma caixa de antibióticos. Acho que esse gesto, e a tetraciclina, salvaram minha vida. Só assim pude conhecer um pouco a cidade, flanar por Carnaby Street e até ir com a turma ver um espetáculo de *striptease*. Ficou a lembrança de que uma das garotas fingia atirar em nossa direção, na primeira fila, um cabelo extraído um pouco abaixo da cintura, enquanto dançava ao ritmo de "Let's Do It", a inspiradora música de Cole Porter.

"Embora já esteja há três dias nesta velha vila (Londres), acho que não existe nada no mundo melhor do que Paris e, de modo inconsciente, estou sempre contando as horas que faltam para voltar para lá", escrevi no dia 31 de janeiro de 1967. Passamos pela Alemanha, Suíça e depois, Itália. Em Frankfurt, no teatro Höchst, assisti a um espetáculo que reunia Ella Fitzgerald e Louis Armstrong. Em Milão, fomos conhecer de perto *A última ceia*, de Da Vinci. Em Roma, sem fazer economia, jantamos nos famosos Alfredo alla Scrofa e Da Meo Patacca – ainda tenho as fotos empurradas aos turistas. Até então, imaginava que Veneza fosse um mero cartão postal, mas logo fiquei deslumbrado com a beleza, a riqueza cultural e o espaguete ao vôngole, que se tornou um dos meus pratos preferidos.

Paralela à nossa, havia uma excursão de moças, estudantes de decoração, que muitas vezes encontrávamos. Fiz duas grandes aquisições nessa temporada: um blazer Pierre Cardin azul-marinho com botões dourados e um isqueiro Dunhill prateado. Eu ainda fumava, e portar um desses isqueiros era então sinal de sofisticação. Sem saber que era preciso regular a chama, fui inaugurar a preciosidade tentando acender o cigarro de uma moça muito ciosa de sua aparência. Foi um susto, fiquei apavorado, pois a enorme chama colocou fogo nos seus bem cuidados cabelos. Ou melhor, o que queimou foi o laquê generosamente distribuído, como depois se constatou, mas ela gritou muito, certa de que ia ficar careca.

Um dos passeios que fizemos, como parte da excursão, foi uma degustação de champanhe. Pois não é que a dona dos cabelos em fogo voltou a chamar a atenção? O especialista que nos recebeu explicava as qualidades do espumante e quase teve uma síncope quando a viu picando uma maçã em pedaços bem pequenos e colocando na taça. *Mais elle est folle!* [Mas ela é louca!], disse, indignado.

"Soube hoje de suas perambulações parisienses, numa total rendição aos fascínios da cidade", anotou José Olympio numa carta enviada nos primeiros dias de fevereiro. Minha mãe também escreveu, de Campos do Jordão: "Ficamos radiantes de receber sua carta, tão cheia de boas notícias! José Pedro, George e Antônio estão no mesmo quarto que você? Seu pai graças a Deus está muito bem-disposto e animado. Flávio continua levando a vida de São Paulo, joga xadrez sozinho até duas da manhã e dorme até meio-dia, não aproveitando, como eu queria, o clima maravilhoso para fazer um pouco de exercício, de que tanto necessita. Pelé teve uma menina, Kelly Cristina. As anuidades escolares subiram 50%. Estamos ansiosos pela sua volta, com muitas saudades e loucos pelas notícias de viva voz, embora você tenha sido maravilhoso, achando sempre um tempo (que aí é preciosíssimo) para nos mandar tantas cartas. O cruzeiro novo que saiu ontem, saiu é modo de dizer, ninguém viu nenhuma nota ainda, está funcionando, e 10 mil cruzeiros agora valem 10 cruzeiros (novos) e, como temos centavos de novo, vai dar uma confusão! Já pensou, o nosso milhão agora é só mil cruzeiros? O dólar subiu para 2.750 cruzeiros e dizem que vai tornar a subir; ainda bem que você já fez sua viagem. Bom, agora, se Deus quiser, até Viracopos já na semana que vem. Não vá me assustar chegando de cabeleira nos ombros, hein?"

(Carta da mãe, 14/02/1967)

A chegada a São Paulo, em 22 de fevereiro de 1967, foi apenas provisória. Minha rendição a Paris foi incondicional, eu ainda moraria nessa cidade. Dois anos e meio depois, na verdade, eu estava desembarcando de novo em Paris. E agora para ficar.

## ■ A PRISÃO DE FLÁVIO TAVARES

Quando cheguei a Paris, dois anos depois, naquele 24 de agosto de 1969, já sabia que Flávio Tavares era um jornalista do *Última Hora*, mas não imaginava a importância que ele teria em nossas vidas.

Só mais tarde soube que Flávio era aquele rapaz simpático, amigo da Lola e da Cecilia, com quem, sem maiores apresentações, fomos tomar chope certa noite em Moema.

Acho que os riscos, mesmo desnecessários, faziam parte da aura romântica dos militantes da época, como se vê também na descrição que o jornalista faz de sua última noite em São Paulo, pouco antes, em junho de 1969.

Tavares relata um passeio com Frei Betto, Lola e Cecilia: "Risonha e extrovertida, Lola era o contraponto da austera e calada Cecilia. Sociólogas, amigas quase irmãs, com a candura dos seus 24 anos, ambas militavam na Ação Popular (AP), a esquerda cristã que reunia Jesus Cristo e Mao Tsé-Tung na revolução socialista. Assessora da CNBB, Lola conhecia todos os bispos católicos progressistas, a começar por Dom Hélder Câmara, a quem chamava de 'padre Hélder', na simpleza da intimidade. Cecilia era a tradutora preferida da AP (do francês ao português) dos textos 'do presidente Mao e do camarada Lin Piao', como ela mesma me explicou, entre cerimoniosa e ironicamente respeitosa".[12]

"Residente no Rio, Flávio aparecia com mais frequência em São Paulo após se apaixonar por Cecilia, amiga de Lola, de quem sou amigo desde os tempos de Juventude Estudantil Católica (JEC). Filhas de tradicionais e ricas famílias paulistas, as duas eram insuspeitas militantes no apoio ao trio guerrilheiro", relata por sua vez Frei Betto, religioso do convento de Perdizes e repórter da revista *Realidade* e do jornal *Folha da Tarde*.

Ao lado de Jorge Miranda Jordão e Flávio Tavares, Frei Betto se apresenta como parte de um curioso trio: "O diretor do jornal (Jorge), com a fachada de *playboy*, carro esporte e intensa vida noturna, dando cobertura a Marighella, Joaquim Câmara Ferreira e outros dirigentes revolucionários;

---

[12] Flávio Tavares, *Memórias do esquecimento*, LPM, 2012; *Os segredos dos porões da ditadura*, Globo, 1999.

o jornalista gaúcho (Flávio) de gestos afáveis, fala mansa e doçura de espírito, metido na luta armada desde as guerrilhas do Brasil Central e de Caparaó, em 1966, a ponto de comandar expropriações bancárias; e o frade que morava num convento e trabalhava em jornal, preocupado em ampliar a rede de apoio logístico à guerrilha urbana".[13]

Em junho, na última vinda a São Paulo, Flávio Tavares já estava sendo procurado. Em 1968, tivera que deixar Brasília e, no Rio, continuou no *Última Hora*, agora ao lado de Samuel Wainer,[14] que acabava de voltar do exílio na França.

Cauteloso, Flávio deixou o jornal no dia 13 de dezembro de 1968, tão logo soube do AI-5. Achou melhor se esconder e, a partir daí, analisa, "se desencadeou uma gigantesca caça às bruxas que não ocorrera sequer em 1964, na derrubada do presidente João Goulart". Ele anota ainda: "Daí em diante o Brasil mudou. O medo se incorporou ao quotidiano".

A sorte de Flávio deu uma guinada em agosto de 1969. Ele participara de uma ação armada, uma operação de guerrilha urbana no subúrbio de Irajá, no Rio. Na volta, dirigia um Fusca e dava cobertura a dois outros carros quando se defrontaram com uma operação policial.

Flávio escapou, mas seus parceiros, André e Victor, enfrentaram a polícia e foram presos: "Ilesos, sem qualquer arranhão, foram entregues ao Exército e levados ao quartel da Rua Barão de Mesquita e aí, em menos de doze horas,

---

[13] Frei Betto, *Batismo de sangue, guerrilha e morte de Carlos Marighella*, Rocco Digital, 2006.

[14] Jornalista e empresário, fundador, editor-chefe e diretor do jornal *Última Hora*. (N.E.)

estavam literalmente destruídos pelo choque elétrico e pelo pau-de-arara".[15]

Tavares foi preso no dia seguinte e entregue no mesmo quartel da Rua Barão de Mesquita. Lá, durante trinta dias, foi pendurado no pau-de-arara e recebeu choques elétricos nas partes mais sensíveis do corpo: "Senti um abandono absoluto – ninguém sabia da minha prisão nem do meu paradeiro".

Enquanto Flávio era torturado, o Brasil foi sacudido pela doença do presidente Costa e Silva e pelo sequestro do embaixador americano.[16] Nós acompanhávamos as notícias de longe, por vezes elas custavam a chegar.

---

### A NOTA OFICIAL

A nota oficial distribuída pelo comando do I Exercito é do seguinte teor:

"Terminou parte do IPM aberto no I Exercito, do qual foi encarregado o cel. Elber de Mello Henriques, para apurar as atividades subversivas de um grupo denominado MAR (Movimento de Ação Revolucionaria), que vinha agindo no ambito deste Exercito, particularmente na Guanabara e com possiveis ramificações em São Paulo. As averiguações tiveram inicio quando da prisão de José Duarte dos Santos e José André Borges, após o assalto que levaram a efeito no Banco Nacional de São Paulo, agencia de Vista Alegre.

"As inumeras diligencias efetuadas para a prisão e o desbaratamento dos elementos do grupo subversivo foram coordenadas no 1.o Batalhão de Policia do Exercito e contaram com a cooperação total dos agentes dos seguintes serviços de segurança: CIE, CENIMAR, SISA, DPS e DOPS, os quais, durante quase 10 dias, trabalhando diuturnamente em perfeita harmonia, partiam daquele Batalhão para a execução das mais arriscadas missões."

"Assim é que, no decorrer dessas buscas, além dos elementos presos, foram apreendidas na rua Paissandu, 162, apto. 1105, onde se homiziavam Flavio Tavares e Jarbas Silva Marques, 5 metralhadoras de mão, 7 carabinas ponto 30, 1 pistola, 1 revolver 38, 10 carregadores para carabinas 30 e grande quantidade de munição, além de 8 facas e 12 facões.

"E' interessante ressaltar-se que, com exceção das metralhadoras acima, o restante do armamento chegou às mãos de Flavio Aristides de Freitas Tavares vindo de Jorge Medeiros Valle, atualmente preso por apropriação indebita e ação subversiva.

"Na rua Barata Ribeiro n.o 211, apto. 606, onde residiam José Duarte dos Santos, Roberto Cietro e José André Borges, foram apreendidos 4 sacos plasticos contendo dinamite granulada, num total aproximado de uns 10 quilos, 2 granadas de fabricação caseira, 1 pistola de 9 mm, 1 submetralhadora 7.65, além de 4 carregadores.

"Na região de Conceição de Jacarei, proximo a Angra dos Reis, foi levado a efeito no local, pelos componentes do Batalhão Humaitá dos Fuzileiros Navais, uma operação da qual resultou na captura de 5 elementos, além de vasto material constituido de armamento e equipamento.

"Como resultado das diligencias efetuadas pelos agentes de segurança e coordenadas pelo I Exercito, foram presos os elementos abaixo, componentes do MAR (Movimento de Ação Revolucionaria), Flavio Aristides de Freitas Tavares, Edvaldo Celestino da Silva, José Duarte dos Santos, Jarbas da Silva Marques, Adail Ivan de Lemos, José André Borges, Roberto Cietro, José Balbino Gomes Barbosa, Geraldo Simões de Araujo, Osvaldo Miguel de Souza e Pedro França Viegas.

"Continuam foragidos os seguintes componentes deste grupo subversivo: Antonio Geraldo da Costa ("Neguinho"), Helio Sá Rego ("Chico Baixinho"), Leoncio Queiroz Maia ("Macedo"), Antonio Prestes de Paula ("José"), Wilson de tal ("Negão"), Maria Madalena Lacerda e José Ferreira.

"Está sobejamente confirmado, tanto pelos depoimentos tomados quanto pelo material apreendido, a existencia no Pais de um movimento de carater subversivo, que procura por todos os meios lançar a Nação em um banho de sangue, tornando-se necessario a compreensão e o auxilio de cada bom brasileiro, para que se evite tal calamidade".

---

[15] Método de tortura física destinada a causar fortes dores nas articulações e nos músculos, bem como dores de cabeça e traumas psicológicos. (N.E.)

[16] Em 4 de setembro de 1969, em pleno regime militar, o embaixador americano no Brasil, Charles Burke Elbrick, foi sequestrado por militantes da esquerda revolucionária brasileira com o objetivo de trocar sua libertação pela de presos políticos da ditadura. (N.E.)

## ■ A DOENÇA DO PRESIDENTE

"No dia 27 de agosto de 1969, o presidente Costa e Silva perdeu a fala durante um despacho. O capitão médico do palácio recomendou-lhe repouso, e mais nada. Em suas memórias, o general Jayme Portella, chefe do gabinete militar, repetiu dez vezes que, segundo o capitão, o caso não era grave. No dia seguinte o marechal voltou a perder a fala. Quando a recuperou, perguntou ao capitão: 'Não é derrame?' 'Não senhor, derrame não é.' Era uma isquemia, com efeitos semelhantes. Nela, a irrigação do cérebro é afetada por uma obstrução. Horas depois, Costa e Silva emudeceu de vez. Morreu em dezembro."[17]

---

[17] Elio Gaspari, *Folha de S.Paulo*, 23/07/2022.

"Trampolim para a escrita de si, as correspondências da juventude têm como outro atributo o de serem escritas da passagem: levam facilmente quem quer segui-las para outras paisagens escriturais. São feitas para que se passe por elas e não para que se estabeleça nelas."[18]

A primeira carta de minha mãe foi trazida por Silvia, que chegou a Paris no domingo, 31 de agosto, uma semana depois de mim. Ela trouxe também um bilhete de minha irmã de 9 anos: "Chegou bem? Gostou de Paris? Aposto que sim, não é? Nós aqui estamos bem e com saudades suas. Escreva-me".

Silvia e eu nos casamos dois meses antes, numa sexta-feira de lua quase cheia. Cada um de nós tinha conseguido uma bolsa de estudos do governo francês, eu para Direito, ela para Teatro, e resolvemos ir casados para a Europa.

Nos conhecemos em Paraty, em 1968, e logo fiquei fascinado por aquela figura magrinha e intensa de cabelos muito curtos. Ofereci uma carona na volta da praia e ela aceitou, depois confessou que foi mais por curiosidade de conhecer meu carro. Silvia era avessa às convenções; formada em direção de teatro na Escola de Arte Dramática (EAD), morava sozinha e tinha várias diferenças com a família. Usava sandálias havaianas o tempo todo, isso ainda não era bem-visto. Uma rebelde, enfim, moderna, que fazia também pequenos trabalhos como modelo.

Minha mãe não conseguia esconder a tristeza com a partida do filho mais velho, embora fizesse força para

---

[18] Brigitte Diaz, *O gênero epistolar ou o pensamento nômade*, Edusp, 2016.

disfarçar: "Adoramos receber sua carta, tão cheia de entusiasmo e prazer de estar aí em Paris! Aqui vai tudo do mesmo jeitinho que você deixou. De saúde, graças a Deus, todos bem, de finanças no aperto de sempre. Sua carta veio em apenas quatro dias e foi ótimo ter notícias suas".

Estavam indo de novo a Viracopos, desta vez para o embarque de Silvia, e ela aproveitava para mandar em mãos a primeira carta: "Amanhã vocês já estarão juntos, matando as saudades e aproveitando ao máximo os dias em Paris. Vou estranhar o vazio enorme que vocês deixam aqui, mas estou feliz pela oportunidade que têm agora de ver tanta coisa linda. Lembranças a Lola e Cecilia, e para você um beijo grande".

Nessa primeira semana no Hôtel du Dragon, comecei a me familiarizar com a cidade e o bairro. Logo me apresentei ao serviço de assistência aos bolsistas, pois era preciso desvendar as engrenagens burocráticas. Apesar das eventuais dificuldades, eu não conseguia, e nem queria, esconder meu fascínio com a nova vida.

## ◼ ANA CRISTINA CESAR EM LONDRES

A poeta Ana Cristina Cesar era uma garota quando, num programa de intercâmbio, foi estudar em Londres, mais ou menos na mesma época. Suas cartas poéticas e apaixonadas, agora publicadas,[19] relatam sua experiência. Elas foram conservadas pelo namorado Luiz Augusto, exilado político em Berlim, mas as respostas, as cartas dele

---

[19] Ana Cristina Cesar, *Amor mais que maiúsculo: cartas a Luiz Augusto*, Companhia das Letras, 2022.

para Ana Cristina, nunca foram encontradas. Fica uma grande lacuna nessa correspondência. Mais um caso de cartas perdidas.

## ■ O EXÍLIO DE CAETANO

Quando Caetano foi convocado a depor, logo depois do Natal de 1968, não imaginava correr qualquer risco. Dois agentes da Polícia Federal foram buscá-lo no apartamento da Avenida Ipiranga, em São Paulo, onde morava com Dedé. Devia "prestar depoimento", disseram, mas era bom levar a escova de dentes.

O AI-5 tinha sido baixado duas semanas antes, o arbítrio já corria solto. Levados para o Rio de Janeiro, ele e Gil foram jogados, sem explicação ou qualquer delicadeza, em celas do quartel da Rua Barão de Mesquita, na Tijuca, hoje conhecido como um dos maiores centros de tortura da ditadura, o mesmo onde depois Flávio Tavares foi massacrado.

Lá, mesmo não sofrendo maus tratos físicos, ficaram isolados por vários dias, como relata Caetano: "Fui jogado numa solitária mínima onde só havia um cobertor velho no chão, uma latrina e um chuveiro que lhe ficava quase exatamente por cima".

Anos depois, Vladimir Herzog, diretor de jornalismo da TV Cultura, também achou que nada de grave poderia lhe acontecer. Intimado, apresentou-se sozinho, na manhã de 25 de outubro de 1975, ao Destacamento de Operações de Informações do Centro de Operações de Defesa Interna (DOI-Codi) do Segundo Exército em São Paulo para "prestar depoimento", e ali morreu sob tortura no mesmo dia.

Consta que a Polícia Federal tinha apreendido um compacto com a música "Che", que trazia na capa uma imagem de Guevara.[20] De boa ou má-fé, teriam atribuído a música a Caetano Veloso, embora fosse de um pouco conhecido Pancho Cataneo.

No quartel da Vila Militar, em Deodoro, para onde depois foram transferidos, Caetano e Gil chegaram a compartilhar celas com intelectuais como Ferreira Gullar, Paulo Francis e Antonio Callado. Foi na Vila Militar que rasparam a icônica cabeleira de Caetano. Segundo um sargento, os tropicalistas eram "os mais profundos inimigos do regime".

Depois da prisão, veio o exílio. Em 27 de julho de 1969, quase um mês antes da minha viagem, Caetano e Gil embarcaram no Galeão com destino a Lisboa. Na despedida, os agentes da Polícia Federal sugeriram que ficassem pela Europa e mandaram um recado para Chico Buarque. Chico, que estava em Roma, narra: "Lembro da carta do Caetano, levada por Nelsinho Motta: 'O tenente amigo mandou dizer para você nem pensar em voltar'".[21]

Quando Caetano veio ao Brasil, em 1971, foi interrogado por seis horas e proibido de raspar o cabelo ou a barba. Só poderia dar entrevistas por escrito, e teria que fazer dois espetáculos na televisão para que tudo parecesse normal. Caetano e Dedé só voltaram a morar no Brasil em 1972.[22] Enquanto Caetano tentava se adaptar à vida de exilado na Europa, no Brasil as coisas ferviam.

---

[20] Che Guevara, guerrilheiro e revolucionário argentino, um dos líderes da Revolução Cubana de 1959. (N.E.)

[21] Regina Zappa, *Chico Buarque para todos*, Ímã Editorial, 1999.

[22] Caetano Veloso, *Narciso em férias*, Companhia das Letras, 2020.

"O resultado do jogo do Paraguai foi de um a zero para o Brasil. A semana aqui transcorreu cheia de notícias, com o sequestro do embaixador americano pelos terroristas, que vocês devem ter lido aí. E com a morte súbita do Faria Lima, que teve um infarto. Que pena, não? O presidente continua doente, sem receber visitas, embora os boletins médicos sejam de acentuadas melhoras do distúrbio neuro-circulatório de que foi acometido. Pouco tenho visto Gui, na correria de sempre, e tenho achado Flávio tristonho, sem atinar com a razão. Sua irmã está boa e bem mais animada para fazer as lições. Acho que por hoje as notícias estão esgotadas. Quando puder, tire uns retratos para nós vermos. Já comprou uma máquina?"

(Carta da mãe, 10/09/1969)

Ainda não tínhamos completado um mês em Paris, estudando francês, quando recebemos as notícias do acidente vascular cerebral (AVC) do presidente Costa e Silva e do sequestro do embaixador dos Estados Unidos.

"O Brasil e os acontecimentos políticos brasileiros são manchete principal nos jornais, deu até documentário na bbc [...]. E as minhas colegas são muito compreensivas e me ajudam na hora de mudar de sala e não perguntam nada sobre o Brasil e eu estou sozinha tentando compensar os buracos nos meus corações tapando outros no cérebro e que metáfora horrível e hoje recebi três cartas falando da mesma coisa (o rapto do embaixador americano no Brasil) e eu já sabia de tudo porque semana passada éramos manchete nos jornais e deu até editoriais excelentes e documentário na tv sobre a nossa terra (que expressão horrível)."

(Cartas de Ana Cristina Cesar, 7, 12 e 14/09/1969)

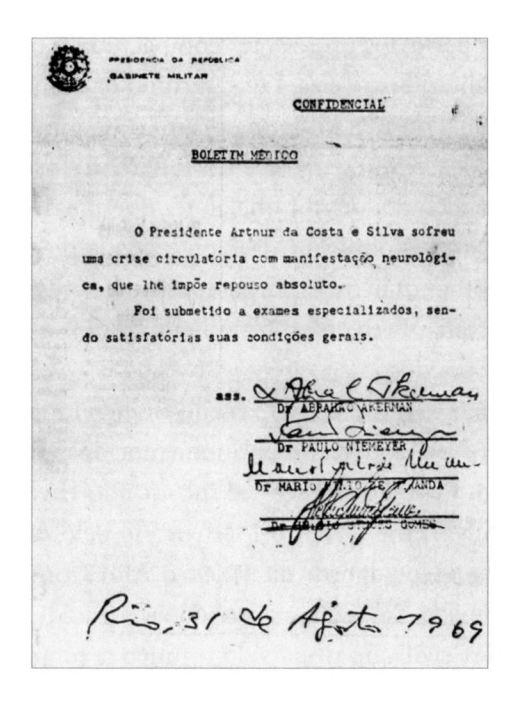

Quando ocorreu o golpe militar de 1964, eu tinha acabado de entrar na Faculdade de Direito da USP, no Largo de São Francisco. A maioria dos professores, como boa parte da classe média, estavam satisfeitos com a chamada "Revolução" e evitavam falar de política. Grande parte dos estudantes não se conformava com o golpe, mas não sabia muito bem o que fazer.

O clima era tenso entre os alunos. Alguns, de esquerda, chegaram a aderir à luta armada. Outros, de extrema-direita, gostavam de andar armados e integravam o Comando de Caça aos Comunistas (CCC). Tínhamos os mesmos professores, assistíamos às aulas de terno e gravata nas mesmas classes, passávamos os intervalos no mesmo pátio, mas os conflitos eram frequentes.

Uma parte dos professores compactuou ou aderiu ao regime militar. Entre eles, Luiz Antonio da Gama e Silva, o Gaminha, considerado o mais duro dos "juristas de exceção". Foi ele quem redigiu, em 1968, o Ato Institucional n.º 5 e, ao lado do locutor oficial, fez questão de anunciá-lo à Nação. Como reitor da Universidade de São Paulo (USP), comandou os expurgos de professores, entre os quais Florestan Fernandes, Caio Prado Júnior e Fernando Henrique Cardoso.

Enquanto o marechal Castello Branco foi presidente (1964-1967), o Congresso continuou funcionando. Julgado moderado, Castello Branco foi substituído em 1967 por Costa e Silva, cujo governo foi marcado pelo AI-5. Após o AVC de 31 de agosto de 1969, o Alto Comando das Forças Armadas impediu a posse do vice-presidente Pedro Aleixo, um civil que tinha sido o único a votar contra o

AI-5. "Costa e Silva enfermo: ministros militares assumem governo", foi a manchete da *Folha de S.Paulo* de 1º de setembro de 1969.

## ■ A BOLSA É MESMO EM PARIS

Minha bolsa de estudos era para a universidade de Aix-en-Provence, no sul da França. A relação com os bolsistas era toda feita no Centro Regional das Obras Universitárias e Escolares (CROUS). A cada mês, recebíamos nossos francos no escritório do número 6 da Rue Jean Calvin, no 5ème Arrondissement. O acesso era feito pelo metrô Censier-Daubenton, da linha 7, com conexão no Châtelet.

Em determinado mês, o dinheiro do dia a dia tinha acabado e me restava um único bilhete de metrô. Eu devia estar tão aflito que, na hora de fazer a conexão, embarquei na direção errada. Tive que sair da estação e mendigar um bilhete, cena que, embora corriqueira, sempre me pareceu lamentável. Por sorte, logo apareceu um passageiro que, falando francês, mas com um sotaque familiar, disse: "Sempre tenho um bilhete para um brasileiro em apuros".

Os dois primeiros meses foram destinados ao aprendizado do francês, com aulas diárias. Certo dia, ao receber o dinheiro da bolsa, aproveitei para perguntar quando deveria partir. Para minha grande surpresa, a funcionária perguntou se eu me incomodaria de estudar em Paris mesmo. Aceitei logo, ainda com medo de que fosse algum engano.

O primeiro destino, Aix-en-Provence, chegou a me causar certo contratempo. Jovem advogado em um escritório

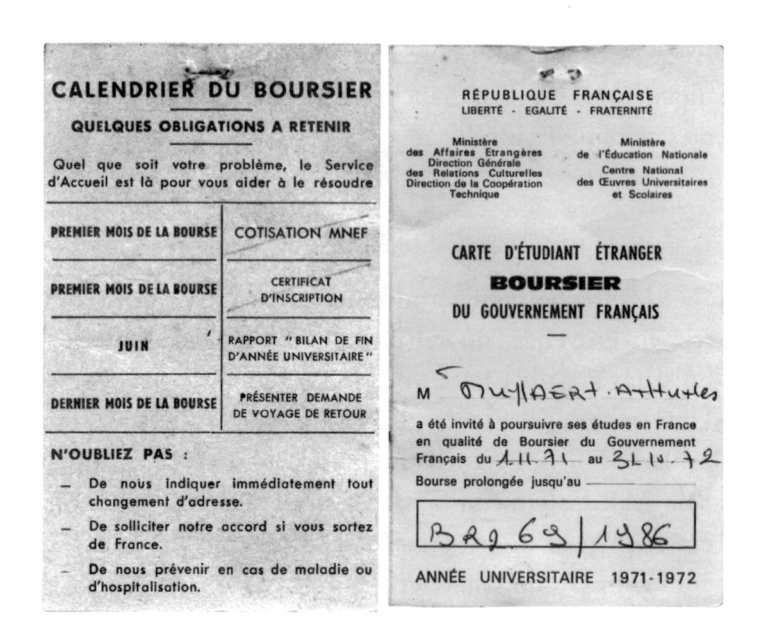

conhecido, eu atendia, entre outros clientes, uma empresa estrangeira que estava se estabelecendo no Rio Grande do Sul. Quando o simpático contador do escritório me indagou sobre a viagem, expliquei que ficaria pouco tempo em Paris e depois iria para o Sul, sem entrar em detalhes, imaginando que a geografia da Provence não lhe fosse familiar. Pois não é que o guarda-livros, numa interpretação peculiar, foi dizer à direção que eu ia passar um tempo na França e que depois me mudaria para Porto Alegre, a fim de trabalhar para o nosso cliente? Isso seria uma enorme deslealdade, ainda mais se feito às escondidas. Só soube disso bem mais tarde, quando o mal-entendido já tinha sido superado.

Um dos sócios do escritório foi depois a Paris e me convidou para almoçar. Como ele era próximo do governador de São Paulo, Abreu Sodré, perguntei sobre as notícias de torturas no Brasil. Ele desmentiu, com aparente convicção.

Um bilhete de meu pai, de 11 de setembro de 1969, traduz sua reação diante da mudança de planos: "Ficamos pasmos por saber que afinal ficarão em Paris! Acho, porém, que não perdem nada com isso. Pena perderem o tal apartamento, mas por certo aparecerá outro logo. Acho acertada a decisão de ficarem em Paris".

"Estamos loucos por mais notícias daí, pois você diz que houve engano e a bolsa é mesmo em Paris, mas não me diz nada, é na Sorbonne? Você deve ter ficado radiante, não? E o curso de francês, difícil? Papai diz que só mesmo a ideia de os rever o faria ir à Europa outra vez."

(Carta da mãe, 16/09/1969)

"Sabe, outro dia vovô estava saindo do banco, pôs o dinheiro no bolso de fora e o roubaram, e sabe quanto?! 500 cruzeiros novos."

(Carta da irmã, 18/09/1969)

### ■ LE MONDE DIPLOMATIQUE

"Diante do poder militar, os revolucionários brasileiros adotaram uma estratégia original", era a manchete da página 12 do *Le Monde Diplomatique* de outubro de 1969. Segundo o periódico, o sequestro do embaixador dos Estados Unidos teria sido o acontecimento mais importante no Brasil desde o golpe militar de abril de 1964: "Pela primeira vez, os detentores do poder foram acuados para a defensiva, sem possibilidade de contra-atacar de maneira rápida e eficaz".

## NOTÍCIA DO SEQUESTRO

A notícia do sequestro foi dada em todos os jornais brasileiros. O *Le Monde*, que estava ao nosso alcance, analisou: "Aceitando que toda a imprensa brasileira publique na íntegra o manifesto político dos sequestradores, o governo de Brasília implicitamente já cedeu às exigências deles. Parece que a primeira condição, relativa à libertação dos prisioneiros políticos, também foi aceita pelas autoridades".

Além de publicar trechos do manifesto, o *Le Monde* informou: "Era meia-noite e dez quando os telespectadores do Rio viram aparecer na telinha a fisionomia séria do locutor, que se pôs a ler as cláusulas do ultimato dos sequestradores; eles puderam imaginar a tensão e a desolação no seio do governo brasileiro, que esteve reunido a noite toda com os chefes militares no ministério do Exterior". Outra matéria tinha por título: "'É possível vencer a ditadura', declaram os sequestradores".

A questão da luta armada era motivo de controvérsia entre os brasileiros de Paris. Muitos, e não só os ligados às organizações de esquerda, sustentavam que essa era a única via para derrotar o regime autoritário. Parte deles, entretanto, queria mesmo, e não escondia, a revolução socialista. Minha posição, clara na opção pelo estudo do direito constitucional e das liberdades públicas, era de que o Brasil teria de caminhar para a democracia pela via política. É certo que, naquele momento, e por muito tempo, isso parecia uma utopia.

Quinze prisioneiros seguiram para o México no dia 7 de setembro, num avião da Força Aérea Brasileira (FAB), depois de receberem a pena de banimento. Entre eles estava Flávio Tavares, que aparece na foto do embarque na primeira fileira, à direita, algemado e com o cenho franzido. Todos ficamos felizes com a libertação do jornalista, mais ainda ao compartilharmos a emoção de Cecilia, que não via a hora de reencontrá-lo.

■ Prisioneiros políticos trocados pelo embaixador Charles Elbrick.

A casa para onde o embaixador dos Estados Unidos foi levado tinha sido alugada por Fernando Gabeira. Baleado e preso em 1970, o repórter foi solto no episódio de outro sequestro, o do embaixador alemão Von Holleben, em junho de 1970. Gabeira viveu exilado até a anistia de 1979 e conta a história no livro *O que é isso, companheiro?*, publicado em 1981 pela editora Codecri.[23]

■ AVENUE JEAN MOULIN

Começava a fazer frio naquele começo de setembro de 1969. A decisão estava tomada: ficaríamos em Paris, portanto era preciso encontrar um apartamento. A caçada a uma pequena habitação não era coisa fácil com o orçamento limitado de bolsistas. Tínhamos dois instrumentos poderosos: o jornal e o telefone. Todos os dias, passávamos em revista as páginas de classificados na esperança de encontrar alguma coisa que não fosse horrível nem cara demais.

A primeira tentativa não funcionou. Ficamos com o coração partido, porque parecia o lugar ideal, mas alguém chegou antes. Na segunda investida, enfrentei um problema: o corretor tentava me dar seu endereço ao telefone e eu não conseguia compreender as palavras. Com o sotaque francês, era difícil entender "Franklin Roosevelt", nome do antigo presidente dos Estados Unidos que batizou a estação de metrô na Avenue des Champs-Élysées. Consegui chegar,

---

[23] Um bom resumo do sequestro de Bruce Elbrick está em: "Como grupos armados de oposição à ditadura sequestraram o embaixador americano Charles Elbrick, há 50 anos", *O Globo*, 04/09/2019. https://bit.ly/3qDqKwk

e o corretor acabou confiando em mim. Mesmo assim, tive que depositar uma caução de três meses de aluguel. Minha bolsa era de 750 francos e a de Silvia, de 500 francos. O aluguel, se não me engano, era de 300 francos. Fiz um esforço para me lembrar o nome do homem, afinal de contas eu o escrevia ao menos duas vezes por mês, uma num cheque, outra no envelope em que enviava o pagamento pelo correio. Talvez fosse algo como *monsieur* Rousseau, mas acho que esse nome lembra mais o filósofo de *O contrato social* do que o corretor. De todo modo, como dizem os franceses: *peu importe!* [pouco importa!]

Da janela de nosso apartamento, avistávamos uma estreita alameda com ateliês de artistas dos dois lados, nos fundos do prédio. Nunca penetramos naquele mundo, mas a vizinhança não podia ser melhor.

Salve Jean Moulin, antigo herói da resistência, avenida que foi meu domicílio por quase dois anos, até que, por medida de economia, mudamos para a Casa do Brasil, na Cidade Universitária Internacional.

"O lugar que habitamos constitui o terreno vivo no qual reinventamos nossa história. Ele funciona como uma segunda pele através da qual revivemos o que temos de elaborar da nossa história para chegar a um espaço que nos pertence. De modo geral, o modo como nos apropriamos e, portanto, investimos em um lugar reflete nossa maneira de ser no mundo e o que temos que transformar."[24]

Nos meus sonhos, por muito tempo, era sempre o apartamento do bairro de Alésia, no 14ème Arrondissement, que voltava a aparecer.

---

[24] Christine Ulivucci, *Psychogénéalogie des lieux de vie: ces lieux qui nous habitent*, Petite Bibliothèque Payot, 2008.

## ■ GREVE DOS TRANSPORTES

1969 foi um ano de muitas greves. Setembro foi marcado por uma forte paralisação dos transportes em Paris. Sem ônibus e metrô, eram tantos os automóveis circulando que a cidade parou. A imprensa cobria o movimento e todos, em toda parte, manifestavam suas opiniões.

De alguma maneira, eram ainda reflexos de maio de 1968, como analisado pelo *Le Monde*: "O descontentamento latente, o medo do futuro, a insatisfação ou a nostalgia deixada pela crise de maio, o desencantamento político, constituem uma mistura que pode explodir à menor fagulha".[25]

Justo no primeiro dia da greve, eu devia fazer um exame. Como não havia metrô nem ônibus, o transporte era assegurado por caminhões do Exército. Lembro-me da sensação de subir em sacos de areia colocados na calçada para

---

[25] *Le Monde*, 13/09/1969.

alcançar a carroceria do caminhão militar que me deixou no Boulevard Saint-Germain.

Acho que usava caneta-tinteiro, pois antes de começar minhas mãos suavam tanto que borraram o cabeçalho da prova. Enxuguei-as com o lenço que trazia no bolso e consegui me concentrar. Parte da prova era fazer o resumo de um editorial do *Le Monde* sobre a guerra do Vietnã, com um terço do tamanho do texto original. Deu certo, fui aceito como aluno.

"Como foi essa semana de greve de transportes aí? Transtornou muito a vida de vocês? Vimos na televisão, no jornal, a confusão do trânsito, com o engarrafamento produzido pelos carros particulares, devido à falta de ônibus e metrô! Parece que reina mesmo confusão no mundo inteiro, não? Por aqui continuamos na mesma, sem saber que rumo tomar. Ninguém sabe nada certo, os negócios estão muito parados. Hoje está um domingo calmo e bonito."

(Carta da mãe, 21/09/1969)

Mesmo de longe, a família acompanhava a vida em Paris. Meus pais, mas também meus tios, verdadeiros ou postiços, e em especial meu avô. Ao mesmo tempo, começavam a chegar sinais mais claros das dificuldades econômicas que meu pai já enfrentava.

"Segundo os jornais, os militares já escolheram o substituto do Costa e Silva: Garrastazu Médici. O anúncio oficial deverá ser feito por esses dias. A América do Sul continua seu curso para os governos militares: hoje foi a Bolívia. O general Alfredo Ovando Candia chefiou um golpe militar e tomou o poder sem derramamento de sangue.

O Pacaembu foi reaberto na quarta-feira, com o jogo Corinthians e Cruzeiro. Dois a zero para o Corinthians, para grande alegria do Gui. Ontem choveu à tarde, uma chuva forte por uma hora. A seca ainda continua, mas agora já estou mais animado. Assumo o compromisso de modificar meus hábitos e escrever regularmente como agora faço. Todos bem de saúde e sentindo muita falta de vocês."

(Carta do avô, 26/09/1969)

Meu avô revelou-se um grande cronista. Ainda não tinha 70 anos, morava sozinho e não saía muito de casa. Alguns amigos, poucos, conseguiam eventualmente arrastá-lo para um almoço ou uma curta viagem. Ia quase todos os dias a pé até o clube, onde se sentava num banco, à sombra de uma árvore, esperando que viesse algum conhecido trocar umas palavrinhas. Ficou viúvo muito cedo e se manteve nessa condição. Era diretor de uma ferrovia em 1955, quando Jânio Quadros foi eleito governador. Preferiu se aposentar, quis evitar os inevitáveis embates com o estrepitoso político. Daí em diante, passou a ler Joyce, Montaigne, Pascal, e a citá-los de memória, numa prosa muito apreciada. Por suas cartas, e até no que apenas sugeria, eu acompanhava a comédia que seria grotesca, se não fosse dramática, da ditadura no Brasil.

"Nós aqui também já estamos há dez dias sem carta de vocês e estou esperançosa de que amanhã chegue alguma. Como foram de Londres? Os jornais aqui dizem que amanhã devem anunciar quem será o novo presidente, mas já falaram isso tantas vezes que estamos todos incrédulos, enfim vamos ver se será para melhor. Tomara! A peça *Hair* deve estrear daqui a alguns dias, veremos qual será a reação do público e da censura. Parece que Teresa e o marido estarão aí no dia 16 de outubro."

(Carta da mãe, 28/09/1969)

Uma das greves que marcou setembro de 1969 na França foi a dos correios. Não tão dramática quanto a dos transportes, mas atrasou nossa correspondência. Habituados à troca incessante de notícias do dia a dia, sua falta causou uma sensação de desconforto dos dois lados do Atlântico.

"À distância dos corpos se acrescenta a do tempo de envio das correspondências, que faz do espaço temporal epistolar um lugar dilatado, fonte de inúmeros mal-entendidos. A duração do envio produz uma defasagem. [...] A troca de cartas só pode ser bem-sucedida se os dois parceiros aceitarem essa noção de defasagem epistolar e a comentarem para divertir-se com ela, em vez de lamentá-la."[26]

■ A IDA A LONDRES

Não tenho lembranças precisas da ida a Londres. Nem mesmo sabia então quem era Ana Cristina Cesar, a jovem que lá estava estudando e que mais tarde se revelou uma de nossas maiores poetas. Fomos com Lola e seu pai, professor notável, um dos fundadores da Escola de Sociologia e Política. Um irmão de Lola morava em Londres e fez as honras da casa.

Ficamos hospedados numa espécie de pensão. O café da manhã incluía um chá bem preto com leite, salsichas

---

[26] Geneviève Haroche-Bouzinac, *Escritas epistolares*, Edusp, 2016.

e ovos com bacon, mistura um tanto explosiva. Lembro de ter visto, logo no primeiro dia, uma jovem saindo do banho e atravessando nua o salão do *breakfast*, toalha pendurada no braço. Gravei a cena na memória, não era usual para mim.

O anfitrião nos explicou que um brasileiro conseguia dirigir no sentido contrário de direção, desde que sóbrio, mas que depois de um uísque a coisa ficava difícil. Contou ainda que, numa festa barulhenta, a polícia apareceu, chamada por um vizinho. O policial, para surpresa de todos, pediu uma rolha, na qual, com um canivete, esculpiu uma tampinha que aplicou no buraco da fechadura, antes de se retirar. É muita civilidade, acho que não se fazem mais policiais como os antigos, mesmo em Londres. Contou ainda que o príncipe Charles tinha sido aceito pela universidade, não pela sua qualificação como estudante, mas para que o futuro rei da Inglaterra pudesse ter a melhor educação possível.

É claro que vimos os principais monumentos e lojas, como todo turista, mesmo quase sem fazer compras. Não tenho fotos, ainda não tinha comprado a Pentax Spotmatic que me acompanhou até a separação de Silvia, poucos anos depois. Sem os registros, a lembrança que ficou foi a de termos explorado Londres em boa companhia e ouvido muitas histórias. Mas Londres, me perdoem, nunca foi Paris.

## 1969, OUTUBRO

"Afinal foi mesmo resolvido, Garrastazu Médici para Presidente. Ele deu uma entrevista, ou melhor, fez um discurso na televisão que impressionou muito bem a todos. Parece que só tomará posse no dia 15 de novembro e nada foi resolvido sobre se o Congresso será reaberto só para legalizar a situação, mas parece que é o que pretendem. Beijos saudosos a vocês e abraços na Lola e na Cecilia."

(Carta da mãe, 08/10/1969)

**FOLHA DE S. PAULO**

*Decidido: Medici é o presidente*

Às 10 h 50, nota oficial anuncia a escolha do sucessor

## ▨ JANTAR DE INAUGURAÇÃO

O apartamento da Avenue Jean Moulin foi um achado. Ficava próximo do metrô Alésia, a poucas estações de Saint-Germain-des-Prés. Nos sentíamos num palácio, com uma sala clara e um quarto para dormir. "É isso! Eu tenho um apartamento! É um grito de vitória. O fato de ter assinado um contrato de locação nos dá – por um tempo – a alma dos conquistadores, ou, pelo menos, dos colonizadores. Um amor, um verdadeiro achado!"[27] É verdade que, como diz Colette, um apartamento parisiense tem uns poucos defeitos graves, e eles são sempre os mesmos: "O barulho, a fina espessura das paredes, o aquecimento insuficiente e a ausência de lareiras".[28]

---

[27] Colette, *Paris, je t'aime!*, L'Herne, 2023.

[28] *Idem.*

Desde logo começamos a reunir amigos, fazer pequenos jantares e, depois, a receber brasileiros. Me afeiçoei muito a esse apartamento, por várias vezes ia até a porta do edifício quando voltava a Paris. Bem mais tarde, fiz uma tentativa de visitá-lo. Enviei uma carta endereçada apenas à *concierge*, certo de que a do meu tempo não estaria mais por lá. Recebi uma resposta simpática de Maria Fátima, que me explicou que a denominação, agora, era *gardienne* e que podia marcar uma visita. O apartamento estava ocupado, mas andamos por todo o prédio e pelo belo caminho dos ateliês que eu nunca tinha percorrido.

Uma artista importante que ali teve seu ateliê foi Germaine Richier, escultora que só mais tarde se tornou conhecida pelo público.[29] O ensaio *Picasso, Hopper and Richier: A Scenic Tour of Modern Art*, de 2018, destaca os três grandes artistas que tiveram um papel crítico na formação da arte moderna: "Em ordem cronológica, esses artistas são Pablo Picasso, Edward Hopper e Germaine Richier. O leitor pode notar que a ordem cronológica corresponde à sua notoriedade. [...] Picasso é um dos artistas mais reconhecidos de todos os tempos. Hopper é quase tão conhecido, e Richier é quase desconhecida fora dos círculos artísticos".[30]

Germaine Richier abriu seu estúdio em 1919 na Avenue du Maine, no 14ème Arrondissement de Paris. Depois, a partir de 1933 e até o final de sua atividade artística, manteve seu ateliê nos fundos do nosso número 36 da Avenue Jean Moulin, que antes se chamava Avenue de Chatillon. Durante a guerra, a artista foi para a Suíça, mas

---

[29] Para saber mais sobre a artista, ver: https://bit.ly/3Q1081t

[30] Lai-Kent Chew Orenduff, *Picasso, Hopper and Richier: A Scenic Tour of Modern Art*, Aakenbaaken & Kent, 2018.

em 1946 voltou ao nosso imóvel e declarou que sua vida e seu trabalho tinham que ser em Paris.

Quando os dominicanos quiseram renovar a igreja Notre-Dame-de-Toute-Grâce de Plateau d'Assy, chamaram Georges Braque, Fernand Léger, Henri Matisse e Marc Chagall. O crucifixo, colocado atrás do altar, ficou a cargo de Germaine Richier. Muito admirado, o símbolo religioso foi contestado por conservadores, que tentaram até bani-lo da igreja.

Tínhamos um vizinho de apartamento que também era artista. Produzia figuras de Dom Quixote com vassouras e escovas, mas não chegou a nos impressionar, a não ser por sua gentileza.

"Flávio sagrou-se campeão de primeira categoria do Clube de Xadrez de São Paulo. Amanhã receberá o troféu de melhor enxadrista universitário. O homem ainda deve ir muito longe e conquistar muitos campeonatos. Li há dois dias o palpite de um jogador da seleção portuguesa sobre os prováveis finalistas da copa do México: Itália e Alemanha Ocidental. Não acredita no Brasil."

(Carta do avô, 11/10/1969)

"Gostei muito da carta em que você conta os trabalhos de instalação, limpeza e arrumação do novo apartamento. E ainda que ia fazer um *fettuccine* para seus amigos da Alliance. Parabéns. Não conhecia mais essa faceta e minha admiração cresce, porque não há homem completo se não sabe cozinhar. Vocês com certeza sabem notícias detalhadas do Brasil através dos jornais brasileiros na embaixada. Por esses dias será a última lista de cassação para limpar o caminho para o Garrastazu. Sete russos estão em órbita em três espaçonaves e consta que farão uma plataforma espacial para futuros lançamentos. Amanhã será dia das manifestações de protesto nos Estados Unidos contra a guerra do Vietnã, mas o Nixon diz que não se submeterá a pressão. Vamos ver o que acontecerá".

(Carta do avô, 14/10/1969)

Se havia um lugar do qual mantínhamos completa distância era o consulado brasileiro, verdadeira filial da ditadura. Consta que ali havia equipes do Serviço Nacional de Informações (SNI) vigiando os brasileiros, em especial os exilados. Havia jornais do Brasil na imponente agência da Varig, na Avenue des Champs-Élysées, do outro lado do Sena. Tais jornais eram, em geral, de segunda mão, a maioria sobra dos aviões, manuseados e faltando pedaços. Mas também não íamos à Varig, a não ser que fosse indispensável.

"Querido, por que, por que você está 'bastante preocupado com a situação no Brasil?' Que eu saiba o Brasil nunca esteve melhor em toda a minha vida. (Não, não peça divórcio.) [...] O pessoal do Brasil não tem planos a não ser casar a Eliane com o José e a situação política está *Scheiße*.[31] Sabe qual a diferença entre o Costa e o novo 'presidente'? A burrice do Costa era incomensurável, a do novo presidente 'mé-di-ci'. É essa a situação no brasil. O B maiúsculo afundou há muito. O *Guardian* dá notícias de torturas em prisões brasileiras. Você discutia sobre Revolução, eu durmo na aula de francês."

(Cartas de Ana Cristina Cesar, 10 e 19/10/1969)

---

[31] Merda, em alemão.

Nessa primeira etapa, devíamos frequentar o curso de francês na Alliance Française, várias horas por dia, todas as tardes. Parecia impossível, no início, aprender o *passé simple* e ainda mais o subjuntivo. Também a concordância do *passé composé*. Hoje adoro esses tempos verbais, de uso pouco comum no dia a dia. Havia na classe um carioca de nome engraçado que, certo dia, sentindo calor, explicou à bonita e simpática professora que ele era *très chaud* [muito quente]. Foi a dica para ela explicar a diferença entre *être* [ser] e *avoir* [ter] e esclarecer que a formulação por ele usada tinha nítida conotação sexual. Não faltaram risadas.

Todos nós cometíamos nossas gafes. Certa vez, entrei num pequeno mercado na rua da nossa casa, bem perto mesmo, para comprar *croûtons*, aquelas torradinhas que se colocam na sopa. O empregado me olhou com grande espanto quando lhe perguntei onde ficavam os *crottons*, palavra que parece um aumentativo de *crotte*, que vem a ser bosta ou estrume.

Tivemos um professor mais velho, *monsieur* Noël, que recitava poemas para nós e tinha um programa de poesia no rádio. Eu achava suas aulas encantadoras. Tentei o laboratório de fonética, mas quase levei a professora ao desespero. Não havia jeito de enrolar os "Rs" à francesa, nem de imitar outras sutilezas do falar local. Desisti, e embora conheça bem a língua, até hoje mantenho o *accent brésilien*, logo reconhecível.

Frequentei depois um segundo curso de francês, esse não obrigatório, de manhã, na própria faculdade de Direito. Ali conheci alguns futuros colegas. Havia um mexicano que foi apelidado de Bubulê, pois era assim que saía seu "vous voulez". Havia uma espanhola bonita, sobrinha de um ministro. Um grego bem falante. A turma era simpática, éramos uns quinze, estávamos todos no mesmo barco. Soube que alguns, depois, viraram ministros ou ocuparam altos postos em seus países de origem.

"Adorei a amostra do papel das gavetas e posso imaginar quanto o apartamento deve estar gostoso com todos os toques de vocês. Achei ótima a aquisição do rádio e da vitrola. Ângela e Henri, de que você fala, já conheciam daqui? Deve ser uma turma animada e assim vocês matam a saudade de ouvir português, não é? Pensaram em comprar um carro? Nós continuamos só com o Volks, e o pobre roda sem parar, comigo, com Flávio, e à noite é a clássica pergunta dele: vocês vão sair? E nos fins de semana então? Está saindo sempre com uma menina, e é natural que queira o carro, mas não é fácil com um só para todos."

(Carta da mãe, 17/10/1969)

Não, não conhecíamos Ângela e Henri, que se tornaram ótimos amigos, muito próximos. Henri era arquiteto, carioca, tinha sobrenome francês, mas no dia em que quase foi atropelado esqueceu a origem e se pôs a xingar em português castiço. Não pensamos em comprar um carro, mas Henri tinha um velho Citroën 2CV, daqueles de filme, no qual, com jeito, cabíamos no banco de trás. Sim, era uma turma animada, nós nos divertíamos bem, apesar de estarmos sempre aflitos com o que se passava no Brasil.

## ◼ IDA A BRUXELAS

Nesse começo, em outubro de 1969, fomos a Amsterdá e a Bruxelas, viagens curtas em modernos trens que nos encantavam. A Holanda parecia um cartão-postal. A Bélgica é o berço dos primeiros antepassados flamengos que vieram para o Brasil.

Silvia tinha uma amiga que morava em Bruxelas, depois nos visitou em Paris. Era casada com um fotógrafo que nos apresentou sua câmera, uma Miranda, que me impressionou muito, embora a marca não me fosse familiar.

Lembro-me de que, numa dessas viagens, nos instalamos na cabine do trem e coloquei minha mala no suporte que ficava acima do banco do lado oposto. Logo entrou uma senhora francesa, baixinha, sentou-se, tirou os sapatos de salto alto, colocou uma sapatilha e começou a reclamar que minha mala ia cair nela: "Elle va tomber sur ma tête!" [Ela vai cair na minha cabeça!]. Em francês, a expressão é ainda mais forte, lembra a frase do Astérix: "Que le ciel ne nous tombe pas sur la tête" [Que o céu não caia sobre nossas cabeças].

"Esta viagem promete", pensei. Logo começamos a conversar e nos tornamos grandes amigos. Claude foi uma referência constante na nossa vida em Paris.

"O encontro com o outro está ligado a circunstâncias particulares e a um lugar preciso que nós podemos decodificar. [...] Há encontros em uma igreja, em um trem, durante um baile de 14 de julho... Lugares de coincidência ou lugares programados, todos esses lugares falam do ambiente necessário para conhecer o outro. O encontro, o início de uma aliança possível, também costuma refletir o que temos que consertar ou equilibrar em nossa vivência familiar."[32]

## ▨ A CENSURA DAS CARTAS

"Sua penúltima carta veio aberta pelo correio daqui, acho que estranharam o peso. E temos nova Constituição proclamada hoje pelos três ministros!"

(Carta da mãe, 17/10/1969)

A questão das cartas era motivo de preocupação entre os brasileiros. Mesmo depois que Lola e Cecilia se mudaram, por cautela suas cartas continuaram a ser enviadas para a Avenue Jean Moulin.

Augusto Boal[33] foi preso por causa de cartas, verdadeiras ou imaginárias. Foi sequestrado em uma noite de

---

[32] Christine Ulivucci, *Psychogénéalogie des lieux de vie: ces lieux qui nous habitent*, Petite Bibliothèque Payot, 2008.

[33] Diretor de teatro, dramaturgo e ensaísta brasileiro. Fundador do Teatro do Oprimido, que alia o teatro à ação social. (N.E.)

fevereiro de 1971, quando saía do teatro de Arena, do qual era diretor. Levado para o DOPS, ficou preso com nome falso, para que não descobrissem seu paradeiro.

A acusação era de que Boal teria levado artigos com acusações ao governo militar para Paris. "Eu não faria isso porque não sou bobo", respondeu ele. "Se tivesse um artigo contra o governo para publicar na França, eu poria no correio... Levar um artigo perigoso não seria subversão, seria estupidez..."

A despeito da lógica meridiana do argumento, Boal ficou preso vários dias e foi torturado no pau-de-arara, além de ter recebido choques elétricos e pancadas. Por maior que fosse o contrassenso, no auge dos maus tratos chegaram a dizer: "Você difama porque, quando vai ao exterior, lá fora você diz que aqui no Brasil existe tortura!".[34]

Boal conta que viu, entre as presas do DOPS, sua primeira mulher, Albertina, que precisou reaprender a andar depois de ter sido quase aleijada na tortura. E Heleny Guariba, que, depois de torturada, foi assassinada.[35] Liberado alguns meses depois, ele partiu para o exílio. Depois de 1978, morou em Paris e só regressou ao Brasil em 1986, após o fim da ditadura.

"Ser exilado é pensar na volta o dia inteiro." A frase é de *Murro em ponta de faca*, peça de Boal que tem música de Chico Buarque. Chico, aliás, enviou uma "carta cantada" para Boal, a conhecida "Meu caro amigo", na qual diz: "Mas o que eu quero lhe dizer é que a coisa aqui tá preta".

---

[34] O relato dramático está no livro *Milagre no Brasil*, publicado em Portugal em 1976 e entre nós em 1979, numa edição da Civilização Brasileira. Embora se trate de autoficção, aqui foi apresentado como romance.

[35] Augusto Boal, *Hamlet e o filho do padeiro*, Cosac Naify, 2014.

"Querido avô: desculpe a letra tremida, mas aproveito para pôr a correspondência em dia no Trans-Europe Express, que é um trem fantástico, quase tão bom como os do seu tempo... Tenho adorado receber suas crônicas, talvez as mais perfeitas que nos vêm sobre o Brasil, e assim mato as saudades dos nossos papos. Cada vez gosto mais do aspecto cultural de Paris: o homem não precisa nem ir à escola, basta ler o *Le Monde* para abrir os horizontes. A faculdade só começa lá pelo dia 20 de novembro. Enquanto isso, vou seguindo as aulas do Instituto de Estudos Políticos (Sciences Po) da Rue Saint-Guillaume, que tem mais de cem cursos, entre os quais vários de Direito e Ciência Política. Vou fazer os exames do primeiro semestre da faculdade em junho, assim nossas andanças estão de pé para julho. Mais tarde podemos ir combinando os detalhes. Quem sabe você vem um pouco antes e estaciona na Jean Moulin para vivermos um pouco da vidinha da Rive Gauche?"

(24/10/1969)

"Aproveitem seu tempo aí para usufruir as delícias de Paris e aproveitar ao máximo essa chance tão rara, principalmente na fase da vida em que vocês estão, sem deixar filhos nem problemas atrás. Mais tarde é que vocês vão dar valor a essa fase e suspirar pela liberdade dessa vida aí, embora eu saiba quantas saudades vocês sentem do Brasil. Começou já o curso na Sorbonne? Deve ser ultra interessante, não? Vi hoje a notícia do prêmio Nobel de Literatura de 1969, concedido a Samuel Beckett. Estão levando alguma peça dele? Agora é capaz de encenarem alguma, não? Como vão Lola e Cecilia? Já arranjaram alojamento definitivo? E começaram os cursos aí?

Anteontem fui com seu pai ao festival de cinema francês no Iguatemi ver *Week-end à francesa*, do Jean-Luc Godard. Detestei, só consegui compreender os primeiros cinco minutos e achei o resto uma loucura de não entender nada mesmo."

(Carta da mãe, 24/10/1969)

## ■ O EXÍLIO

O exílio, define Mary McCarthy, é em sua essência uma figura política, se diz de quem incorreu no desagrado do Estado por algum tipo de crime político em uma tirania, antiga ou moderna. O exilado aguarda uma mudança de governo ou a morte do tirano, que lhe permitirá voltar para casa. Se parar de esperar e se adaptar às novas circunstâncias, ele não será mais um exilado. O tipo mais passivo, como o poeta banido, vive de memórias, enquanto o tipo ativo, o revolucionário, vive de esperanças e estratagemas. "Há algo de ambos em cada exílio, uma oscilação entre a melancolia e a euforia."[36]

Silvia estranhou, no começo, a nova vida. Sentia falta do Brasil, dos amigos e até da família. Não conseguia vivenciar, como eu, a euforia de estar em Paris. Lola e Cecilia, autoexiladas, também não tinham meu entusiasmo nem pretendiam ficar na França. Mais tarde, Lola foi morar na Suécia, casada com um brasileiro. Cecilia, assim que possível, foi para o México encontrar Flávio Tavares, e lá tiveram um filho, Camilo. Enquanto estivemos juntos, compartilhando o apartamento na Jean Moulin, acompanhamos

---

[36] Mary McCarthy, "A Guide to Exiles, Expatriates, and Internal Emigrés", *The New York Review of Books*, 1972.

os acontecimentos no Brasil e conversamos muito sobre o futuro bastante incerto.

Nosso apartamento não era grande. Tinha um quarto com cama de casal, escuro, pois dava para um pátio interno onde o sol quase não aparecia. A peça mais generosa era a sala, com duas janelas grandes dando para a alameda onde ficavam os ateliês. Num dos cantos ficava a mesa de jantar e trabalho, com suas quatro cadeiras em volta. Logo na entrada, a cômoda onde era empilhada a nossa biblioteca. Perto das janelas, duas poltronas estofadas com um xadrez vermelho escuro. Na parede do fundo, o velho aquecedor a gás, que só acendíamos no inverno e, por segurança, desligávamos à noite. Havia ainda dois colchões empilhados que, cobertos por um tapete, faziam as vezes de sofá e serviam também de cama para os hóspedes, que os achavam confortáveis.

## JANTAR DE GALA

Estávamos em outubro e eu, como de hábito, saía cedo para as aulas. Procurava não fazer barulho, pois Silvia ainda dormia no quarto e Cecilia e Lola, na sala. Quando bateram à porta, Lola correu para atender, imaginando que tivesse chegado correspondência. Cecilia esperava ansiosa por uma carta de Flávio Tavares, que agora estava no México, após a troca pelo embaixador americano. Na verdade, Lola deu de cara com um casal de amigos brasileiros que tinha acabado de chegar a Paris em lua de mel. Diplomata, propôs que voltassem para jantar, pois aí eu já estaria de volta. Cecilia e Silvia, quietinhas, tinham ouvido a conversa e interpelaram Lola: "Como assim, quem vai fazer o jantar?". Lola, que nunca tinha cozinhado antes, se dispôs e pediu que as duas arrumassem a casa. Passou numa livraria, comprou um livro de receitas, *La cuisine pour tous* [Cozinha para todos], e foi estudar num café. Vendo sua aflição, o garçom lhe sugeriu fazer um *boeuf bourguignon, très facile*. Comprou então carne, vinho, cogumelos, pão, queijos, endívias e até bombas de chocolate para a sobremesa. Lola conta que, ao chegar em casa, eu abri e fechei a porta, achando que estava no apartamento errado. O jantar foi um sucesso, e até hoje a receita daquela noite é o prato preferido dos filhos de Lola.

"A indicação do sucessor do Costa e Silva ainda não é oficial, mas todos os jornais afirmam que será o general Garrastazu. Ouvi agora, pelo jornal de 30 minutos da Eldorado, que a posse do futuro presidente será no dia 15 de novembro e que o Congresso será reaberto para ratificar a escolha. O Corinthians venceu domingo o Internacional de Porto Alegre, por três a um. Perdia por um a zero no primeiro tempo, e no segundo ficou empatado até os 43 minutos, quando fez o segundo, e um minuto depois o terceiro gol. Foi um delírio no Pacaembu. Gui voltou exultante. No penúltimo fim de semana houve tal cerração na serra de Santos que causou diversas trombadas sucessivas, perfazendo no sábado setenta colisões na via Anchieta. É impressionante."

(Carta do avô, 30/10/1969)

## 1969, NOVEMBRO

"Fiquei pasma com o programa tão intenso dos seus cursos, e contente por vê-lo tão entusiasmado e interessado em aproveitar tudo ao máximo. Você já recebeu a cópia da nova Constituição? O novo presidente assumiu na quinta-feira, mas não mudou totalmente o Ministério, permanecendo Andreazza e Delfim.[37] Terça-feira será o noivado do Gui, que está bem contente com isso. Diz ele que o que está atrapalhando é o jogo do Corinthians, que é bem na hora, e que ele não vai deixar de assistir na televisão. Quero só ver. Flávio vai ganhar o Troféu Bandeirante dado pela Federação Universitária Paulista ao melhor jogador de xadrez do ano. Não é formidável? Acho que ele está muito apertado no curso da Poli,[38] pois quase não estudou e tem perdido muitas aulas de manhã, como resultado de se deitar

---

[37] Mário Andreazza, ministro dos Transportes dos governos Costa e Silva e Médici; Antônio Delfim Netto, ministro da Fazenda de 1969 a 1974. (N.E.)

[38] Escola Politécnica da USP. (N.E.)

tão tarde por causa do xadrez. Tomara que consiga ir para o terceiro ano. Silvia já começou o curso de teatro? Está mais animada? E Lola e Cecilia? Como foi de vestibular? Estou louca para saber se conseguiu passar."

(Carta da mãe, 02/11/1969)

"Às vezes é como se não fôssemos nós. Quer dizer, como se não tivéssemos escolha. Certos lugares, certos ambientes, nos saúdam de longe, como velhos conhecidos. E nos atraem para eles. E grudam na nossa pele como o vento frio de novembro."[39]

■ A faculdade de Direito.

---

[39] Miroslav Sekulic-Struja, *Petar & Liza*, Actes Sud Bd, 2022.

A Faculdade de Direito de Paris, dita Panthéon-Sorbonne, não me causou nenhum estranhamento, parecia uma continuação do Largo São Francisco. Um prédio antigo e imponente, ensino tradicional em grandes anfiteatros, poucas ideias novas. O título vinha da localização, próxima da construção secular que serve de sede à Reitoria e à faculdade de Letras. O nome Sorbonne acabou se tornando uma grife, que se espalha pelos prédios vizinhos e até serve de *pedigree* para cursos rápidos, em sua maioria de civilização francesa, como o que cursei em Créteil.

A localização da faculdade é privilegiada, em frente ao Panthéon, onde estão enterrados heróis nacionais como Voltaire, Rousseau, Victor Hugo, Zola, Jean Moulin, André Malraux e, por fim, Josephine Baker. Da faculdade avista-se uma grande estátua de Corneille, enquanto Rousseau fica escondido do outro lado.

Tanto a faculdade como o Panthéon situam-se no coração do chamado Quartier Latin, no alto da montanha Sainte-Geneviève, perto da prefeitura do 5ème Arrondissement, do liceu Henri-IV, da igreja Saint-Étienne-du-Mont e da biblioteca Sainte-Geneviève.

Hemingway também andava por ali quando viveu em Paris, cinquenta anos antes, de 1921 a 1926. Morava na Rue du Cardinal Lemoine com sua primeira mulher, Hadley, num tempo em que, como define, "éramos muito pobres e muito felizes".

"Era época de mau tempo. Chegaria a qualquer momento, no fim do outono. Teríamos de fechar as janelas à noite, por causa da chuva, e o vento frio arrancaria as folhas das árvores da Place Contrescarpe."[40] É o que Hemingway

---

[40] Ernest Hemingway, *Paris é uma festa*, Bertrand Brasil, 2013.

narra num dos livros de que mais gosto, *Paris é uma festa*. O hotel Ritz pediu ao escritor, em 1956, que fosse retirar duas grandes malas-baú, lá deixadas desde 1928. Nelas, Hemingway encontrou vestígios de seus primeiros anos em Paris. Embora não tenha usado a maior parte de suas anotações, o achado desencadeou as memórias do período, escritas até 1960 e nunca concluídas. O livro só foi publicado em 1964, depois da morte do autor, portanto.

Nem sei quantas vezes caminhei pela Rue Soufflot em direção à faculdade, descendo do ônibus ou do metrô no Boulevard Saint-Michel, perto do jardim do Luxemburgo. Era a ocasião de espreitar as vitrines das livrarias jurídicas. Cheguei a comprar, de segunda mão, livros de Georges Ripert, Léon Duguit e Georges Burdeau, que eu empilhava sobre a cômoda da sala do apartamento e que depois trouxe para o Brasil.

Naquela época, havia muitos lugares reservados para pessoas com deficiência, tanto nos ônibus como no metrô. A Segunda Guerra havia terminado havia vinte e cinco anos e ainda era comum vermos homens sem um braço, ou usando muleta por falta de uma perna. Essas pessoas faziam parte da paisagem urbana. A França teve mais de 500 mil vítimas fatais na guerra de 1939-1945, perdeu pelo menos um décimo de sua população, e entre os sobreviventes havia milhares de mutilados.

Além das livrarias, havia um bar na Rue Soufflot onde eu costumava parar para tomar um rápido café. Como todos fumavam muito nessa época, inclusive eu, o pulmão quase se fechava com a espessa fumaça que preenchia o ambiente. Tenho outra lembrança dessa rua, ingênua, mas quase traumática. Certa manhã chuvosa, eu comia um crepe que tinha comprado na esquina, e me sentia um pouco culpado com o gasto fora do programa. Um grande poodle muito sujo, sem aviso prévio, pulou sobre mim e arrebatou a iguaria. Minha capa de chuva, até então imaculada, passou a ostentar a marca barrenta das patas do animal, quase uma cicatriz.

A praça do Panthéon ficava ainda perto do restaurante La Ferme Sainte-Geneviève, cuja principal característica era o cardápio a preços acessíveis, onde podíamos jantar em alguns sábados. Certa noite, um casal sentado à mesa ao lado da nossa discutia a relação de forma bastante tensa. A certa altura, a mulher disse ao parceiro, em português, para olhar para nós, um típico casal francês, que jantava feliz e logo iria para casa fazer amor. Escondi com rapidez o maço de Hollywood vindo do Brasil e passei a falar só em francês até o fim da refeição, com medo de decepcioná-los.

"Estava só pensando ontem no que você não faria aqui para amolar seu irmão pelo noivado. Gostei de saber do passeio a Bruxelas. Gui estava muito satisfeito. O Corinthians ganhou de quatro a um do Santos e o noivado correu otimamente. Não dou notícias políticas, pois sei que papai já contou as novas e a morte do Marighella etc. Até agora não está muito claro o negócio, pois segundo o *Estado* foram dois padres dominicanos que o traíram, indo inclusive encontrá-lo quando a polícia o pegou e o matou. Já ouvi dizer que não eram padres, mas sim terroristas vestidos de padres, mas não sei. Dizem que pegaram muito dinheiro dos assaltos a bancos e grande quantidade de material subversivo no convento de Perdizes e está uma embrulhada danada. É incrível, o papel de delator já é detestável, mas se foram padres é de estarrecer! Hoje está na primeira página dos jornais o sequestro e assassinato de um americano de 18 anos, filho de um dos diretores da Swift. Foi para exigir resgate, e embora eles não tenham avisado a polícia e tenham pagado, o rapaz foi morto. Que horror, não?"

(Carta da mãe, 05/11/1969)

"Recebi ontem sua carta do dia 24 no Trans-Europe Express entre Paris e Bruxelas. Lembrei-me dos artigos do Chatô[41] escritos no avião entre Londres e Nova York, ou Rio-Paris. Jantei ontem com seus pais e fomos depois comemorar o noivado do Gui. Havia um jogo Corinthians e Santos que tinha sido interrompido devido às chuvas torrenciais no fim do primeiro tempo, empatado um a um. Ontem o jogo foi feito com os portões abertos e televisionado. Começou tudo de novo. O Corinthians estraçalhou o Santos e acabou vencendo por quatro a um, além dos quatro gols anulados por impedimento. Rivelino foi o maior jogador em campo, fez dois gols e deixou Pelé apagadíssimo. Imagine o entusiasmo e alegria do Gui, o Corinthians já está classificado para a final, e é o provável campeão deste ano. Outro fato

---

[41] Francisco de Assis Chateaubriand Bandeira de Mello, mais conhecido como Assis Chateaubriand ou Chatô (1892-1968), jornalista, escritor, advogado, professor de Direito, empresário, mecenas e político brasileiro. Foi um dos políticos mais influentes do Brasil entre os anos 1940 e 1960. Era membro da Academia Brasileira de Letras. (N.E.)

sensacional: um 707 da Varig foi desviado da rota Buenos Aires/Nova York para Havana. Quinquagésimo avião sequestrado. Outra notícia sensacional: Carlos Marighella foi metralhado na Alameda Casa Branca, numa emboscada para se encontrar com dois frades dominicanos que tinham sido presos e o denunciaram. O Nixon fez declarações inacreditáveis. A palavra de ordem nos Estados Unidos é *Law and order* para uso interno e *Murder without law* para o Vietnã. Nem ao menos uma declaração de guerra. O verão chegou. Está fazendo bastante calor, mas não tenho a impressão de que choverá à tarde. Acabei de ler dois livros sobre a Rússia, quando o czar Alexandre II morre vítima de um atentado. Descreve um grupo de terroristas preparando atentados contra o regime. Gostei muito da leitura e fiquei pensando se ainda hoje, em plena São Paulo, os mesmos métodos ainda estão sendo empregados."

(Carta do avô, 05/11/1969)

## ▦ A MORTE DE MARIGHELLA

Frei Ivo, irmão de nosso amigo Henri, foi um dos dois dominicanos usados na armadilha para matar Marighella. Disse ter certeza, num depoimento de 1996, de que Marighella chegou sozinho à alameda Casa Branca (nos Jardins, São Paulo) na noite de 4 de novembro de 1969. Ivo "e o Frei Fernando, que estavam presos desde o dia 2 de novembro, foram levados ao local num carro do DEOPS/SP e lá transferidos para um Fusca azul – o mesmo carro onde o corpo de Marighella foi encontrado. O então frei disse que foi colocado ao volante do Fusca (estacionado do lado direito da rua), com Frei Fernando ao seu lado. Os dois teriam recebido de policiais a orientação para sair do carro quando começassem os tiros. Ele contou que viu Marighella aproximar-se pelo lado esquerdo, atravessando a rua. Quando o guerrilheiro estava no meio da rua, os tiros começaram. Os dois frades teriam então sido arrancados do carro e postos deitados no chão, do lado direito do Fusca. Um pastor alemão foi colocado próximo para tomar conta dos frades enquanto a ação transcorria. Ao tentar se mexer, Ivo levou uma mordida do cachorro na perna".[42]

## Marighella morto em S. Paulo

Carlos Marighella foi morto ontem, por volta das 20 horas, em frente ao n.º 795 da Al. Casa Branca, em tiroteio travado com elementos do DEOPS. O delegado Tucunduva saiu ferido e a investigadora Estela Borges também. A morte de Marighella culmina uma serie de ações iniciadas com a Operação Bandeirantes, coordenada pelo II Exército. (Páginas 14 e 15)

---

[42] Ver: https://bit.ly/3t96SCn e https://bit.ly/3ZEsF18. Ver também *Batismo de sangue*, de Frei Betto, publicado em 2006, e o filme homônimo, de 2007.

"As saudades são tantas que tenho vontade de escrever todos os dias para vocês. O filho de um americano, vice-presidente da Swift, foi sequestrado e assassinado com um tiro na nuca. O pai pagou 50 milhões e os assassinos pediram mais 50. Os sequestradores, pai e filho, são portugueses de Moçambique. Vejam vocês o conjunto de circunstâncias necessário para que um americano viesse trabalhar em São Paulo, e dois portugueses de Moçambique matarem seu filho de 18 anos. Os sequestradores estão presos e confessaram. Vem chovendo bastante e esta noite a chuva foi torrencial. No Rio, o verão já começou violento: várias crianças morreram de desidratação. Li notícia de Paris de que havia greve na universidade e pensei logo em vocês. Na Itália continuam as greves e os distúrbios de rua. Não falei com ninguém hoje, pois meu telefone está mudo, consequência das chuvas desta noite, suponho eu."

(Carta do avô, 07/11/1969)

"Como de costume, depois do lanche do domingo, sento-me para dar uma prosinha com vocês. A última carta que recebi foi a do trem para Bruxelas, mas soube que tudo vai bem e que nesse fim de semana vocês devem ir a Amsterdá. Hoje vou ver uma fita do Roger Vadim na televisão, sobre o livro da Françoise Sagan, *Um castelo na Suécia*, que ainda não passou em nenhum cinema aqui. Dá bem para distrair, um cineminha na televisão para terminar o domingo. Abraços nas meninas e beijos a vocês dois."

(Carta da mãe, 09/11/1969)

"Desta vez o intervalo entre a última carta e esta foi bem maior, e eu já estava sentindo uma falta enorme da conversa de vocês. Sei bem que vocês têm sido incansáveis e não compreendo mesmo como acham tanto tempo para nós, com tantas obrigações, além disso a correspondência com todos que escrevem a vocês, mas como vocês me deixaram muito mal-acostumada, fico desapontada. Mas fiquei felicíssima com as boas notícias que chegaram agora. Parabéns pelo vestibular conquistado. Gostei de sentir a Silvia também mais animada e interessada nos cursos de teatro. Como vão de frio? Aqui estão levando *Teorema*, do Pasolini, que é o assunto do dia, com as opiniões pró e contra, mas não vi ainda. Nossa casa está à venda, mas quando vejo que os armários aqui, que são tantos, estão lotados, e penso na mudança, desanimo. Não adianta querer prever o futuro, mas Deus é grande e haveremos de arranjar qualquer acomodação boa. O que quero é um imóvel pequeno, mas com muitos armários embutidos, e não sei se isso existe".

(Carta da mãe, 13/11/1969)

"a última notícia que o dia trouxe foi o assassinato do marighella sem detalhes"

(Carta de Ana Cristina Cesar, 14/11/1969)

"Caro avô. A correspondência é contagiosa como o bocejo, o resfriado e o ver-as-horas, mas muito mais agradável. Até a avó paterna, quando viu que você se correspondia conosco, está escrevendo. Gosto muito das suas cartas, que revelam uma verve de cronista reservada a poucos privilegiados. Acho que o objetivo da estadia aqui não é armazenar conhecimentos, mas buscar uma disciplina intelectual dirigida ao caminho da compreensão, da objetividade e da comunicação. Ainda ontem, andando entre a Sciences Po e a Alliance, eu pensava em quais teriam sido as influências mais importantes a despertar em mim o gosto pelo Direito (nada como as caminhadas e o tempo que a gente passa no banheiro para pensar). Não me surpreendi ao encontrar o velho avô em primeiro lugar, lembrando das nossas brigas que quase degeneravam em vias de fato. Acho que sem dúvida devo a você o gosto pelo rigor e pela coerência. As greves universitárias aqui só atingem o setor da medicina, por enquanto. Todo mundo trabalha com calma nos outros setores. Na Itália, porém, é o *chaos*. Dizem que há até um serviço telefônico para informar em que setor é a greve do dia. Imagino você aí acompanhando o voo do Apolo e a 'moratória', nós aqui também. Silvia viu agora a notícia de que as ruas estão cheias de polícia e que o povo está indo para a Bastilha se manifestar contra a guerra do Vietnã. Pode dar um quebra-pau louco. Bem, vamos ver."

(15/11/1969)

15 de novembro de 1969 foi um dia mundial de manifestações contra a guerra do Vietná. Na Alemanha, houve muitos confrontos com a polícia. Na França, também.

"Maio de 68 não está tão distante, e o governo está pronto a usar a força para sufocar as manifestações e reivindicações que abalam de novo a França", lia-se na capa da *L'Express* de 24 de novembro de 1969. "Tudo aconteceu muito rápido", informava a matéria. No sábado, dia 15, a tropa de choque cruzou o centro de Paris e mais de três mil jovens foram presos. E conclui: "Os jornais estão surpresos. A França não estava calma? Protestar contra a Guerra do Vietná, de repente, é um crime?".

O ministério do Interior, responsável pela polícia, proibiu a manifestação prevista para sábado, dia 15. Houve protestos na Assembleia: "A manifestação é legal e prevista pela Constituição". O cortejo que deveria ir de Les Halles à Bastilha não conseguiu se formar, e a polícia, embora visasse os possíveis manifestantes, acabou interpelando inúmeros passantes. Apesar da vontade, achamos prudente ficar em casa. Mesmo na nossa esquina, porém, no cruzamento da Rue d'Alésia, todos os transeuntes com menos de 30 anos foram convidados a entrar nos carros de polícia, e os jovens que circulavam em motos tiveram que descer para serem identificados nas viaturas.

"As chuvas têm sido ininterruptas e ontem São Paulo parou. O Tietê, o Tamanduateí e vários ribeirões transbordaram e inundaram as partes mais baixas da cidade. As marginais do Tietê ficaram debaixo d'água. Morreram nove pessoas, entre afogados e vítimas de desabamentos.

A companhia de gás foi invadida pelas águas e por isso faltou gás ontem. A subestação da Light do Cambuci também, deixando sem energia aquela região. Enfim, uma verdadeira calamidade. O *Estado* diz que a culpa é do Maluf [então o prefeito], que não conservou o trabalho feito pelo Faria Lima! Presumo que seja o dilúvio! Ontem à noite o Pelé fez o seu milésimo gol, no jogo entre Santos e Vasco no Maracanã. Assisti pela TV. Fez o gol de pênalti e recebeu a maior apoteose daquela maravilhosa torcida carioca. Assisti pela TV os astronautas na lua. Fantástico. O Nixon autorizou hoje uma verba de três bilhões de dólares para a Nasa prosseguir com o programa espacial."

(Carta do avô, 20/11/1969)

## ◾ A LUA

Essa segunda marcha do homem sobre a lua não era mais novidade, não despertou grande atenção, ao contrário da primeira, de julho de 1969. Naquele mês, o grande romancista e ensaísta italiano Alberto Moravia publicou dois artigos, no francês *Le Nouvel Observateur* e no italiano *Espresso*, comentando a aventura espacial. Ele compara os corredores intermináveis da Nasa com os de *O ano passado em Marienbad*, filme de Alain Resnais: vazios, limpos, assépticos, com escritórios idênticos. Depois que um cientista aponta como objetivos da pesquisa espacial o progresso científico, o estudo da possibilidade de o homem viver no espaço e, ainda, as consequências espirituais, dando "um novo propósito à humanidade", Moravia conclui que nunca, em nenhum período de sua história, foi oferecido ao homem um objetivo como esse, concreto, racional e ao mesmo tempo inacessível e utópico. "Então estamos no final da história, começa a pós-história."

"Seu pai não quer conversar, nem falar na venda da casa, mas parece que vai aceitar a proposta, pois o aperto está pior do que nunca. Não sei para onde iremos, nem por quanto tempo, pois ontem limitou-se a me dizer que não dá para comprar nada agora. O apartamento de vocês deve estar um amor! Agora, só os dois, vão aproveitar muito mais o apartamento, por mais amigas que as duas sejam. Gostei de ver o recorte do *Le Monde* [sobre a morte de Marighella], pois é sempre bom tomar conhecimento dos vários aspectos do caso. Sua irmã tem uma semana de exames pela frente, e depois férias, o que já faz a felicidade dela desde agora. Está indo muito melhor de estudos e faz as obrigações sozinha. Flávio jogando xadrez feito louco, participando de três torneios ao mesmo tempo, e isso em tempo de provas, calcule! Não é à toa que anda calado e de mau humor! Gui muito magro e exausto com o trabalho e as aulas, pois ficou com muitos projetos para entregar agora no fim, e tem se matado, mas graças a Deus logo estará formado."

(Carta da mãe, 23/11/1969)

O *Le Monde* de 10 de novembro trazia uma entrevista de Flávio Tavares, feita no México, com a manchete "A morte de Carlos Marighella não põe fim ao movimento de luta armada". O jornalista compara a morte de Marighella, em São Paulo, à de Che Guevara, na Bolívia, em 1967, com a diferença de que a organização criada pelo brasileiro permaneceria intacta. O jornal acrescenta que, segundo declarações oficiais, Marighella foi abatido pela polícia após ter sido atraído a uma emboscada montada com ajuda de dois padres. Para Tavares, a declaração de que os padres teriam colaborado é mentirosa e visa jogar umas contra as outras as tendências que integram o movimento revolucionário. Mais tarde se verificou que, longe de colaborar, os dois dominicanos foram arrastados pela polícia para o local depois de presos e torturados.

Lola e Cecilia se mudaram. Na Jean Moulin, ficamos só Silvia e eu. Mas logo começariam as visitas do Brasil. Nosso pequeno apartamento funcionou um pouco como um pouso para amigos e parentes, ou pelo menos um ponto de referência. Certa noite, tínhamos comprado doze ostras para uma pequena degustação a dois. Caio Graco, editor da Brasiliense, e Eli, um amigo, apareceram de surpresa, e assim a cota foi reduzida a três ostras para cada um. O mais importante não era a quantidade de comida, era a alegria dos encontros.

"Nesses últimos dias, as chuvas não têm sido contínuas, apesar de caírem fortes aguaceiros. Hoje faz sol agora de manhã, mas é provável que chova à tarde. Relendo ontem o *Memorial de Aires*,[43] encontrei esta frase, que subscrevo: 'A vida, mormente nos velhos, é um ofício cansativo'. Não é só o tempo que me deixa angustiado e preocupado. Hoje às 5 horas os astronautas chegaram de volta da lua. Conquista magnífica. Fiquei preocupado com a possibilidade de agitações de estudantes em Paris, mas segundo sua carta foi só da medicina, por enquanto. Mas o fato é que os jornais não deram mais nenhuma notícia sobre o assunto. Pelé foi expulso ontem no jogo Santos contra Atlético Mineiro, no Mineirão. Juiz Amílcar Ferreira, que com isso passará à história."

(Carta do avô, 23/11/1969)

"Adorei o retrato de vocês, todos que viram acharam ótimo. Silvia está linda! Ontem jantamos na casa de seu tio e José Olympio perguntou muito por vocês. Estou começando a ver casas e apartamentos para alugar, pois seu pai acha que não vai dar para comprar nada agora. Seu pai aceitou a oferta pela casa, agora só temos que esperar a confirmação do negócio pelo corretor. Sinto aborrecer vocês, mas tenho que dar as notícias como são e sempre desabafo um pouco."

(Carta da mãe, 27/11/1969)

Tenho uma foto da Torre Eiffel na qual aparece um braço no enquadramento, do lado direito. José Olympio estava visitando Paris, fomos lá juntos, e ele acabou, ainda que em parte, integrando a paisagem. Estivemos na

---

[43] Clássico de Machado de Assis.

Cinemateca também. Um homem muito culto, mineiro de Patos, advogado de profissão, mais tarde se casou com uma escritora também mineira. Depois que Zezinho, como sua esposa o chamava, morreu, ela deu o nome *Olympio* à revista literária que criou.

"As notícias do brasil! As notícias! Aqui no *Catholic Herald* saiu que freiras estão sendo torturadas, com nomes. E a carta do teu pai vem terrível. O pessoal de casa não manda detalhes, assumem que eu já sei, ou querem que eu tenha um *jolly good time* [momento muito bom] sem a preocupação do detalhe terrível."

(Carta de Ana Cristina Cesar, 30/11/1969)

O arcebispo de Ribeirão Preto excomungou os delegados responsáveis pelas violências cometidas contra religiosos naquela cidade. Ele enviou à CNBB informações detalhadas sobre os interrogatórios desses religiosos, inclusive da superiora de um convento, irmã Maurina. Segundo o *Le Monde* (17/11/1969), esta foi a primeira reação oficial da hierarquia católica depois que as autoridades passaram a acusar membros do clero.

## 1969, DEZEMBRO

"Seu pai vendeu a casa, tive muita pena, e há mais de um mês que sinto uma depressão, uma angústia, e muito desânimo. Em todo caso, o assunto foi decidido, e é preciso tocar para a frente. Sua mãe tem suportado os embates com coragem e resignação admiráveis. Seu pai também. Domingo jogaram os quatro finalistas, Gui garantiu que agora é a hora e vez do Corinthians. *Looks like it.* Hoje assistirei Santos x Peñarol, direto de Montevidéu. Domingo vimos Santos 0, Racing 2. Vamos ver se o Santos terá melhor sorte hoje."

(Carta do avô, 02/12/1969)

Meus pais tinham construído uma casa magnífica no Alto de Pinheiros, projetada por excelentes arquitetos e com todo o conforto. Minha mãe a decorou com carinho, inclusive comprando móveis antigos. Meu pai, com certeza, já vinha enfrentando problemas financeiros na empresa, mas se recusava a falar neles. Talvez acreditando em uma rápida recuperação, tocou a obra e a decoração até o fim. Foi uma pena, tiveram que vender, não chegaram a morar um ano naquela casa.

"O movimento de fim de ano já está grande, e vamos ter a festinha do colégio da sua irmã e a recepção do troféu do Flávio. Estou também saindo muito para ver se acho algum apartamento que nos ajeite. Como gostaria de ter vocês aqui para me ajudarem a tomar essas decisões tão difíceis! Que lindo Natal com neve vocês vão ter! O verdadeiro White Christmas. E que lindas devem estar as vitrines de Paris. Só imagino! Mas como apertam as saudades nessa época do ano, não?"

(Carta da mãe, 04/12/1969)

"Chegou um envelope da Capes para você, com a resposta ao seu pedido de bolsa: o Conselho Deliberativo da Capes, após detido exame do assunto, concluiu pelo seu indeferimento. Que pena, não? E não dão explicação nenhuma quanto ao motivo do indeferimento. Enfim, vocês já estão aí e não dependem deles".

(Bilhete do pai, 04/12/1969)

## ▨ COZINHA FRANCESA

"Espero que este livro reconcilie Silvia com a cozinha e transforme você num dos nossos melhores chefs (11/12/69)." Com essa dedicatória, Claude, a senhora que havíamos conhecido no trem, me ofereceu um clássico: Tante Marie, *La véritable cuisine de famille* [A verdadeira cozinha de família]. Ainda guardo esse exemplar amarelado que traz mais de mil receitas e que, na contracapa, tem escrita à mão a receita de *fondue* que nos foi ditada por Ruth, a amiga suíça.

Foi também de Claude que recebi um exemplar de *A obra em negro*, de Marguerite Yourcenar, que passei a apreciar mais depois de algum tempo. Eu estudava muito e lia pouco, com exceção dos livros de Georges Simenon, com as investigações do comissário Maigret, da Polícia Judiciária de Paris. Ainda conservo, entre outros, os exemplares de bolso amarelados de *O cachorro amarelo*; *A primeira investigação de Maigret*; *Pietr, o letão*; *O cavalariço da Providence*; e *Maigret arma uma cilada*.

Hemingway adorava literatura russa, cujos livros alugava ou pegava emprestado na Shakespeare & Co.[44]: "A partir do dia em que descobri a biblioteca de aluguel de Sylvia Beach, li todo o Turguêniev, tudo o que havia de Gogol em inglês, as traduções de Tolstói feitas por Constance Garnett e as traduções de Tchekhov publicadas na Inglaterra". Para manter o espírito afastado do que escrevia, porém, às vezes, depois de ter trabalhado, lia livros policiais, como *O inquilino*, de Marie Belloc Lowndes, "a maravilhosa história de Jack, o Estripador, bem como outro livro sobre um assassinato num lugar afastado de Paris que só podia ser Enghien-les-Bains.

[44] Livraria aberta em 1919 por Sylvia Beach na Rue Dupuytren, em Paris, transferida em 1922 pra a Rue de l'Odéon. Na década de 1920, tornou-se um ponto de encontro para escritores como Ezra Pound, Ernest Hemingway, James Joyce e tantos outros. Fechou em 1941, devido à ocupação nazista de Paris, e nunca reabriu. Há uma Shakespeare & Co. em Paris, em outro lugar, que é um grande ponto de atração para turistas, principalmente americanos. Pretende-se continuação da livraria original. (N.E.)

Eram ambos livros esplêndidos para depois do trabalho" e "nada foi tão bom como eles para as horas vagas do dia ou da noite até surgirem os primeiros belos livros de Simenon". "Penso que Miss Stein teria gostado dos bons Simenon – o primeiro que li foi *L'écluse n.º 1* [A eclusa n.º 1], ou talvez *A casa do canal*, mas não tenho certeza."

Quando o comissário Maigret falava do chope que tomava num café da Île de la Cité, próximo ao Palácio da Justiça e do número 36 do Quai des Orfèvres, mítico endereço da Polícia Judiciária, é como se eu estivesse ao seu lado, pelo menos ouvindo a conversa.

Claude ficou um pouco ofendida com meus comentários sobre Henry de Montherlant. Ela nos convidara à Comédie-Française para assistir *Port Royal*, uma peça de quase quatro horas sobre um convento de freiras jansenistas do século XVII. O texto é magnífico, mas achei a apresentação longa e cansativa. Talvez não precisasse ter sido tão sincero, mas Claude se colocava como defensora intransigente da cultura clássica francesa, exigindo nada menos do que reverência.

Ao mesmo tempo, apesar de bem mais velha, era intrépida. Uma noite, nos convidou para jantar na casa dela com um velho amigo, conservador de uma biblioteca. A certa altura, como dissemos que não conhecíamos o Mont Saint-Michel, ela nos desafiou a irmos em seguida. Partimos imediatamente no carro do amigo, que foi dirigindo, e chegamos lá quando raiava o dia, pois são mais de 350 quilômetros de Paris. Eu cochilei o tempo todo no banco de trás, pois não aguento ficar acordado à noite. Apreciamos a vista, comemos a famosa omelete e começamos a viagem de volta. Claude e o amigo pareciam estar bem, mas eu cheguei exausto. Agradecido pelo passeio, mas acabado.

"A hora aqui é dura mesmo, e até agora eu continuo no ar, sem saber para onde ir, pois não achamos nada que nos acomodasse e o preço do aluguel não fosse alto demais. Enfim, só o tempo trará solução para tantos problemas. No mais, vamos todos bem, Flávio recebeu o troféu Bandeirantes, sua irmã recebeu duas medalhas, e Gui já é engenheiro com diploma e tudo. Flávio recebeu os livros de xadrez que você mandou e achou  ótimos, só sendo pena não poder ler os comentários (em russo) das partidas."

(Carta da mãe, 14/12/1969)

"Cada dia detesto mais reuniões de muita gente. *Je suis bête de compagnie, non pas de troupeau* [Sou animal de estimação, não de rebanho], como dizia o velho Montaigne. Acabo de ouvir no rádio a notícia do falecimento do Artur da Costa e Silva, às 16 horas, na Guanabara. Ontem as notícias eram de que ele estava em plena recuperação. A *Time* desta semana faz os prognósticos mais sombrios para o Brasil na década de 70. Impressionante a reviravolta no Panamá. O presidente da junta foi deposto por um dia, voltou do México e dominou a situação. Hoje jogam no estádio do Palmeiras as seleções de São Paulo e Minas. Soube que chegaram fotos de vocês na neve. Como vão suportando o inverno? Agora vocês já devem estar aclimatados, se sentindo verdadeiros parisienses."

(Carta do avô, 17/12/1969)

"Ontem, temperatura máxima de 20 e mínima de 12. Hoje foi feriado por conta da morte do Costa e Silva. Li suas cartas e adorei as fotos. Impressionante o número de vítimas da gripe na Europa. Faço votos de que vocês não sejam atingidos por ela. Você tem ido ao jardim do Luxemburgo? É perto do seu apartamento, não? Dois graus negativos já indicam bastante frio, e você precisa de botas impermeáveis, do contrário irá se resfriar com certeza. Vejo que está bastante ocupado com os estudos, e tenho certeza de que terá sucesso no seu curso."

(Carta do avô, 18/12/1969)

## ◼ O JARDIM DO LUXEMBURGO

O jardim do Luxemburgo fica bem perto da faculdade de Direito, não tão próximo de onde ficava nossa casa. Seu acesso se faz tanto pelo Boulevard Saint-Michel, em frente à Rue Soufflot, como pela Rue de Vaugirard, onde ficam o Senado e o Museu do Luxemburgo. É perfeito para caminhadas. No inverno não é tão atraente, mas nas outras estações era comum eu me sentar em um de seus bancos para comer um sanduíche, ficar lendo ou apenas tomar um solzinho na frente de um dos lagos, às vezes em companhia de colegas. O Luxemburgo é o maior e mais bonito jardim público de Paris, um lugar de contemplação bastante acolhedor, com suas cadeiras de metal verde. As moradias da maioria dos parisienses não são espaçosas, e o jardim acaba sendo um ótimo lugar para espairecer ou ler um livro ou o jornal.

A literatura é um excelente caminho para conhecer Paris, embora nem sempre exalte a cidade-luz. O controvertido escritor Michel Houellebecq, numa de suas melhores

obras, *O mapa e o território*, não é ameno: "A primavera em Paris é geralmente um mero prolongamento do inverno – chuvosa, fria, enlameada e suja. O verão é quase sempre desagradável: a cidade fica barulhenta, poluída, e o forte calor nunca dura muito tempo, atropelado no fim de dois ou três dias por um temporal, seguido de uma queda brutal da temperatura. Só no outono Paris é uma cidade realmente agradável, oferecendo dias ensolarados e curtos, época em que o ar seco e puro proporciona uma tônica sensação de frescor".[45]

Seu livro contém muitas referências sobre Paris. O personagem Jed, em dado momento, chega ao jardim do Luxemburgo: "Sem respirar, deu meia-volta em direção ao Jardin du Luxembourg e acomodou-se no primeiro

---

[45] Editora Record, 2012.

banco que viu. Achava-se bem ao lado daquele curioso pavilhão de tijolos vermelhos, ornamentado com mosaicos, que ocupa uma das esquinas do jardim, entre a Rue Guynemer e a Rue d'Assas. Ao longe, o sol poente iluminava as castanheiras com uma fantástica nuance alaranjada, quente – quase um açafrão, pensou Jed, e involuntariamente a letra de 'Jardin du Luxembourg' veiolhe à mente: *Encore un jour sans amour...* [Mais um dia sem amor]".[46] Jed depois entra num café na esquina da Rue Vavin, onde "ninguém prestava atenção nele, todas as mesas estavam ocupadas por estudantes de Direito que falavam de orgias ou de 'sócios juniores', enfim, dessas coisas que interessam aos estudantes de Direito". Jed passa também em frente à colorida loja de arte Sennelier, na Rue de la Grande-Chaumière, onde mais tarde aprendi a me abastecer de materiais de aquarela.

Hemingway também se refere muitas vezes ao célebre jardim, falando de um passeio "sob claro vento cortante pelas alamedas ensaibradas dos jardins do Luxembourg que a chuva acabara de lavar" e de uma visita no fim da tarde: "Se me encaminhava, à tarde, por qualquer rua, ao Jardin du Luxembourg, podia passear pelas alamedas e depois ir ao Musée du Luxembourg, onde se encontravam os grandes quadros que, em sua maioria, hoje estão no Louvre e no Jeu de Paume. Ia lá quase todos os dias por causa dos Cézanne e para ver os Manet, os Monet e os outros impressionistas de que tinha tomado conhecimento pela primeira vez no Instituto de Arte de Chicago". "Quando já não havia luz no Luxembourg, podia voltar pelos jardins e dar um pulo ao

---

46  Música de Joe Dassin.

apartamento-estúdio onde Gertrude Stein morava, na Rue de Fleurus, 27."[47]

O famoso apartamento fica em frente a uma unidade da Aliança Francesa, próximo à Rue Jean Bart, onde mais tarde cheguei a morar por um mês. Passei muitas vezes à sua porta, e o prédio tem uma placa em homenagem à ilustre moradora. "Horrível escritora", podiam também ter acrescentado aqueles que puseram a placa comemorativa, como diz Enrique Vila-Matas no seu *Paris não tem fim*. Ele a considera uma "escritora péssima", embora tenha exercido "um magistério interessante sobre o jovem Hemingway". Com menos atrevimento, confesso que tenho dificuldade com os textos de Gertrude Stein. Os de Vila-Matas também não me são de fácil digestão, posso entender por que alguns o consideram um chato.

"Hoje fui à casa da sua mãe e imagine minha emoção quando atendi o telefone e a chamada era de Paris. Ela tinha

[47] Ernest Hemingway, *Paris é uma festa*, Bertrand Brasil, 2013.

descido minutos antes para ir ao clube com sua irmã. Desci a escada com a máxima velocidade que me permitiam as pernas, e ela já estava com o carro em movimento. Seria o cúmulo se ela não falasse com você. O dia está lindo e muito quente, vou para Campos, lá deve estar uma delícia. Meus hóspedes [parentes da Bahia] partiram hoje, o silêncio e a ordem estão de volta ao meu tugúrio. Estou lendo *Cem anos de solidão*, do Gabriel García Márquez, colombiano, estou gostando muito. O Internacional de Porto Alegre sagrou-se campeão de 1969, interrompendo uma série de sete campeonatos seguidos do Grêmio. Incrível."

(Carta do avô, 20/12/1969)

"23 de dezembro, aniversário da minha mãe – Recebi uma porção de cartões idiotas – Feliz Feliz Feliz Natal! [...] É impossível encontrar gente de universidade e eu nunca encontrei alguém que quando eu revelo a minha nacionalidade, em vez de perguntar: 'Você fala espanhol? É do Rio? Ah, Pão de Açúcar, Copacabana!', perguntasse como está a situação política, os movimentos revolucionários, a ditadura. Eu tenho a impressão (o que é chato e basicamente nocivo) que eu sei de mais coisas que toda essa gente daqui, que eu estou isolada no país em que radical não tem vez. [...] Em Swanwick, o nome na boca de todo mundo era o de D. Hélder Câmara".

(Cartas de Ana Cristina Cesar, 22 e 23/12/1969)

"No dia 25, almocei com sua mãe, que reuniu a família. A mesa linda, tudo perfeito como ela sabe fazer. Jantamos na noite de 24 na casa do seu tio. Muita gente, uma loucura, fui o primeiro a sair. Durante esses dias li *Papillon*, do Henri Charrière, e gostei muito. Estou quase no fim do livro. Você deve ter percebido que eu não ando muito feliz e, ao contrário, sinto uma imensa tristeza nessa época de festas. Espero que as coisas melhorem em 1970. A velhice e a solidão estão me pesando muito. Espero que vocês tenham gostado de sua excursão aos castelos do Loire."

(Carta do avô, 29/12/1969)

*Papillon* foi um dos grandes sucessos de 1969, vendeu mais de 13 milhões de exemplares. Biografia romanceada, é o relato das supostas aventuras de Henri Charrière quando cumpria pena na Guiana Francesa. Escrito primeiro como série de episódios envolvendo diversos condenados, teria sido reescrito em primeira pessoa por imposição do editor Robert Laffont, com ajuda do escritor Max Gallo. Nunca cheguei a ler *Papillon*, em geral fujo dos livros que falam da trágica vida na prisão.

# Segunda parte

# A CASA

"É preciso viajar longe, amando a casa", diz o poeta Apollinaire.[48] Citada de cabeça por Julio Cortázar, a frase muda um pouco: "É preciso estar longe para amar a sua casa".[49] "Você precisa escolher os locais dos quais não irá se afastar", diz Joan Didion.[50]

## 1970, JANEIRO

"Começo o primeiro do ano escrevendo a vocês, pois as saudades são muitas, e a última carta que mandei foi antes do Natal. Não recebi também mais nenhuma de vocês, e estou louca para saber como foram de excursão, festas etc. Resolvemos vir passar uma semana em Campos do Jordão para descansar um pouco da correria de fim de ano. Ontem jogamos buraco e mímica para esperar o champanhe à meia-noite, e rimos muito com as bobagens da turminha. Pensei muito em vocês. Dia 25 fiz almoço em casa. Sentimos muito a falta de vocês para o *tender*, o bolo de nozes e os papos de anjo. Os jornais estão cheios de notícias do caso das barcas de Israel e hoje vi que dois generais franceses foram afastados por estarem envolvidos. Imagino só a onda

---

[48] Guillaume Apollinaire, "À Howard". In: *Les Mamelles de Tirésias*: *drame surréaliste en deux actes et un prologue.* https://bit.ly/46fg86O

[49] Trecho adaptado de: https://bit.ly/3RNw4Zt

[50] Joan Didion, *A Book of Common Prayer,* Simon & Schuster, 1977.

aí.[51] E a gripe, como vai? Melhorou por aí? A da Inglaterra e da Itália está brava, não? E vocês, firmes?"

(Carta da mãe, 01/01/1970)

Onde passamos o Réveillon de 1969 para 1970? Não tenho a menor ideia. Lembro que numa dessas festas fomos ver um show de *free jazz* aberto ao público, na rua, tarde da noite. O pistonista americano, um homem enorme, estava furioso: tinha sumido seu casaco de pele. Saímos antes que a confusão aumentasse. Mas não me lembro sequer em que ano ou em que bairro foi.

"Campos estava uma delícia. O pinheiro que plantei na frente da casa está tão desenvolvido que até me espantei. Tiramos uma fotografia junto dele para vocês verem que não exagero. Estou louca para chegar amanhã e ver se já há carta de vocês. Espero que sim!"

(Carta da mãe, 04/01/1970)

"Esta é a primeira carta do ano, e espero poder escrever muitas aos queridos netos. À tarde choveu copiosamente durante uma hora. O padrasto do Wanderley Cardoso morreu afogado dentro do automóvel, no viaduto Pacaembu. Gui chegou aqui para pegar um cheque e retificou a notícia: o

---

[51] O Projeto Cherbourg, que ficou conhecido no Brasil como "o caso das barcas de Israel", foi uma ação militar de enorme repercussão. A França tinha fabricado cinco navios militares encomendados e pagos por Israel. Depois que comandos israelenses atacaram o aeroporto de Beirute e destruíram treze aviões no solo, em represália a um ataque palestino a um avião de passageiros da El Al em Atenas, a retirada das barcas foi embargada. Por meio de complexo estratagema, Israel conseguiu retirar os cinco navios do porto de Cherbourg na noite de 24 de dezembro de 1969. Dois generais foram suspensos pelo governo francês.

homem teve um enfarte e caiu do viaduto na rua inundada. Acabei de ler *The Selling of the President 1968* [A venda do presidente 1968], do Joe McGinnis. Muito interessante a técnica da televisão que ajudou a eleger Nixon."

(Carta do avô, 09/01/1970)

O livro estava na lista dos mais vendidos do *New York Times* em 1969 e se tornou um dos mais importantes em matéria de campanhas eleitorais. O que motiva o voto, o candidato ou a campanha? O programa ou a imagem? A nova cultura política midiática estava começando.[52]

"Outro domingo, outra carta para manter a tradição! Ontem acompanhamos sua prima ao aeroporto, com inveja da visita que ela vai fazer a vocês. Li o último livro do Jorge Amado, *Tenda dos milagres*. Acredito que você vá apreciar mais daí dessa outra civilização, pois fiquei meio impressionada com a 'realidade brasileira'. Como a Bahia é atrasada! Mas é muito interessante. Outros brasileiros que já devem ter estado com vocês aí são Monica e Lia, que me telefonaram há dois dias, contando que iam para Paris. Você devia publicar aí o seu relato, pois creio que não existe ainda um roteiro gastronômico dos castelos do Loire... Gostaram de ver a família nas fotografias? Nós apreciamos muito as de vocês no *décor* luxuoso. Faltam dezoito dias e não sei ao certo para onde vou! Apareceu uma casa na Rua Rússia, quase esquina da Avenida Europa, uma casa velha, bem diferente do que eu queria, mas essa está barata. Ainda hoje me cumprimentaram pela maneira como estou encarando isso tudo, mas sinto

---

[52] Em especial, conferir Roger-Gérard Schwartzenberg, *O Estado espetáculo: ensaio sobre e contra o* star system *em política*, Difel, 1978.

demais, não tanto ter de sair daqui, mas ficar nessa situação de 'provisório' que é tão contrária à minha maneira de viver! A gente fica velha e não aprende a ver que aqui neste mundo tudo é mesmo provisório e se apega a tudo! A gente, quer dizer eu, porque vocês são bem mais sábios. Sua irmã está ótima. Fala também muito em vocês a toda hora. Bom, o testamento está longo demais. Beijos."

(Carta da mãe, 14/01/1970)

Enquanto isso, no Brasil, o decreto-lei n.º 1.077 instituiu a censura de livros e periódicos, sendo proibidas "publicações e exteriorizações contrárias à moral e aos bons costumes, quaisquer que sejam os meios de comunicação". O motivo alegado foi a publicação, pela revista *O Pasquim* de 20 de novembro de 1969, da polêmica entrevista da atriz Leila Diniz, em que mais de setenta palavrões foram substituídos por asteriscos. No mês seguinte, fevereiro de 1970, foi decidido ainda que os candidatos às futuras eleições seriam analisados pelo Serviço Nacional de Informações (SNI).

## VISÃO EXAGERADA

Nossa experiência no Loire foi interessante, mas breve. A Aliança Francesa organizou uma ceia de Natal para os estudantes e nos inscrevemos. Fomos de ônibus, direto a um castelo, não me lembro qual. O jantar foi num salão aquecido por uma enorme lareira. Na sobremesa, fomos apresentados à *bûche* de Noël, um doce de chocolate, recheado com creme, em formato de tronco de árvore. É o doce de Natal preferido dos franceses, integrado à tradição desde o tempo dos celtas. No solstício de inverno, o dia mais curto e mais frio do ano, eles queimavam um tronco de árvore (*bûche*) para celebrar a esperança da volta do sol e da primavera. Esse "fogo novo" devia afastar os espíritos maléficos e garantir uma boa colheita. Essa combinação das duas *bûches* parecia mágica: troncos enormes queimando na lareira que parecia uma fornalha, doces de chocolate coroando uma ceia que para nós era um verdadeiro luxo. Não consigo me lembrar do cardápio, mas com certeza foi regado a vinho tinto. Voltamos a Paris na mesma noite, já cochilando no ônibus.

## MONICA, LIA E JEAN MARAIS

Fui até a Aliança Francesa e tive grande alegria ao encontrar Monica e Lia no café. Tenho uma foto do encontro, estou com meu casaco de couro de carneiro com forro de pele, que me protegia do frio intenso e chegou a servir até como cobertor. Os pais delas eram amigos dos meus, mas nossa amizade não tinha nada a ver com isso. Encontros breves como esse deixam boas lembranças. Estando longe, a quebra da rotina por um sorriso familiar e afetivo assume grande importância. Foi no teatro da Aliança Francesa que assisti a uma representação de *A Bela e a Fera*, de Jean Cocteau, com o famoso ator Jean Marais, já envelhecido. Eles tinham feito o filme em 1946, logo depois da guerra, e o clássico seria retomado mais tarde até pela Disney.

"Adorei os dois retratos de vocês! Silvia está fazendo sucesso! Todos que viram a fotografia a acharam linda! Os ares da Europa acho que estão fazendo bem a ambos, pois estão muito bem-dispostos, e Silvia fica ótima assim de cabelo comprido! O seu é que já está comprido, sem ter a mãe para chatear é que você não corta mesmo, hein? Minha semana aqui foi movimentada, pois viajei com seu pai, que foi ao

Rio a trabalho. Apesar do preço da passagem, resolvi ir por causa da vovó Carmita, que está piorando muito das dores. Acho que é como uma vela se apagando, está fazendo uma diferença incrível nesses seis meses em que não a vi! Francamente, não é vantagem para ela viver assim, coitada! Está lúcida, viu os retratos de vocês, quis saber notícias, mas ao mesmo tempo já não se interessa por revistas ou a televisão de que gostava tanto. Fiquei com medo dela morrer de uma hora para outra e eu não a ver mais. Ninguém pode prever ao certo, e 92 anos já é demais, não? Bom, eu escrevi tanto e ainda não contei que alugamos uma casa na Rua Rússia e devemos mudar na próxima semana. O ponto é ótimo, a casa é velha e parece com a de papai, um pouco mais conservada. Tem um quintal grande, com os quartinhos que ajudarão a guardar as coisas que vão sobrar."

(Carta da mãe, 20/01/1970)

"Falando de Campos, nunca me diverti tanto. Andei a cavalo com sua irmã e joguei pingue-pongue. O Flávio, seu irmão, foi mais que irmão para mim. Me levava ao clube, tomava conta de mim, jogava pingue-pongue e batalha naval. A única coisa que ele não jogou comigo foi xadrez, também não dava, né? Ontem ele voltou conosco de carro, porque hoje é quarta e ele tinha um torneio de xadrez. A única coisa que fiquei com pena foi que nós fomos ao baile de Carnaval do Grande Hotel e cansei de convidá-lo para pular, mas ele não quis. Bom, o fato é que me diverti muito e voltei encantada com a paciência do seu irmão."

(Carta da prima, 21/01/1970)

"Sonhei com você com um termômetro na boca. Acho que meu subconsciente ainda estava pensando na gripe, mas graças a Deus vocês continuam ótimos. Hoje, dia de São Paulo, estamos cheios de comemorações. Inauguração da nova praça Roosevelt e do estádio do São Paulo no Morumbi, com o jogo do São Paulo contra o Porto, na presença do presidente Médici. Vai haver um concerto com orquestra sinfônica na praça Roosevelt. Já houve também o baile do Municipal e a cidade está toda ornamentada para o Carnaval. Estamos com a peça *O balcão* sendo levada no Teatro Ruth Escobar. Parece que é a coisa mais espetacular que é possível de ser feita, mesmo nos Estados Unidos ou na Europa. Pretendo vê-la em breve. Outro dia fomos ver uma comédia americana, uma excursão relâmpago de turistas americanos à Europa. Eram dezoito dias para ver nove países, de ônibus. Vimos lugares lindíssimos, Bruxelas, Amsterdã, Zurique, a travessia do Reno, Veneza, Roma, Londres. Infelizmente, não tinha Paris, como esperávamos. Levamos sua irmã, que adorou. Ela reconheceu a praça de Bruxelas com o hotel do cartão que você enviou e ficou radiante. Gostou tanto do filme que queria ficar para assistir de novo! Deus queira que esse ano seja bem melhor e as coisas deem certo de novo! Quando penso que já faz meio ano que vocês estão casados é que vejo como o tempo tem corrido."

(Carta da mãe, 25/01/1970)

## ■ O BALCÃO

A atriz e produtora cultural Ruth Escobar comprou, em 1968, duas oficinas mecânicas na Rua Treze de Maio, no Bairro do Bexiga, as uniu e ali montou *Cemitério de automóveis*, com texto de Fernando Arrabal e direção do argentino Victor García. Depois veio *O balcão*: "No dia 27 de dezembro [de 1969] abrimos as portas. Ninguém, em nenhum lugar do mundo, viu algo semelhante de tão indescritível beleza. Dali para a frente seria impossível me superar nos meus delírios faraônicos de produção. No teatro, eu realizava o desafio de viver a minha questão de vida ou morte". A descrição é da própria Ruth Escobar, na autobiografia *Maria Ruth*.[53]

O autor, Jean Genet, veio ao Brasil para ver a peça e ficou hospedado na casa de Ruth. O crítico Sábato Magaldi observou que a acolhida da peça a incentivou a continuar no caminho das grandes produções: "Quebraram-se a plateia e o palco do Teatro Ruth Escobar e ergueu-se, no meio do edifício, uma estrutura afunilada de quase vinte metros de altura, em cujas paredes os espectadores, sentados numa rampa em espiral, acompanhavam como verdadeiros *voyeurs* a trama imaginosa desenrolada no bordel".

Cheguei a assistir *Roda viva*, a peça de Chico Buarque dirigida por José Celso Martinez Corrêa, que estreou em maio de 1968 e atraiu grande público, mas recebeu críticas ferozes de grupos conservadores. No final do espetáculo do dia 18 de julho de 1968, uma quinta-feira, o teatro foi invadido e os atores, agredidos. A *Folha* registrou: "O público

[53] Editora Mandarina, 1999. Ruth sempre foi destemida. Comentando os acontecimentos de 1968, registrou: "*Feira paulista de opinião, Roda viva, Cemitério de automóveis*, assassinato de Edson Luís, passeatas, prisões, bombas, Médici, devolução do Prêmio Saci. Aconteceu de tudo ali, na Rua dos Ingleses, 209, na sala Gil Vicente, alugada para a *Feira paulista de opinião* – proibida pela censura. Cacilda Becker e eu em cima do palco, à frente do elenco, pregando a desobediência civil. 'Vamos começar o espetáculo!' Vinha a polícia e o elenco saía para fazer o espetáculo em qualquer outro lugar, num sindicato, numa associação ou num grêmio estudantil; e quando a polícia chegava lá, já tínhamos terminado". Quando o estudante secundarista de 18 anos Edson Luís foi morto no restaurante Calabouço, no Rio de Janeiro, em março de 1968, Ruth organizou uma grande manifestação em São Paulo, junto com Cacilda Becker e dirigentes estudantis.

retirava-se do Teatro Galpão, no final do espetáculo *Roda-viva* [sic], de Chico Buarque de Holanda, anteontem à noite, quando um grupo de cerca de vinte homens, armados de cassetetes, facas, soco inglês, bombas de gás lacrimogêneo (que não foram usadas) e pelo menos dois revólveres, invadiu a plateia e espancou os artistas e parte do público e entregou-se a um metódico trabalho de depredação. Agindo com rapidez (a operação durou três minutos) encurralaram nos camarins as atrizes Marília Pêra, Jura Otero, Margot Bird, Eudósia Acuña e Walkiria Mamberti (que está grávida e disso advertiu, aos gritos, os seus agressores). Algumas das moças tiveram suas roupas rasgadas ou arrancadas, sofreram golpes e foram mordidas. O contrarregra do Galpão, José Luís, foi atirado de cima do palco e sofreu fratura da bacia; está internado em um hospital". Sinal dos tempos: "Nenhum dos invasores foi processado ou punido."[54]

"Domingo foi aniversário da cidade e o Presidente esteve aqui. Ele assistiu à inauguração do Morumbi, com São Paulo *versus* um clube do Porto, 1 a 1, tendo o São Paulo perdido um pênalti. Foi inaugurada a praça Roosevelt, que ainda não conheço. O Flávio, em partida de campeonato do clube de xadrez, venceu o Hélder Câmara, que já foi bicampeão paulista e campeão brasileiro. Você pode imaginar o que isso representou para ele. As chuvas por aqui foram muito intensas e houve muitas ruas alagadas. Na altura de Caratinga, em Minas, uma tromba d'água destruiu uma ponte e a estrada ficou dias interrompida. Ontem restabeleceram o tráfego e dez mil veículos passaram pela nova ponte rodoviária. Outra tromba d'água em Tapiratiba, perto

---

54 *Folha de S.Paulo*, 20/07/1968.

de Mococa, destruiu seis pontes e dezenas de casas, nove mortes. Em Magé, estado do Rio, outra tromba d'água e dez mortes, cinco atingidos por raios. As rodovias do estado já estão normalizadas."

(Carta do avô, 27/01/1970)

"O presidente do sindicato dos bancários de São Paulo, Salvador Tolezano, foi fazer uma conferência em Sorocaba há seis dias. Deixou a cidade às 10 horas da noite numa Rural Willys.[55] Testemunhas o viram parar na saída de Sorocaba, onde quatro homens entraram no veículo. No dia seguinte foi encontrada a perua, amassada e incendiada. Cinco dias depois apareceu o corpo boiando em uma represa da Light em Sorocaba, a dez quilômetros da perua. Encontraram 240 cruzeiros novos na perua. Por enquanto está tudo envolvido em denso mistério."[56]

(Carta do avô, 28/01/1970)

## 1970, FEVEREIRO

### ■ CRISTOVAM E SALGADO

Ancelmo Gois registra, no *O Globo* de 09/02/2019, que "o fotógrafo Sebastião Salgado e o ex-senador Cristovam Buarque comemoraram quarta, em Paris, 75 anos de idade e cinquenta anos de amizade. Foi na cidade francesa

---

[55] Carro de origem estadunidense fabricado pela Willys Overland do Brasil entre as décadas de 1950 e 1970, quando passou a ser fabricado pela Ford do Brasil. Redesenhado, o modelo brasileiro foi inspirado na arquitetura moderna de Brasília, em construção na época. (N.E.)

[56] Segundo a investigação da polícia paulista, o crime foi cometido por três soldados da Força Pública, que se apoderaram do automóvel para cometer um assalto, nada tendo a ver com política.

que os dois se conheceram, em 1970, quando deixaram o Brasil em meio à ditadura militar e cursaram juntos o doutorado em Economia".[57]

Não cheguei a conhecer Sebastião Salgado em Paris. Tínhamos, entretanto, um amigo de Recife, Emílio, que estudava Economia, era colega de Cristovam Buarque e falava muito nele. Chegamos a cruzar com o futuro senador algumas vezes em Paris. Lamento não ter conhecido também o fotógrafo Alécio de Andrade, que morou em Paris de 1964 até sua morte, em 2003. Primeiro brasileiro a integrar a agência Magnum, ele tem um livro sobre Paris com texto de Cortázar. E um trabalho de fotografia sobre o museu do Louvre que é uma obra-prima.[58] Consegui comprar uma foto original dessa série, quase por acaso, numa livraria em Paris, e a tenho sempre à vista. Conheci, mais tarde, a fotógrafa americana Jane Evelyn Atwood, que me confidenciou ter sido namorada de Alécio. Alécio deixou saudades.

"Esta foi uma semana pródiga em cartas e adorei ter notícias tão detalhadas! Mudamos na quinta-feira, 29, e logo na sexta recebi a carta do dia 24, cheia de acontecimentos! Fiquei radiante em saber do seu sucesso nos exames da Aliança. Não sei como consegue dar conta de tantas atividades. Minha carta hoje vai mais confusa do que o usual. Hoje é domingo de Carnaval e daqui a pouco tenho que levar sua irmã ao Grande Hotel aqui de Campos para o 'baile'. Aqui está uma delícia, fresco e tudo muito bonito. Cheguei cansadíssima com a trabalheira da mudança. A casa até que não é ruim, é

---

[57]  Ancelmo Gois, *O Globo*, 09/02/2019.

[58]  Alecio de Andrade, *Paris: ritmos de una ciudad*, Edhasa, 1981; *Paris: Essence of an Image*, Rotovision, 1981; *O Louvre e seus visitantes*, IMS, 2009.

bem espaçosa, mas a falta de armários atrapalha a gente. A mobília coube bem e os parentes que estiveram lá acharam a casa muito simpática. Ela é feia e antiquada, na verdade, mas é espaçosa e clara e... foi o que conseguimos. A casa aqui em Campos está um movimento de gente, vitrola tocando, pingue-pongue lá embaixo, e eu não consigo me concentrar, estou escrevendo tudo errado. Espero que a próxima vá com mais sossego e mais inteligível…"

(Carta da mãe, 08/02/1970)

"Mais uma cartinha de Campos do Jordão, para conversar um pouco com vocês e matar as saudades que estão enormes hoje! Aqui está gelado e úmido e chove desde ontem. A temporada está calma, com a maioria do pessoal no Guarujá e adjacências. Eu não estou com vontade de ir embora, pois ainda não estou ajeitada na Rua Rússia e não sei o que farei este ano. Gostaria muito de arranjar qualquer coisa para fazer de trabalho que me distraísse e desse um dinheirinho, mas é muito difícil para a minha idade e sem qualquer habilitação. Bom, vou agora à missa que já está na hora."

(Carta da mãe, 15/02/1970)

"Encontrei agora, às cinco horas, quando desci para tomar uma xícara de chá, sua carta do dia 5. Como sempre, suas cartas me dão uma grande alegria e *une joie rare et des délices singuliers* [uma alegria rara e delícias singulares], como diria o meu amigo mestre *l'abbé* Jérôme Coignard. Saboreio esses verdadeiros relatórios das suas atividades (que são inúmeras) e que dão uma imagem viva da vida de vocês em Paris. Fico muito lisonjeado com as referências ao velho cronista. E dou-me por bem pago em saber que minhas cartas são ansiosamente esperadas. Endosso o seu palpite sobre o Flávio, já é um dos bons enxadristas do Brasil. Essa semana choveu ainda compulsivamente. Ontem assisti direto do Maracanã a sensacional e esmagadora vitória do Mengo sobre a seleção da Romênia, chave do Brasil no México, por 4 a 1. Torci intensamente, pois 'sou Flamengo e tenho uma nega chamada Teresa'. Foi a consagração do Yustrich, que, em dois minutos de jogo, transformou o Flamengo num rolo compressor, não dando a mínima chance à Romênia. O Tostão ainda está em Houston, em tratamento. Acho muito difícil podermos contar com ele no México."

(Carta do avô, 16/02/1970)

"Queridos manos. De passagem pela casa do avô, para uma visitinha, vejo-o entretido na elaboração de mais uma missiva. O pudor afinal se apossou de mim e resolvi escrever estas primeiras linhas. Voltei de Campos do Jordão após uma semana de estadia, durante a qual o campeonato paulista esteve interrompido por motivo do Carnaval. Agora reinicio minhas atividades. A semana em Campos esteve muito agradável, apesar das chuvas. Tenho que confessar que as saudades que vinha sentindo, desde há muito, lá aumentaram, chegando mesmo a um início de melancolia quando ouvi Charles Aznavour. Como você deve saber, a felicidade em Campos, patente nas risadas exuberantes daqueles papos à luz e calor da lareira, estava perfeitamente incompleta sem sua presença. Bem, acabo de tomar o chá das cinco e, reanimado, deixo de lado as agruras da distância. A turma de casa vai indo bem. Meu pai e o Gui trabalhando muito, minha mãe (é verdade, sua também) já mais animada com a casa da Rua Rússia. A parte masculina da família, de há muito, quer lhe fazer um pedido, mas anda sem coragem. Trata-se de suas cartas; há muita arte culinária. Enquanto o sexo frágil vibra, o outro, com menos imaginação, anda cansado de tanta comida. De minha parte, gostaria de ouvir maiores comentários sobre as coisas singulares daí e umas filosofadas suas, sempre lógicas e originais. Queria também agradecer os livros que me enviou, são bárbaros e têm sido mui proveitosos (especialmente os russos, os quais com certeza contribuíram para alguns dos meus sucessos no torneio anual do CXSP). Por fim, já que não há espaço e o avô anda meio inquieto, gostaria de agradecer a sua previsão como futuro número um. Bem, o avô não para de falar e eu não consigo escrever mais."

(Carta de Flávio, 19/02/1970)

## ■ ALTA CULINÁRIA?

Sempre fui um apreciador de boa comida, mas a realidade às vezes não é tão bonita como parece. Talvez as referências se devessem mais à simplicidade das nossas refeições do que aos raros momentos de gula. Era comum almoçarmos, e mesmo jantarmos, nos restaurantes universitários, que tinham um custo insignificante para os estudantes. Comprávamos um carnê e com as folhinhas podíamos acessar a fila para pegar as bandejas e encher os pratos. Havia sempre uma verdura, um carboidrato e uma proteína, em geral carne, frango ou carneiro. Às vezes havia carne de cavalo, cujo consumo, ilegal até o século XIX, tornou-se comum a partir de 1866. Meu maior problema

era quando serviam miolo. Com minha fome habitual, eu comeria sem pestanejar, mas aí Silvia dizia que aquilo era cérebro de macaco. Isso bastava para me tirar o apetite a cada vez que a cena se repetia, o que não deixava de me irritar. A sobremesa podia ser uma fruta ou um pudim ou queijo branco. Em casa, era comum eu cozinhar algumas salsichas na água; o requinte ficava por conta do molho de mostarda que aprendi a preparar. Como anotou Hemingway: "Se você não se alimentasse bem em Paris, tinha sempre uma fome mortal, pois todas as padarias exibiam coisas maravilhosas em suas vitrinas, e muitas pessoas comiam ao ar livre, em mesas na calçada, de modo que por toda parte se via comida ou se sentia o seu cheiro".[59] No caminho de casa, na Avenue Jean Moulin, havia uma confeitaria com a vitrine com os doces mais bonitos. O que mais me atraía era o Saint-Honoré, um clássico que se compõe de bolinhas caramelizadas recheadas de creme, sobrepostas a um disco de massa folheada, o todo recoberto de chantili. Acontece que meu orçamento não comportava a iguaria, então eu me contentava em admirá-la. Nesse caminho havia também uma *boucherie*, o açougue. Para preparar o jantar, às vezes eu adquiria 150 gramas de carne moída. Certa vez, a senhora que atendia no balcão me perguntou com um sorriso, até hoje não sei se de amabilidade ou ironia, *C'est pour votre chat, monsieur?* [É para o seu gato, senhor?] Não, não era. Aquele seria um jantar para dois estudantes que tinham bom apetite.

"As chuvas continuam a cair todos os dias, muito intensas à tarde e à noite. Anteontem fui ao Rio com o fim especial de visitar a vovó Carmita. Ficou radiante com minha visita

---

[59] Ernest Hemingway, *Paris é uma festa*, Bertrand Brasil, 2013.

e repetiu diversas vezes 'Ninguém vem me visitar'. Defronte da cama dela, em cima da cômoda, estava um lindo cartão colorido que vocês mandaram e que ela apreciou muito. Na ida para o Rio passamos sobre Paraty em dia claro e me lembrei muito de vocês. Paraty, de avião, a 2.400 metros, é de fato muito bonita. Estou ansioso por ver sua mãe de volta das férias. A presença dela me é indispensável. O Flávio acabou de chegar e interrompi essa carta para tomarmos um chá."

(Carta do avô, 19/02/1970)

## ■ BRASILEIROS

Lembro de ter conhecido um rapaz muito alto na entrada de um apartamento onde havia uma festa de brasileiros que faziam muito barulho. Era Paulo Sérgio Pinheiro, que tinha chegado a Paris em 1967 com uma bolsa para a Sciences Po e morava na Cité Universitaire. Soube depois que ele frequentava os seminários de Nicos Poulantzas na recém-criada Universidade de Vincennes, onde era colega de Guilherme Cunha, André Villalobos e do ator e sociólogo David José, o primeiro Pedrinho do *Sítio do Pica-pau Amarelo* na TV. Paulo defendeu sua tese de doutorado em 1971, Celso Furtado estava na banca. Quando voltou ao Brasil, foi lecionar na Unicamp, onde, cinquenta anos depois, recebeu o título de Doutor Honoris Causa. Eu não podia imaginar, então, que um dia trabalharíamos muito próximos.

"Não foi, portanto, a guerra europeia que levou os brasileiros a deixar seu país para se estabelecer em Paris. Era antes de tudo o fascínio que a capital francesa exercia sobre os brasileiros. Às vezes, foi a instabilidade política do Brasil marcada por dois episódios fascistas, primeiro com Getúlio Vargas após 1937, depois, mais perto de nós, quando um bando de generais assumiu o comando de Brasília, de 1964 a 1985. Durante todo o período fascista, a resistência da sociedade civil brasileira era forte e muitos foram levados ao exílio. Paris era um destino privilegiado – certos padres, cantores, escritores, intelectuais. Alguns grandes professores brasileiros lecionaram na Sorbonne, na Universidade de Vincennes ou na École Pratique des Hautes Études. Podemos citar o grande economista Celso Furtado ou Fernando Henrique Cardoso."[60]

Andando pela Cité a caminho do restaurante universitário, eu via às vezes um rapaz empurrando um carrinho duplo de bebê, com gêmeas. Era Aloysio Nunes, que teria um papel importante anos depois na política brasileira, inclusive como senador. Eu o conhecia de vista da faculdade de Direito, onde ele também tinha estudado. No pátio da faculdade, aliás, havia um cartaz em que ele era apontado como "procurado". A foto, por equívoco, era de outro colega, que passou por maus bocados. O governo militar espalhava cartazes com fotografias de pessoas que supostamente integravam a luta armada para que fossem denunciadas e presas.

"Não sei por quê, ando preguiçosa e parece que ainda estou fora do que é meu e não tenho produzido nada! Fico adiando as coisas e até para escrever estou desajeitada, não tenho luz na secretária no quarto, enfim, acho que é preguiça mesmo. Na segunda-feira, José Olympio apareceu e trouxe o disco do Serge Reggiani que vocês mandaram, mas o outro, da Barbara, ficou em outra mala que se extraviou, agora parece que já foi localizada. Gostei muito do disco. Não posso deixar de comentar as avalanches aí

---

[60] Prefácio de Gilles Lapouge em Adriana Brandão, *Les brésiliens à Paris au fil des siècles et des arrondissements*, Chandeigne, 2019.

em Val d'Isère.[61] Que horror, não? E as inundações continuam? O jornal trouxe outro dia uma fotografia da Île de la Cité, um horror também. Graças a Deus, essa semana estamos com sol depois dos quinze dias de chuva seguidos!"

(Carta da mãe, 27/02/1970)

Tínhamos trazido alguns discos do Brasil, mas adorávamos a música francesa. Serge Reggiani e Barbara com certeza eram os preferidos. Ouvíamos muito também Cat Stevens, como todos à época, com suas "Father and Son" e "Lady D'Arbanville". Ele suscitou enorme polêmica em 1977, quando se converteu ao Islamismo e mudou de nome.

"As chuvas continuam a cair sem solução de continuidade e estão trazendo prejuízos em todo o estado: Capivari, Itatiba, Amparo, Bauru, Pedreira, todos inundados. Ouvi hoje no *Jornal da Eldorado* das 15 horas que todas as estradas de ferro

---

[61] No dia 10 de fevereiro de 1970, ocorreu o pior desastre causado pela neve na França em mais de dois séculos. Uma avalanche destruiu o centro da Union des Centres Sportifs de Plein Air (UCPA) em Val d'Isère, na Savoie, causando trinta e nove mortes, a maioria de crianças e adolescentes que estavam no prédio.

de São Paulo têm algum trecho interrompido. Há barreiras caindo nas principais estradas de rodagem, enfim, uma situação de calamidade pública. Em se falando de enchentes, vi uma imagem na televisão da sua Paris embaixo da água, o Sena como um mar imenso cobrindo as ruas. Imagino os estragos e os inconvenientes que isso traz à população. Tostão se apresentou ontem na Guanabara e está animado. Vamos ver como se comportará nos treinos, e se tem chance de defender as nossas cores. A nota política da semana foi a nomeação do diretor do Instituto Brasileiro do Café (IBC) e sua demissão 24 horas depois. O ministro Fábio Yassuda, da Indústria e Comércio, se encontrou hoje com o presidente para apresentar pedido de demissão. O candidato por ele nomeado foi, ao que parece, vetado pelo Serviço Nacional de Informações (SNI). Li hoje que o Pompidou embarcou para Washington para uma visita ao Nixon."

(Carta do avô, 23/02/1970)

"Apesar de não escrever, acompanho de perto e com o maior interesse as cartas de vocês e muitas a vocês. Vejo com prazer os progressos e sucessos que estão tendo e faço votos que consigam prolongar esse tempo tão feliz, apesar da saudade que todos sentimos por aqui."

(Bilhete do pai, 27/02/1970)

## 1970, MARÇO

"Incrível a sua descrição das chuvas aí. Aqui também tem chovido muito, este foi o mês de fevereiro em que mais choveu em Paris desde 1840. O recorde de 1941 era de 109 mm, e no dia 27 já estávamos em 116,8 mm. Isso explica em parte a subida do Sena, que sábado estava altíssimo e cheio de curiosos em volta. Quem lucrou foram os pescadores de fim de semana, pois os peixes procuram as margens para fugir da correnteza e assim a pesca foi pródiga como havia muito não se via. O clima deste mês foi surpreendente, com a mistura de temperaturas amenas entre oito e dez graus, e as frias de zero a dois, neve, sol e vendavais. Os problemas causados até agora não chegam a ser alarmantes ou catastróficos. As vias marginais inferiores, às margens do Sena, ficaram inundadas, mas os inconvenientes não são tão grandes e nenhuma calamidade pública é prevista. Os problemas são maiores no interior, pois os campos e estradas vizinhos aos rios ficam alagados em alguns pontos. Mas aqui, onde a natureza não é tão pródiga com os homens como aí no País Tropical, e os submete ao rigoroso ritmo de quatro estações por ano, a defesa contra os reveses é muito eficiente e as medidas de proteção civil entram em ação sempre que necessário. Por que você não propõe aí a cassação das chuvas? Para grandes problemas, soluções enérgicas!

Como contei na carta de ontem, li a notícia da saída do ministro e aqui vai a análise do *Monde* para você. Aliás, o jornal de 1° de março comenta o discurso presidencial do dia 27 de fevereiro (conferência para a imprensa), cujo espírito parece caber na frase *un souhait n'est pas un engagement* [um desejo não é um compromisso].

Tenho acompanhado a viagem do Pompidou aos Estados Unidos e tenho a impressão de que, apesar dos problemas que ele teve ontem em Chicago e que, ao que tudo indica, terá hoje em Nova Iorque, a viagem foi bem-sucedida. É um diplomata astucioso e inteligente que se impõe pouco a pouco. Acho mesmo que o prestígio dele aqui na França tende a crescer com sua imposição como personalidade na vida internacional. Estou curioso para saber dos comentários da *Time*, pois limito-me aqui à literatura local.

A universidade francesa se preocupa muito com a atualidade, e assim sou obrigado a manter um arquivo com recortes sobre as questões mais importantes. Bom, volto à leitura do livro do Jacques Chapsal, diretor do Instituto de Ciências Políticas de Paris, *A vida política na França a partir de 1940*, pois espero assimilar um pouco da Quarta e da Quinta República antes da prova que devo fazer na quarta-feira. O livro é sobretudo um repertório de fatos e opiniões, mas o autor por vezes se exprime com muita felicidade.

Sobre Pétain: a reivindicação do poder pelo poder é um pouco o estado de espírito militar; um militar se satisfaz com muita facilidade se as cadeias de comando estiverem no lugar, porque, a partir desse momento, a sociedade lhe parece bem-organizada; ele tem dificuldade em conceber a finalidade dessa organização.

Sobre o partido gaullista: a ambição de todo fundador de um partido novo é a de criar um partido que não seja como os outros, mas a esse resultado se chega mais ou menos bem.

Neva aqui hoje, mas neva tanto que suspenderam as corridas de cavalo e estão jogando areia nas estradas, pois as *accrochages* (abalroamentos de automóveis) já começaram.

Meu termômetro exterior marca zero grau. As árvores da nossa 'floresta' estão brancas, assim como os ateliês e seus telhados. Já temos, em duas horas, uma camada de 10 cm de neve. Está lindo. Apesar disso, vou botar meu chapéu e sair para tomar um 'banho de neve'."

(02/03/1970)

"Como esperávamos, Pompidou foi desacatado nos Estados Unidos. Amanhã, a Seleção Brasileira joga, no Beira-Rio em Porto Alegre, contra a seleção argentina, com a presença do Presidente. Domingo jogarão de novo no Maracanã. As chuvas passaram. Li nos jornais que houve distúrbios na universidade de Nanterre e vi a foto de um policial atacando um estudante a coronhadas de fuzil. É interessante notar a violência com que são reprimidas as manifestações de estudantes, tanto na França como nos Estados Unidos, em contraste com a atitude dos policiais em Chicago e Nova York, que não reprimiram as manifestações contra o Pompidou. O Nixon procurou amenizar a situação usando uma frase de efeito quando compareceu ao jantar em Nova York em lugar do vice Spiro Agnew; é a primeira vez que um presidente dos Estados Unidos substitui o vice-presidente. A expressão do Pompidou, quando ele e Nixon levantam as taças, é muito contrafeita. Pudera. O Lucas Nogueira Garcez, presidente da Arena, declarou que a lista dos 18 feita pelo Abreu Sodré e encaminhada ao Médici para que ele tirasse o futuro governador não tem valor. Os cariocas já fizeram piada, chamando a lista 'os 18 do fraco', em contraposição aos 18 do Forte de Copacabana."[62]

(Carta do avô, 03/03/1970)

"Fui à Rua Augusta tirar dinheiro e quando voltei, às 16 horas, encontrei aquele envelope gordo com sua letra e sem selo. Abri-o sôfrego e deliciei-me com as suas cartas para a família e com o bilhete para o avô. Tive um imenso prazer ao verificar o sucesso da carta do Flávio, como eu previa, e de ter sido eu o agente eficiente para que ele escrevesse.

---

[62] A Revolta dos 18 do Forte ou Revolta do Forte de Copacabana foi um movimento de integrantes do Exército brasileiro contra o presidente do Brasil, Epitácio Pessoa, e o vencedor da eleição presidencial, Artur Bernardes, em 5 de julho de 1922. (N.E.)

Eu dei uma bronca quando soube que ele ainda não tinha escrito a você e forneci caneta e papel, mesa e cadeira. Juntei a minha e as depositei no correio do Shopping Center Iguatemi. Um pequeno impulso às vezes produz resultados; por exemplo, eu mesmo não escrevia uma carta havia vinte anos, pelo menos, mas você me transformou no missivista dos mais ativos da família. Tive hoje uma alegria, foi instalado telefone na Rua Rússia. Agora as comunicações estão estabelecidas. A viagem do Pompidou só não foi um desastre completo pelo comparecimento do Nixon ao jantar de Nova Iorque. O *Estado* comentou a viagem atacando a França. A rabugice do *Estado*, em matéria de política externa, é de enjoar; defende os Estados Unidos com mais intransigência do que a própria imprensa americana. O presidente Médici esteve em Bagé, sua terra natal, na quarta-feira à noite, e assistiu, no Beira-Rio, Argentina 2 – Brasil 0. Os gaúchos vaiaram bastante a seleção, que não estava bem, ao contrário dos argentinos, que jogaram muito. Domingo há outro jogo no Maracanã. Vamos ver se a sorte muda. A imagem da Embratel estava magnífica na transmissão do festival de San Remo, direto pela televisão. Flávio chegou aqui em busca das cartas e fez grandes elogios a você, como escreve bem."

(Carta do avô, 06/03/1970)

"São três horas da tarde e acabo de receber uma carta do dia 2, que passo a responder. Como sou barométrico, portanto, muito sensível às mudanças do tempo, li com grande atenção seu comunicado meteorológico, com admiração pelos detalhes. Milímetros de chuva caídos: 116,8 mm. Ou muito me engano, ou a Europa tem que se curvar mais uma vez ante o Brasil, tenho a impressão de que essa mesma precipitação foi registrada aqui no fim de semana. Agora tem feito sol e chovido, de modo alternado. O recorte do *Monde* exprime o mesmo que corria aqui.

O prato do dia político foi a carta do Abreu Sodré ao diretor do jornal *Estado* e 'a nossa resposta ao governador'. Achei um fato tão capitoso que resolvi mandar os recortes para seu deleite. Quando acabei a leitura senti até pena do Sodré. 'Estamos em três anos fazendo, em alguns setores, mais do que muitos fizeram em quatro séculos.' Ele deve estar muito arrependido. Primeiro: um governador não escreve carta a um jornalista, ficará sempre em desvantagem. Segundo: forneceu tópicos para ser impiedosamente zurzido (nota: açoitar, espancar, maltratar, diz o Aurélio). A vaidade e o orgulho são os maiores inimigos do homem público.

O futuro governador do Rio Grande do Sul, coronel Euclides Triches, foi uma evolução inesperada para o Rio Grande do Sul. No *Estado* há uma notícia da qual transcreverei um pequeno trecho: *par le doigt on connaît le géant* [pelo dedo se conhece o gigante]. Ao que informam os círculos políticos de Porto Alegre, no fim do banquete oferecido no Palácio Piratini pelo governador, o presidente Médici comunicou a Otávio Germano, presidente da Assembleia e da Arena, que a sucessão no Rio Grande do Sul devia se resolver na base de um entendimento sem dissensões, e lembrava o nome do deputado Triches. Germano perguntou ao presidente se o nome devia ser encarado como uma 'sugestão' para exame em confronto aos demais, ou se era uma escolha assentada. Não é uma sugestão, respondeu-lhe o presidente. É uma ordem do Comandante. Se não procederem assim, outra será a solução. Dito o quê, afastou-se do deputado sem mais comentários."

(Carta do avô, 10/03/1970)

Milton era professor de Letras em Goiânia e me foi apresentado por Emílio. Às vezes nos reuníamos à noite e eu ouvia fascinado seus relatos sobre os seminários de Roland Barthes, que ele frequentava. Nunca me ocorreu, à época, que eu poderia ter ido assistir a um ou mais desses seminários. Acho que estava concentrado demais na minha missão de aprender Direito. Eu nem me sentia autorizado a frequentar esses mundos alternativos chamados Nanterre ou Vincennes, nem mesmo a Sorbonne. Já achava um luxo ser admitido na faculdade de Direito e, mais ainda, não ser barrado pelo porteiro da Sciences Po na Rue Saint-Guillaume. Alguns anos mais tarde, de volta a Paris, andava por Saint-Germain e me lembrei de Milton. Às tantas entrei num bar e, por coincidência ou não, ele também apareceu no local. Não, não foi uma miragem, nos cumprimentamos com efusão, com mútuo espanto. Nunca mais o encontrei, nem tive notícias, nem me lembro de seu sobrenome. Sempre me impressiona esse fenômeno, pessoas próximas, amigas mesmo, que admiramos em determinado tempo e que depois desaparecem do nosso horizonte sem sequer nos darmos conta. Às vezes, um dia nos perguntamos: "Nossa, que fim terá levado fulano? Será que foi feliz? Será que está vivo? Ainda teríamos alguma afinidade?".

"Flávio adorou sua carta, já a mostrou a várias pessoas, coisa rara nele. Ainda não participei a mudança à maioria dos amigos, estou com as cortinas enroladas no chão. Assim, só dá mesmo para receber os íntimos, estamos comendo na copa, pois nas minhas toalhas grandes não mexi ainda. A falta de espaço para guardar as coisas é enorme e nem desencaixotei a maioria. Ando bastante esquecida e nunca sei onde ponho as coisas, mas acho que isso é só sinônimo de velhice mesmo, em todo caso qualquer hora vou ao médico para ver se ele me dá uns fosfatos. Acho que esta chegará aí pouco antes da partida de vocês para a Itália. Estou louca para saber o que vão achar, mas creio que vão gostar muito."

(Carta da mãe, 10/03/1970)

"Fizemos uma divisão do trabalho, cada um escreve para os seus, não só parentes, como amigos também. Esta semana (hoje é segunda-feira) estou de folga; terminei meu segundo estágio, terei seis dias para escrever, ir ao cinema, ver alguma exposição, enfim andar por aí sem compromisso. Sábado (21) partiremos às nove da manhã para a terra de Dante, que eu sempre tive vontade de conhecer. A língua é muito agradável aos meus ouvidos, é lógico, em virtude do sangue que corre nas minhas veias. Quanto às atividades teatrais, posso assegurar que foram de grande proveito os dois estágios realizados no TNP e no TEP. A peça montada por este último, *Major Barbara*, de Bernard Shaw, cujo estágio terminou há alguns dias, entrou em cartaz há uma semana, e as críticas do *Le Monde* e do *France-Soir* são muitíssimo elogiosas. Imagina o meu contentamento. Na verdade, é um trabalho formidável. Shaw tem uma ironia profunda e a peça comunica com facilidade. Eu gostaria de poder montar em São Paulo, por outro lado meu futuro profissional me preocupa. O que farei quando voltar é a pergunta que procuro esquecer, para poder aproveitar ao máximo esta estadia, genial oportunidade para aprender algo sobre a melhor arte. Tive sorte em fazer estágios com dois ótimos diretores: Jacques Rosner e Gui Retoré. Assisti um filme ótimo, documentário muito interessante sobre 1936, o Front Popular e as eleições que puseram Léon Blum na presidência. Depois assistimos *Les Damnés*, de Luchino Visconti; passa-se na Alemanha durante a ascensão de Hitler. Essa semana verei *Medeia*, último filme do Pasolini, com Maria Callas no papel principal. Fico contente em saber que sua viagem para cá está de pé."

(Carta de Silvia para o avô, 14/03/1970)

"Recebi e li o requisitório e fiquei estarrecido. O *perchoir du perroquet* [pau-de-arara] entrou para o meu vocabulário. Por uma associação de ideias à la Joyce, passo à notícia, o caso sensacional da semana, e já do seu conhecimento, pois foi difundido em todo o mundo: o sequestro do cônsul geral do Japão em São Paulo, Nobuki Okuchi, no dia 11. Ontem às 19h30 o diplomata voltou para casa de táxi, e pasmem: o chofer declarou que nem soubera do sequestro do cônsul. Os cinco terroristas que foram para o México em troca da liberdade do cônsul foram banidos por decreto do presidente, entre eles a freira Maurina, de Ribeirão Preto, que segundo consta não quer ficar no México e pretende ir para Paris. Felizmente o cônsul voltou em perfeito estado de saúde. Agora a polícia vai empreender uma operação para a captura dos sequestradores. O professor Alfredo Buzaid [então ministro da Justiça], respondendo na televisão ao repórter que lhe perguntou se iria aplicar a pena de morte, respondeu que o assunto era da alçada da Justiça. Li *O Mestre e Margarida*, do escritor russo Mikhail Bulgákov, uma sátira tremenda do regime comunista. Achei o livro bem interessante e agora estou lendo *O primeiro círculo*, em alusão ao inferno de Dante, do escritor russo Alexander Soljenítsin. É um livro fascinante, de crítica exacerbada ao regime, e em especial à figura do Stalin. Estou ansioso por saber sua reação ante o choque Sodré *versus* o *Estado*. Tenho certeza de que foi para você um subsídio inestimável para seus estudos de alta política."

(Carta do avô, 16/03/1970)

O cônsul do Japão foi trocado pela liberação de cinco presos políticos que viajaram para o México: Shizuo Osawa, Diógenes José Carvalho de Oliveira, madre Maurina Borges da Silveira, Otávio Ângelo e Damaris Lucena, que viajou com três filhos menores. Damaris era viúva de Antônio Raymundo Lucena, que morreu em fevereiro em tiroteio com soldados da Força Pública.

## ■ TORTURA NO BRASIL

"A tentativa de suicídio de R.P. de Alencar, dominicano, que buscava na morte um meio de escapar dos 'interrogatórios' da polícia brasileira, é um caso entre centenas de outros que jamais serão conhecidos devido à censura implacável. No ano passado, padres franceses, belgas, alemães e holandeses que se recusaram a permanecer em silêncio diante do agravamento da repressão e da generalização da tortura no Brasil foram presos, molestados, mantidos incomunicáveis e, às vezes, também torturados. A sorte, por assim dizer, é poder esperar que seus gritos, no final, talvez sejam ouvidos no Brasil, na Europa e no Vaticano." (*Le Monde*, 09/03/1970)

O jornal informa que dois advogados ligados a organizações internacionais realizaram uma missão de uma semana no Brasil para apurar as condições de detenção de presos políticos e conhecer as novas leis de emergência: "A tortura é sistemática e generalizada no Brasil. Não se trata mais de fatos isolados, mas de um verdadeiro instrumento político destinado a aterrorizar a oposição de extrema-esquerda. A situação no Brasil hoje é muito mais grave do que a que vimos na Grécia no ano passado".

Os advogados, diz o jornal, relataram que oficiais superiores assistem às sessões de tortura, ou delas participam, na presença de médicos. Afirmaram ainda que os presos políticos eram na sua maioria estudantes, professores, jornalistas e advogados, e que a idade média dos detidos não ultrapassava os 22 anos.

"A novidade, escrevem-nos os brasileiros em mensagem recebida no final de fevereiro, é o uso da tortura como sistema de repressão política organizado de modo militar. Em São Paulo, sede da Operação Bandeirantes, ou OBAN, no Rio de Janeiro, que tem um campo de concentração na Ilha das Flores, e em Belo Horizonte, com sua penitenciária de Linhares,[63] milhares foram torturados e dezenas foram mortos após a prisão. Há uma espécie de emulação entre os diferentes serviços responsáveis pela repressão: serviços secretos do Exército, Marinha (CENIMAR) ou Aeronáutica, Polícia Federal, polícia política de cada estado. Essa preocupação com o 'aumento da eficiência' e essa falta de 'coordenação' explicam, sem dúvida, os excessos cometidos não só em relação aos arguidos, mas também aos simples suspeitos. A regra geral é interrogar as testemunhas nuas depois de tê-las isolado durante vinte e quatro horas numa cela, sem comer nem beber..."

"Estou preparando um trabalho para sexta-feira que, embora pareça fácil, está me deixando de cabelo em pé. Trata-se

---

[63] A Penitenciária Estadual de Linhares encontra-se na verdade em Juiz de Fora, Minas Gerais. (N.E.)

de definir a natureza jurídica do regulamento (Regimento Interno, no Brasil) das assembleias parlamentares.

Quando você imaginou que eu ia me regalar com a carta do *Estado* ao Senhor Governador Abreu Sodré, não se enganou. Passei meia hora rindo ao terminar de ler o recorte, que merece ser inserido numa antologia. Aquele pessoal, apesar dos defeitos conhecidos de todos, ainda sabe dizer umas boas na hora certa, coisa rara hoje em dia. Incluo nossa correspondência no domínio reservado das melhores coisas desta época das nossas vidas."

(17/03/1970)

JULIO DE MESQUITA NETO"

Conhecemos, Senhor Governador, a sua coragem, a sua bravura pessoal e foi exatamente por conhecê-la, que estranhamos não as haver Vossa Excelencia demonstrado nos momentos de humilhação por que passou São Paulo sob o seu governo. Não a demonstrou quando o governo Federal praticamente interveio neste Estado, colocando um militar na chefia da Polícia; não a demonstrou quando o ato institucional numero 5 instaurou uma ditadura de fato neste País; nem a demonstrou no vergonhoso episódio da imposição do sr. Salim Maluf para a Prefeitura de São Paulo, sem possuir qualquer recomendação para isso, a não ser a que partiu de familiares do Presidente da Republica; nem a demonstrou ainda, ao desistir de apoiar para esse posto o seu candidato, Dr. Arrobas Martins; diante da qual, duvidamos que a demonstre na hora decisiva da solução do problema de sua própria sucessão.

"Há tantos assuntos palpitantes que o repórter volta a informar em edição extra: Saldanha foi demitido de técnico da seleção brasileira e ontem foi contratado o Zagallo, atual técnico do Botafogo e bicampeão do mundo como jogador. Você pode imaginar o impacto e as fofocas dos jornais. Ouvi o Saldanha ontem à noite na televisão, e ele afirmou que o Pelé não tem condições físicas para jogar no campeonato mundial e que ele não escalaria mais o Pelé. Quando ele deu a notícia da sua decisão à Comissão Técnica, foi chutado para fora. Domingo a seleção joga contra o Chile no

Morumbi. Vamos ver o bicho que dá. Acho melhor irmos ao México como azar do páreo do que como favorito. É preciso acabar com a mania de melhor futebol do mundo e entrar no campo sabendo que é preciso lutar como um leão para ter uma chance de vencer. É preciso que os brasileiros estejam preparados para receber a derrota como um fato normal. O ministro Jarbas Passarinho declarou que 85% dos terroristas que atuam são universitários, na sua maioria alunos do curso de Ciências Sociais e Filosofia, e considera ser óbvio ululante a existência de um processo de subversão no meio estudantil. Li no livro *O primeiro círculo* a citação de uma lei que me apresso a transcrever e quem sabe poderá ser um subsídio para os seus estudos de Direito Constitucional aí na Sorbonne: 'No Japão há uma lei segundo a qual uma pessoa pode ser julgada por pensamentos não expressos'. O general Viana deixou a Secretaria da Segurança Pública e foi substituído pelo coronel do Exército cujo nome eu não gravei."

(Carta do avô, 19/03/1970)

## ■ VIAGEM À ITÁLIA

No dia 21 de março, aproveitamos os feriados da Semana Santa para ir à Itália. Fomos de trem de Paris a Turim, onde fomos recebidos por um casal de primos da mãe de Silvia, que ela ainda não conhecia. Eles foram acolhedores e gentis, fizeram de tudo para nos agradar. O primo-tio era um senhor elegante que tinha sido diretor de uma grande empresa e que agora morava com a mulher em Montecarlo. Corpulento, ele andava sempre de terno e gravata; ela, de luvas. Eles nos hospedaram num dos melhores hotéis de Milão, cuja diária devia ser mais cara do que o aluguel mensal do nosso apartamento parisiense. Fizemos vários passeios pela região. Fomos conhecer outra tia, mais velha. Os italianos, como os brasileiros, mantêm o senso de família, apesar da absoluta distância. No Piemonte, fomos apresentados às carnes cruas, hábito então inimaginável no Brasil. Além do luxo do cinco estrelas, para nós extraordinário, achamos curioso o casal dormir em apartamentos separados, nem sequer contíguos.

"Não sei se vocês terão deixado com a *concierge* algum endereço na Itália para as cartas serem remetidas, ou se esta ficará aí, aguardando a chegada de vocês, mas vou arriscar e mandar assim mesmo. Infelizmente, aqui as coisas estão piorando dia a dia. Esta semana decidiram rescindir o contrato de seu pai. Vai ser difícil essa fase para nós dois, mas esperamos que depois dessa encruzilhada a gente vire uma nova página e comece de novo. Tenho confiança de que as coisas se arrumarão, pois seu pai é super trabalhador e sairemos dessa, se Deus quiser. Vocês não têm passado muito aperto aí? E a Casa do Brasil, já tiveram alguma resposta? Será muito mais econômica que o apartamento?"

(Carta da mãe, 23/03/1970)

"Essa época da vida de vocês em Paris será o marco para separar nitidamente as suas existências: antes e depois de Paris. Preparem-se para o choque que terão quando voltarem para cá. *But you will survive* [Mas você vai sobreviver]. Junto os recortes do *Estado*, que continua impiedoso com o Sodré."

(Carta do avô, 25/03/1970)

"Escrevo de Bragança às dez horas da manhã de um dia radioso, 'asas tontas de luz boiando nas alturas, infesta a terra toda', 'tudo aos meus olhos plácidos risonho céu azul, mar azul, azul minh'alma'.[64] É com esse espírito que me dirijo a vocês desejando neste domingo de Páscoa toda a felicidade possível neste mundo conturbado que, não obstante, ainda oferece um oásis nesta Fazenda Santa Maria, onde ouço os gritos excitados das crianças na caça aos ovos de Páscoa escondidos no jardim. Ontem à tarde assisti a um fato curiosíssimo, que causou grande excitação. Uma andorinha estava pendurada numa teia de aranha, de cabeça para baixo. A tia pegou uma vassoura e a tirou da teia. Sua prima ficou muito excitada, resolveu escrever uma carta para vocês contando o episódio em detalhes e fez todos nós assinarmos a carta. Não deixe de responder, senão ela ficaria muito desapontada. A Duca Press parece considerar notícia o caso da andorinha e por isso apressou-se em dar o furo. Imaginei dona aranha contando às comadres que tinha aprisionado uma andorinha, e indignada ante a incredulidade delas, e arrasada pela impossibilidade de exibir as provas, tal qual a decepção do velho pescador do Hemingway. Li hoje que Nixon deu ordem para as forças americanas invadirem o Camboja. *Si cette chanson vous embête, je vais la recommencer* [Se esta canção te aborrece, vou tocar de novo]. Vi que em Washington DC vai haver uma grande concentração dos partidários do término da Guerra do Vietná pelo esmagamento completo dos inimigos. O emblema que eles escolheram foi a cruz de Cristo, me parece grande maroteira o uso indevido de uma marca registrada há dois mil anos com uma conotação um pouco diferente. Agora descobri uma interpretação que talvez seja

---

[64] Parece uma evocação, de memória, de Olavo Bilac, "In Extremis": "E um dia assim! De um sol assim! E assim a esfera toda azul, no esplendor do fim da primavera! Asas, tontas de luz, cortando o firmamento! Ninhos cantando! Em flor a terra toda! O vento despencando os rosais, sacudindo o arvoredo...".

válida, a cruz deles será antes a da Ku Klux Klan. Esperam a maior concentração já havida e calculam que comparecerão cem mil pessoas."

(Carta do avô, domingo de Páscoa, 29/03/1970)

Passei alguns dos melhores dias da minha infância e adolescência na fazenda dos tios em Bragança. Era difícil conseguir autorização paterna para viajar, mesmo com os tios e primos. Meu pai era mais rígido, os tios bem divertidos, a liberdade era maior. Um casarão antigo com um grande terraço, à frente o terreiro de café, perto do estábulo onde podíamos lidar com os bezerros. Muitas histórias e muitas risadas. Certa noite, a conversa era sobre fantasmas que arrastavam correntes etc. À noite, o susto foi geral, ficamos todos arrepiados, pois ouvíamos de verdade correntes se arrastando no piso do terraço. De manhã, descobrimos que um dos cachorros tinha rompido a coleira de metal e passeava por ali.

"Não poderia deixar de escrever a vocês nesta data histórica, sexto ano da revolução redentora que tantos benefícios tem trazido ao país e tão alto tem levantado o nome do Brasil em todo o mundo civilizado. Como parte dos festejos comemorativos, houve ontem um treino entre as seleções A e B no Maracanã, com os portões abertos e uma assistência calculada em 50 mil pessoas. Foi precedido de um show no gramado com Elizeth Cardoso, Jair Rodrigues etc. A alegria maior foi ver o Tostão de volta ao futebol com toda a magia da sua arte e restabelecido da melindrosa operação da retina. Até ontem eu não acreditava que ele se recuperasse e jogasse como se nunca tivesse tido qualquer distúrbio, esteve inativo por mais de quatro meses. Ontem foram assaltados cinco bancos aqui na cidade. Outro dia uma neta perguntou: Vô, por que existe o mundo? E eu respondi que não havia razão. É porque ele existe, disse ela. Contei para sua irmã e ela logo obtemperou: É porque Deus o criou. E eu fiquei envergonhado de não ter atinado com a resposta tão simples, tão lógica e tão satisfatória."

(Carta do avô, 31/03/1970)

## 1970, ABRIL

"A morte do embaixador alemão na Guatemala me causou grande tristeza. Acho que bem agiu o Brasil libertando os terroristas presos e evitando a possível morte do embaixador americano e do cônsul japonês. Há dois dias, em Porto Alegre, o cônsul americano enfrentou quatro assaltantes com metralhadoras e atropelou um deles. Foi atingido por uma bala na omoplata, mas já está se restabelecendo. Vi no *Estado* uma fotografia da passeata em Washington a favor do término da Guerra do Vietnã pelo esmagamento completo do Vietnã do Norte. O *Estado* disse que esperavam o comparecimento de 150 mil pessoas, mas tenho a impressão de que o comparecimento não correspondeu à expectativa. Almocei ontem com um amigo empresário, e ele me contou que recebeu uma carta com ameaças, mas não estava muito preocupado. Eu acho que hoje em dia não há garantia para ninguém, porque os sequestros têm se sucedido com muita frequência em vários países do mundo. Vi em casa de sua mãe um postal que vocês mandaram de Nápoles, com o Vesúvio. Você deve ter aproveitado bastante a viagem e já deve estar de volta a Paris."

(Carta do avô, 06/04/1970)

Sim, aproveitamos essa viagem para visitar boa parte da Itália, chegando até Nápoles. A viagem de trem foi pitoresca, com famílias abrindo farnéis com comida e levando até galinhas que não paravam de cacarejar. Nápoles não foi fácil para nós. A famosa pizza napolitana, com sua massa grossa, parecia um pão com pouco recheio e fugia ao nosso conceito. O trânsito era infernal, e muitas ruas não tinham calçadas, ficávamos com a sensação constante de que íamos ser atropelados. Por fim, escapamos de ser assaltados graças ao expediente de Silvia. No primeiro dia, fim da tarde, fomos dar uma volta a pé perto do hotel. Numa pracinha semideserta nos vimos cercados por um bando de jovens, evidentemente mal-intencionados. Foi aí que Silvia deu uns gritos no idioma local, dizendo que éramos italianos e não turistas, com o que eles nos deixaram. Encurtamos nossa estadia, mas o ponto culminante foi a subida à cratera do Vesúvio, que fica a cerca de dez quilômetros de Nápoles, a 1.281 metros de altitude.

A primeira erupção registrada do famoso vulcão foi descrita em cartas de Plínio, o Jovem, em 79 d.C. As cidades de Herculano e Pompéia foram destruídas, mas as ruinas só foram descobertas muito séculos depois. O Vesúvio teve grandes períodos de inatividade, mas, desde o século XVII, tem tido fortes explosões eventuais, como a de março de 1944. Esses fenômenos podem se repetir a qualquer momento, o que preocupa, pois há grande ocupação humana na região.

Nossa excursão teve sabor de aventura, pois ainda funcionava o teleférico, o primeiro da Itália, implantado nos anos 1950, com cadeiras móveis de dois lugares. Era um dia de sol esplendoroso e estávamos apenas de camiseta.

A visão do alto é incrível. Ao admirar a cratera, fomos informados de que o único visitante que morreu ali foi um brasileiro, diziam que era um diplomata.[65]

Após admirar a cratera e a paisagem, começamos a descer sentados numa das precárias cadeirinhas, mas em determinado momento tudo parou, nos deixando pendurados no ar, com muito frio devido ao forte vento. Eram duas linhas paralelas de cadeiras, uma que subia e outra que descia, mas, como começou a ventar, poderiam colidir, eram próximas. Esse foi um dos motivos pelos quais o aparato foi desativado em 1984. Depois de algum tempo, o vento diminuiu, as cadeiras voltaram a se mover, voltamos com segurança ao solo firme. Mas a lembrança de ficar lá em cima, pendurados e balançando com o vento, é inesquecível.

---

65 Descobri, depois, que o desafortunado brasileiro era Antônio da Silva Jardim, jornalista republicano e abolicionista que, com 31 anos, tendo perdido as eleições de 1890 para o Congresso, foi para a Europa. O vulcão estava adormecido havia treze anos, mas o brasileiro foi advertido de que poderia entrar em erupção. No dia 1º de julho de 1891, o jornalista se aproximou da cratera e foi tragado. Parece que tropeçou, ou que se abriu uma fenda a seus pés, há várias versões. O guia e os amigos que o acompanhavam escaparam.

"São três da tarde e sua máe me disse que recebeu uma carta deliciosa, de Turim. Vocês passaram à vela de libra,[66] como dizia meu avô. Que ótima experiência para um sibarita do seu estofo. O canal 9 foi comprado por um deputado cassado que deu como garantia terrenos que não lhe pertenciam. Ele está preso, e os artistas ontem fizeram uma campanha pedindo dinheiro ao povo, porque não recebem há meses. É um Carnaval doloroso e não sei como vai terminar o caso. Mais uma cápsula a caminho da lua, mas já não desperta a curiosidade de ninguém. Nixon sofreu outra derrota, foi rejeitado seu segundo candidato à Suprema Corte. Além disso, o senador Fulbright apresentou uma moção proibindo o envio de forças para o exterior por não haver guerra declarada. Nixon está indignado e acusa o Senado de cercear seu poder de presidente. Mas cabe ao Senado a prerrogativa de aprovar ou rejeitar o nome indicado, não? Parece mais a reação de um Onganía[67] ou Ovando[68] do que do presidente da maior nação do mundo."

(Carta do avô, 06/04/1970)

"Recebi duas cartas ótimas de Florença e Turim, e me diverti a valer com o luxo do hotel Principe di Piemonte! Vocês agora vão ficar mal-acostumados e são capazes de só querer esse padrão. Mas achei gentilíssimo dos primos

---

[66] Passar à vela de libra: receber tratamento excelente, com privilégios; ser muito bem tratado. (N.E.)

[67] Juan Carlos Onganía Carballo, militar presidente *de facto* da Argentina entre junho de 1966 e junho de 1970, quando foi deposto por um golpe de Estado. (N.E.)

[68] Alfredo Ovando Candia (1918-1982), general boliviano que assumiu a presidência da Bolívia em 1969, após o golpe de Estado que destituiu o então presidente Luis Salinas. (N.E.)

da Silvia não só viajarem para estar com vocês, mas ainda pagarem tudo! Que pena que os museus estão fechados! Tanta coisa linda para se ver lá! E achei incrível a enchente – de gente, bem entendido – em Veneza! Enfim, devem ter sido férias deliciosas que vocês bem mereciam. Resolvi aproveitar as cortinas e pendurá-las aqui, pois as salas são muito devastadas, estão com papel pregado nos vidros, se não é o mesmo que estar na rua. Seu pai dispensou pessoal e está muito sobrecarregado de serviço, mas a companhia ainda está se equilibrando. O advogado sugeriu reduzir tudo para tentar evitar a concordata. Estou fazendo um curso intensivo de um mês de datilografia, duas horas por dia, de manhã. Tive uma semana de aulas e já estou escrevendo com todos os dedos e gostando muito."

(Carta da mãe, 12/04/1970)

## ■ EXPOR A FAMÍLIA

É sempre perturbador receber cartas de pessoas queridas relatando dificuldades e não ter muito como ajudar, a não ser com palavras de compreensão e apoio. Uma questão importante – que não é nova – é saber se devemos deixar os episódios tristes ou dramáticos confinados no seio da família, ou se, como fazem parte de nossa história pessoal, podemos narrá-los ou deles fazer uso como material literário.

Pedro Mairal, autor de *A uruguaia*, chegou a organizar um almoço com a família para tentar separar, em sua obra, o que é inventado e o que é real: "Sempre fica um ruído. Temos que escrever apesar da família. Aproveitar as anedotas e casos familiares na literatura. E depois trair. Falsear. Pushkin dizia que quando nascia um poeta, o pai levantava o punho e maldizia a Deus. Um poeta é a desgraça da família.

É antissocial, lava roupa suja em público, faz caricaturas de entes queridos. Um escritor precisa desonrar a família".[69]

## ◼ VOLTANDO DA ITÁLIA

"Chegado há apenas uma semana da Itália, já fiz um exame e um trabalho escrito, mas hoje reservei a tarde para o correio. As cartas do avô ocupam um lugar muito importante na nossa vida, nos mantendo a par dos acontecimentos brasileiros e ao mesmo tempo em contato permanente com aquele papo agradável que sempre incluo entre as coisas boas da vida. Pelo que li aqui, a tal manifestação pelo fim da guerra não assumiu a proporção anunciada, mas foi considerável. Aliás, é uma constante a capacidade tradicional que têm os americanos de se organizarem em defesa da 'justiça', seja para quebrar garrafas durante a lei seca ou para meter o capuz branco da KKK. Sem as características locais, porém, acho que o fenômeno se espalha pelo mundo, assumindo feições típicas em cada lugar. Depois da sociedade de consumo, em que cada homem era uma peça bem lubrificada da máquina, muita coisa começa a acontecer. A descoberta de que cada peça pode, sem aviso prévio, perturbar o funcionamento da máquina inteira é a base ideológica da sociedade de contestação que se anuncia. Aqui na França, o fenômeno começa a assumir proporções inquietantes para o governo. De início eram apenas os estudantes, mas hoje os pequenos comerciantes dinamitam as coletorias de impostos à razão de uma por semana, os agricultores sequestram prefeitos e ministros, os motoristas de caminhão descontentes bloqueiam as estradas,

---

[69] Trecho da entrevista de Pedro Mairal a *O Globo*. Disponível em: https://bit.ly/3tfdFdP

os hoteleiros dinamitam os novos prédios dos concorrentes. A greve dos carteiros nos EUA e o mercado de resgate na América Latina são outros exemplos a mostrar que, diante da força de coerção organizada do governo, se antepõem novas forças capazes de romper o equilíbrio até então mantido nas democracias clássicas. Onde vai parar tudo isso eu não sei. Eu sei é que a posição de um governo para reprimir os grupos que se consideram injustiçados é moralmente muito difícil. Por outro lado, a proliferação das pequenas revoluções de cada dia só pode conduzir a uma nova repartição das injustiças e ao ódio mútuo entre as várias categorias de contestatários. Tenho a impressão, entretanto, de que vamos entrar numa nova era de negociações políticas e que a democracia de amanhã não poderá mais ser baseada apenas no poder organizado, mas sim na conciliação de interesses. Será isso possível? Nos países subdesenvolvidos é mais fácil a vaca ir para o brejo, mas por aqui só o futuro vai dizer. Qual a sua impressão? Silvia comenta que, depois que voltamos da Itália, ainda não se decidiu a assistir as aulas do Conservatoire d'Art Dramatique. Não está muito animada. Fala na infindável chuva parisiense. Anda com vontade de viajar: 'No momento, o que mais me atrai é o norte da África'. E fica sonhando, imaginando… Em anexo, uma raridade para a 'Duca-Press' [o anúncio dos motores Mercury com a foto do presidente Pompidou que foi retirado por decisão judicial]."

(13/04/1970)

## ■ POMPIDOU, GAROTO-PROPAGANDA INVOLUNTÁRIO

Como eu era assinante da *L'Express*, então a revista mais popular de informação, recebi a edição n.º 978, de 4 de abril de 1970, depois retirada de circulação. Ela trazia uma publicidade dos motores de popa Mercury que usava, para fins comerciais, uma foto do presidente Pompidou. Um juiz deu uma liminar e a página teve que ser retirada de todos os exemplares. A revista se desculpou junto aos leitores pelo atraso na distribuição às bancas. A propaganda, de página inteira, mostrava o presidente Pompidou numa lancha e, perto dele, em destaque, o motor de popa em que aparecia a marca Mercury. O texto, atrevido, dizia que a Mercury não tinha a pretensão de assegurar a segurança do presidente sempre e em todos os lugares, mas que em um passeio de barco eles garantiam que não haveria incidentes: "O senhor está acostumado com a vitória, Senhor Presidente. Não o surpreendemos ao confessar que nossa vitória cotidiana é garantir bravura, robustez e segurança, sem concessões, nos nossos motores. Obrigado, Senhor Presidente".

(04/04/1970)

"Acabo de receber a carta de vocês do dia 13. Recorde dos recordes. Deliciei-me com a sua carta e os conceitos sobre a situação atual, na qual a inquietação e os protestos violentos estão ocorrendo tanto nos países subdesenvolvidos como nos desenvolvidos e prósperos. Concordo com seus conceitos e creio que são necessárias grandes modificações baseadas na conciliação dos diferentes interesses. É isso possível? Duvido muito que o seja no futuro imediato, estou certo de que não assistirei a essa mudança. Fico muito lisonjeado por saber que minhas cartas têm sido apreciadas. Não pense em respondê-las. Escreva quando tiver tempo e eu terei resposta pelas cartas que você escreve para a família. Só vi uma notícia da marcha 'do extermínio' em Washington, com uma foto mostrando pouca gente. Estou esperando a *Time* para ter ideia da dimensão do que, segundo você, foi considerável. A Duca Press está no momento concentrada no episódio do Apollo 13 (*Houston, we've had a problem...*), que deverá amerissar perto de Pago-Pago depois de amanhã, se os tripulantes conseguirem mantê-la *under control*. Será para mim um feito notável, depois do acidente, conseguirem alimentar a Apollo com as baterias do módulo lunar. Acho natural que essas falhas aconteçam. Tenho grande confiança em que eles voltem sãos e salvos. O Congresso americano e o Papa já pediram que todos rezem, e é possível que a reza seja capaz de carregar a bateria elétrica que pifou [...], mas eu tenho minhas dúvidas. Eu não creio em bruxas, mas a Apollo 13 saiu no dia 13 às 14h13. Um 13 pode influir, mas três... E por falar em 13, no dia 13 o Rivelino inaugurou um posto de gasolina na Avenida Santo Amaro, com coquetel, e quando voltava de lá o Kalil Filho[70] foi de encontro a um autossocorro Nossa Senhora da Aparecida e morreu no local. Tive muita pena dele, pois eu o apreciava havia muitos anos pela televisão, desde o Repórter Esso."

(Carta do avô, 15/04/1970)

---

[70] Munyr Kalil (1930-1970) foi um radialista, apresentador de telejornal e diretor artístico brasileiro. Em 1961, ganhou o Troféu Imprensa de melhor apresentador de telejornal. (N.E.)

"O repórter não poderia deixar de dar as últimas. Ontem, às sete da noite, ligamos duas vezes para seu apartamento, mas o seu telefone não atendeu. Ontem foi desviado para Cuba um Boeing 427 da VASP, num voo de Brasília a Manaus. Desceram em Georgetown (Guiana) e deixaram os passageiros. Aproveitei a viagem ao Rio para fazer minha visita à bisavó, coitada."

(Carta do avô, 26/04/1970)

"Gostei muito dos retratos, vocês estão ótimos, embora os dois pareçam mais magros. Tem fotos lindas de Roma, como o Moisés. As de Nápoles achei esplêndidas! A tal cadeirinha me deu mesmo frio na barriga só de olhar! Acho que não teria coragem de subir, não. É lógico que por aqui as saudades apertaram mais ainda, sabendo de tanta coisa sobre a vidinha de vocês, que fez com que nos sentíssemos, paradoxalmente, mais perto e tão mais longe, não sei se vocês me entendem. Seus cartões da Itália chegaram todos e têm sido muito apreciados. Gui teve um convite ótimo de uma empresa e aceitou. Acho que é ótimo para ele, que já se sacrificou demais com a metalúrgica! Não sei, porém, como é que seu pai vai se arrumar, pois ele já estava sobrecarregado na empresa! Flávio continua só às voltas com o xadrez. Vou agora ouvir mais alguma notícia sobre os astronautas, antes de dormir, que coisa para afligir a gente, não? Vocês com certeza também estão aí seguindo tudo e torcendo como nós todos para que cheguem são e salvos! Será um verdadeiro milagre se conseguirem, não? Bom, meu filho, continuo sentindo, embora de longe, o mesmo apoio que você sempre me deu. Contar com vocês assim é importantíssimo para mim! Fico feliz de saber que as finanças de vocês estão bem equilibradas, pois sempre me aflijo por não podermos ajudar em nada a vocês. Mas, se Deus quiser, as coisas melhorarão e espero que em breve a situação se modifique para muito melhor."

(Carta da mãe, 16/04/1970)

"São 9 horas de um dia de sol maravilhoso, temperatura bem fresca e agradável na época mais bonita de agora até o fim de maio. A Duca Press informa as últimas. Nesta madrugada, às três horas, morreu atropelado, na confluência da Rua Groenlândia e Avenida Europa, quando se dirigia à sua casa, o sogro do governador Abreu Sodré, João Melão, com 80 anos de idade! Notícia triste: Juscelino Kubitschek está desenganado: câncer. Foi operado e constatado que o caso é irremediável. Tive muita pena, porque ele é muito simpático como pessoa e é relativamente moço. Outra notícia que, tenho certeza, constituirá surpresa para você. O presidente Médici porá em vigor a lei de participação dos empregados nos lucros e na direção das empresas estatais. Diz a notícia que as regras vão ser nos moldes do que está vindo da Alemanha ocidental. Vamos aguardar a repercussão que essa medida terá nos meios financeiros de São Paulo e do Brasil. Tenho a impressão de que farão campanha contra a medida. Assisti à descida dos astronautas na televisão e tive uma grande emoção ao ver os sem-terra sãos e salvos. Vocês devem ter visto também aí em Paris. Manchete do *Estado*: 'Êxito no fracasso! O senador Ted Kennedy fez um ataque 'descabido' ao governo brasileiro no Capitólio'. Acabei de ler *The Idol and the Octopus* [O ídolo e o polvo], do Norman Mailer, e achei muito interessante, em especial a parte referente à Guerra do Vietná. Vocês estão sempre presentes ao meu lado, penso sempre em vocês com muitas saudades, prelibando a temporada que iremos passar juntos."

(Carta do avô, 20/04/1970)

"Fui ver um filme louco e velho, mas bacana: *O submarino amarelo*. Vão bem? Continuam estudando muito?"

(Bilhete da irmã, 24/04/1970)

"Assisti hoje à tarde ao treino das seleções A e B no Maracanã pela televisão. A imprensa de São Paulo fez uma campanha impiedosa contra o Zagallo e nenhum comentarista acredita na vitória do Brasil no México. Vi pelos jornais que os lixeiros estão em greve em Paris, como vocês vão se arranjando? O Sodré deve estar muito aborrecido com a escolha do Laudo Natel para governador, a quem ele combateu com intransigência, e tenho a impressão de que seu prestígio quando deixar o governo vai se aproximar de zero."

(Carta do avô, 24/04/1970)

## 1970, MAIO

"Estive no Rio no fim de semana. A velha Carmita não anda bem, mas continua lúcida e perguntando por vocês. Como é triste a vida para quem chega aos 93 e já não pode mais se mover. O Nixon já estendeu as operações de guerra até o Camboja, o que me parece uma temeridade e uma imbecilidade. Li na *Time* que houve baixa na bolsa, algumas companhias foram muito afetadas, como a Investors Overseas Service (IOS), sediada em Genebra, e que há três anos é a mais importante companhia de investimentos. As ações caíram pela metade. Você deve ter tido notícias mais detalhadas aí em Paris. Ouvi pelo rádio que a Assembleia paulista será reaberta esta semana, mas que haverá mais dez cassações. *Si cette chanson vous embête, je vais la recommencer* [Se esta canção te aborrece, vou tocar de novo]."

(Carta do avô, 02/05/1970)

"Recebi, afinal, a carta do dia 26, depois de três semanas de silêncio! Gostei muito das notícias. Soube agora pouco, por telefonema do Rio, que vovó faleceu de repente de um enfisema. Coitada. Afinal, descansou de uma vida tão atribulada e tão longa! Gostaria de tê-la visto ainda uma vez em vida, e agora, se formos, é só como homenagem à figura da avó, mas já não faz muita diferença. É um elo enorme da família que se rompe, pois só ela é que ainda fazia a ligação entre tantos, como direi, consanguíneos, tão afastados uns dos outros. E que agora ficarão mesmo afastados para sempre, acho eu. Fico comovida ao me lembrar daquela cabecinha tão branca e tão lúcida, e é triste não a ver nunca mais, mas para ela foi muito melhor assim! Deus queira que eu não herde a resistência dela, pois tenho horror a viver demais assim!"

(Carta da mãe, 06/05/1970)

"Desistimos de ir ao enterro, o dia amanheceu com muita chuva."

(Bilhete do pai, 06/05/1970)

"Vocês devem andar ocupados, porque a correspondência diminuiu bastante. As notícias quentes de hoje são dos Estados Unidos, com a decisão do Nixon de estender a Guerra do Vietná ao Camboja. A reação provocada no meio estudantil foi muito grande e, em Ohio, morreram quatro estudantes. Pelo visto, Nixon resolveu ser ditador e não dará satisfações ao Congresso. Seria inusitado que ele, inspirado nas tradições centro-americanas, fechasse o Congresso e se declarasse ditador. Além do problema dos presos no Vietná e Camboja, ele terá de enfrentar a crise econômica que se anuncia com a queda das ações na bolsa. A não ser que ele ache que a guerra do Vietná vai acabar em oito semanas e que, assim, ele possa se reeleger com 80% dos votos. Mas não creio em solução completa em tão curto prazo. Estou escrevendo hoje com a esperança de que esta carta chegue a Paris no dia do seu aniversário, levando a você toda a saudade do seu velho amigo e os votos de muitas felicidades. Você completará um quarto de século!"

(Carta do avô, 06/05/1970)

"Hoje, às 18h30, missa de sétimo dia da vovó na Igreja Nossa Senhora do Brasil. Acabo de ouvir na Eldorado que Israel invadiu o Líbano com cem tanques e que o Líbano já pediu uma reunião do Conselho de Segurança da ONU. A situação vai se agravando a cada dia. Os Estados Unidos invadem o Camboja e o Nixon, com um cinismo revoltante, vai aos estudantes acampados junto ao Lincoln Memorial para dizer que está com os estudantes e que tomou essa medida para acabar com a guerra. O Senado votou uma lei proibindo o envio de tropas ao Camboja depois de julho. O deputado de Massachusetts, autor do projeto proibindo a ida dos seus cidadãos para o Vietnã, suicidou-se ou foi suicidado há três dias. Ontem a seleção de basquete do Brasil venceu a Itália, na Iugoslávia, por 94 a 93, na segunda prorrogação. Li hoje uma entrevista do Pelé dizendo que a seleção atual é melhor do que a de 58."

(Carta do avô, 12/05/1970)

"Parabéns e felicidades, é o que deseja a amiga Délia. Espero que estejam os dois com boa saúde e já arrumando as malas para voltar, que estão fazendo muita falta. Agradeço muito o meu cartão, que me encheu de alegria."

(Bilhete de Adélia, 12/05/1970)

"Recebi na véspera do meu aniversário a cartinha tão carinhosa de vocês e adorei! A vida tem sido sempre movimentada e não tenho tido tempo nem para me sentar e escrever para vocês contando nosso dia a dia aqui. No Dia das Mães fiz um almoço aqui e senti demais a sua falta. Recebi para o lanche a turminha que sempre se lembra, vieram as amigas de sempre, o que me deu enorme alegria!"

(Carta da mãe, 16/05/1970)

"Houve um desastre horrível de automóvel na semana passada. Morreram uma moça de 16 anos e dois rapazes, um deles irmão de um seu colega da faculdade. Foi na volta de uma festa no Morumbi, o carro pegou fogo e foi terrível! Tem havido tanto desastre que a gente fica apavorada!"

(Carta da mãe, 17/05/1970)

■ CONCURSO FOTOGRÁFICO

Em maio, participamos do grande evento organizado pela FNAC, que queria produzir uma documentação fotográfica completa sobre Paris. A coleção ia ser preservada pela Bibliothèque Historique de la Ville de Paris (BHVP), a mesma que guarda as fotos de Marville e de Atget. Ao todo, foram cerca de 100 mil fotografias, feitas por mais de 15 mil amadores. A cidade foi dividida em 1.755 quadrados, com 250 metros de cada lado, atribuídos por sorteio aos participantes. Eu e Silvia nos inscrevemos e, num fim de semana, fomos ao lugar sorteado, no 11ème Arrondissement, em torno do metrô Voltaire. Com nossa Pentax Spotmatic, gastamos três rolos de Kodak Plus-X, um filme de boa definição e baixa sensibilidade. O programa foi divertido, mas o resultado decepcionante. Não gostei da nossa produção, nem enviamos o resultado. Aliás, só 2.800 participantes enviaram os trabalhos, a maioria desistiu. O conjunto das fotos, inclusive, foi considerado desinteressante e quase esquecido, porque as imagens "não eram boas, porque foram tiradas por amadores e porque eram muitas para fazer sentido".[71] O concurso, entretanto, entrou para a história da fotografia e, afinal, minhas fotos não eram tão ruins. Quando as ampliei pela primeira vez, vinte e cinco anos depois, viraram uma exposição individual e foram publicadas em um belo catálogo.

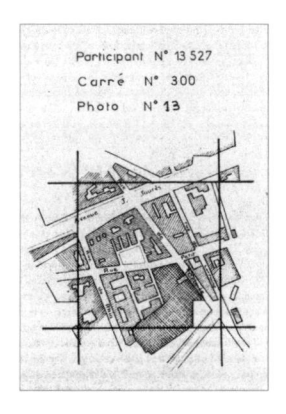

## 1970, JUNHO

"Com dois dias de intervalo, recebi as cartas dos dias 20 e 25 e adorei! Como é bom quando há pouco intervalo entre as cartas e a resposta, pois assim tem-se a impressão de que vocês estão mais perto! Silvia ficou triste de não ter conseguido prorrogação da bolsa dela? O frio por enquanto está camarada, e nunca vi junho mais ameno!

[71] Catherine E. Clark, *Paris and The Cliché of History, The City and Photographs, 1860-1970*, Oxford University Press, 2018.

Tomara que dure! Vocês já farão um ano de casados! Como o tempo passa depressa! Fechando os olhos, revejo os detalhes todos do casamento, a saída de vocês para Paraty, parece impossível já ter passado um ano! Ontem foi uma vibração geral aqui com o jogo do Brasil e Checoslováquia. Pensei muito se vocês também estariam daí assistindo. A imagem aqui foi claríssima! O povo soltou fogos com cada gol e depois houve verdadeiro carnaval nas ruas. Quem anda animado é o Flávio, que está enamorado da filha do professor de xadrez, que tinha pedido a ele para lhe dar aulas de matemática. Ela só tem 15 anos, ele está interessadíssimo e, para enorme surpresa minha, mostra o retrato dela e conta a todos. Nem parece o Flávio, não? Sua irmã está boazinha e estudiosa. Seu pai, dando um duro louco com a empresa e a metalúrgica. Mas não se queixa, só que chega tão cansado que dorme no sofá assim que recosta."

(Carta da mãe, 04/06/1970)

Começou, afinal, a Copa do Mundo. O Brasil derrotou a Checoslováquia por 4 a 1, no dia 3, no estádio Jalisco, em Guadalajara. Assistimos pela televisão no nosso apartamento em Paris. E torcemos pelo Brasil.

"Vamos para a Grécia nas férias. As cerejas estão geniais. Brasil e Checoslováquia, que jogo lindo. A seleção está bem. Domingo joga com a Inglaterra. O curso de doutorado terminou com nota 14 (seria um 7, aí). O resto na mesma paz e sossego; a vida que pedi a Deus, sem ter pedido coisa nenhuma. Não é qualquer um que consegue ficar normal com tanta felicidade caindo sobre a cabeça."

(Carta de Silvia, 05/06/1970)

Derrotamos a Inglaterra por 1 a 0, no dia 7, em Guadalajara. Assistimos pela televisão e, mais uma vez, torcemos muito pelo Brasil.

"Seu tio disse que Mykonos não tem nada, nem praia que preste. Ele acha que não dá para ficar nem quatro dias. Lindos e outras são praias melhores, mas com certeza vocês vão pesquisar bem antes de ir, não é? Que delícia tomar sol e não ter nada para fazer! Vocês bem que merecem estas férias! Vocês viram ontem Brasil e Inglaterra? Que jogo para a gente sofrer, não? Mas valeu! Você não acreditaria se visse o Carnaval que os paulistas, de natureza tão fechados, fizeram! Acho que se o Brasil ganhar essa Copa vai haver três dias de feriado para valer! Imagino o que não houve no Rio, se aqui foi desse jeito! Vocês aí devem ter comemorado também, não? Bem, antes de terminar, quero enviar aos dois o meu beijo carinhoso pelo primeiro aniversário de casamento! E que os outros anos continuem felizes como este, acho que é o melhor que posso desejar."

(Carta da mãe, 08/06/1970)

### ■ UM ANO!

Um ano de casados. Para nós, a data do casamento civil nunca teve um significado especial nem foi festejada. Foi mesmo uma surpresa essa marcação do tempo decorrido. Importava é que tínhamos começado uma vida nova em Paris em 1969. Talvez as expectativas fossem diferentes. Eu tinha decidido completar minha formação jurídica numa faculdade meio antiquada e aproveitar todas as oportunidades para adquirir novos conhecimentos. Para mim, a vida estava perfeita. Já Silvia tinha altos e baixos, ora estava feliz, ora queria mudar tudo. Adorou a experiência de teatro enquanto durou, mas logo se desinteressou. Foi fazer o curso de Ciência Política, mas já estava de olho numa nova faculdade no Brasil, sabe-se lá por quê.

"Em primeiríssimo lugar, nossos parabéns pelo brilho nos exames. Que bom, você deve estar se sentindo realizado, não? E agora, já acabaram os orais do Sciences Po? Deu para passar com aquele tempo de preparação tão diminuto? Você vai chegar tão sábio que vai até assustar a turma daqui. Senti muitíssimo perder a chance de falar com você no telefone, mas este número é uma droga e vive sempre quebrado!"

(Carta da mãe, 08/06/1970)

Fui aprovado nos três cursos preparatórios do doutorado. Com isso, terminado o semestre letivo, eu poderia apresentar uma dissertação ou me submeter a uma prova oral para um júri de vários professores. Escolhi esse caminho, no qual, além de receber um diploma dito superior, que era então um equivalente ao mestrado, eu estaria pronto a me inscrever para o doutorado. Aí poderia, enfim, começar a tese.

"Fiquei radiante com as cartas de vocês. A Silvia, com aquela carta em que exprime tanta felicidade, me comoveu muito. Como é bom ser feliz. Continuem a viver um para o outro e a gozar uma felicidade plena. Culpo-me pelo desencontro, mas as informações que eu obtivera de vocês é que só em julho estariam livres. Mas nós, existencialistas, aceitamos as coisas como elas vêm, apesar de ter prelibado a excursão à Escandinávia com vocês. O que de fato me interessa é a companhia, e vou projetar chegar a Paris lá pelos dias 6 ou 7 de setembro, já encontrando vocês de volta da Grécia. Depois deste *Introibo ad altare Dei* (lembrando Joyce), vamos entrar no acontecimento palpitante em que mais uma vez a Europa curvou-se ante o Brasil. A Inglaterra foi batida pelos subdesenvolvidos malnutridos hurra, hip hip hurra!!!"

(Carta do avô, 08/06/1970)

"O general Onganía renunciou ontem na Argentina, e voltou ao poder a junta que o colocara no governo há quatro anos. *Si cette chanson vous embête, je vais la recommencer* [Se esta canção te aborrece, vou tocar de novo]. Vamos esperar a designação de outro general para a presidência da República dentro de dez dias. Sul-americanos subdesenvolvidos!! Até quando continuará essa bagunça? Voltando ao futebol, eu assisti Brasil e England, mas fiquei tão nervoso que, faltando 15 minutos para acabar o jogo, decidi ir para o quintal e fiquei andando até ouvir o espoucar dos rojões e bombas festejando a vitória do Brasil. Gui está muito contente no novo emprego, onde é muito considerado. Flávio, como você disse, passou do xadrez às damas e tem sido freguês constante do meu carro, que por sinal ficou com ele ontem."

(Carta do avô, 09/06/1970)

"Frustradas de novo as tentativas de falar com vocês. Liguei às 19h30 daqui e não responderam. Pedi para chamar outra vez às 20h30, e o telefone, para variar, enguiçou e não conseguimos nada. Hoje estou ainda mais saudosa e pensando tanto em vocês! Ganhamos hoje mais um jogo, o Carnaval na rua continua e adorei ver a Inglaterra sair.

Flávio quer saber se você apostou no Brasil como pretendia. As notícias sobre Hector, o costureiro famoso, são de que faliu em Paris e agora está em Nova York, mas até o nome Hector das etiquetas já vendeu. Coitado, não? Vi isto num artigo enorme com fotografias e tudo na revista *Fatos e Fotos*. Vou tentar ligar para vocês dia 27, entre 14 e 16 horas, horário de Paris. Vamos ver se vocês estarão aí, e matamos a saudade. Até sábado 27, a não ser que meu telefone não permita de novo."

(Carta da mãe, 14/06/1970)

Pelo visto, dia 27 era nosso aniversário de casamento.

## ▣ A SELEÇÃO VISTA DE PARIS

No dia 10, o Brasil ganhou da Romênia por 3 a 2. No dia 14, derrotou o Peru por 4 a 2, já nas quartas de final. Depois, no dia 17, derrotou o Uruguai por 1 a 0 na semifinal. Por fim, no dia 21 de junho, o Brasil sagrou-se campeão do mundo ao derrotar a Itália, por 4 a 1, no estádio Azteca, na Cidade do México.

Os brasileiros de Paris, no início, não queriam torcer pela seleção brasileira diante do uso político que o governo militar estava fazendo do torneio. O ufanismo cantado em verso e prosa deixou em segundo plano os abusos da ditadura, e o presidente Médici se aproximou dos campeões em busca de popularidade. Por todo lado se ouvia a música de Miguel Gustavo:

> Noventa milhões em ação,
> Pra frente, Brasil
> Do meu coração!

Todos juntos, vamos
Pra frente, Brasil,
Salve a Seleção!

De repente é aquela corrente pra frente,
Parece que todo o Brasil deu a mão.
Todos ligados na mesma emoção,
Tudo é um só coração!

Era o Brasil do "Ame-o ou deixe-o". Muitos exilados
se prepararam para torcer contra nosso time, temendo o
fortalecimento do governo militar. Foi só começarem os
jogos, entretanto, para todos gritarem gol e fazerem festa
a cada vitória dos nossos.

"Não posso deixar de escrever neste grande dia marcado pela nossa vitória! O povo está delirando nas ruas, e custa crer que seja o mesmo paulista pacato e sisudo de todos os dias! Nunca vi Carnaval igual, e a nossa esquina está uma confusão de bandeiras, buzinas e batuques que dá gosto ver. Afinal, a taça Jules Rimet é nossa! E que pena sinto de vocês não estarem aqui, vibrando conosco! Mas tenho certeza de que vocês também devem ter escutado o jogo tão espetacular de hoje!"

(Carta da mãe, 27/06/1970)

"A calma voltou a São Paulo. A vitória do Brasil tornou loucos os paulistanos, e as ruas se encheram. Fizeram um verdadeiro carnaval, não havia um automóvel que não estendesse ao menos uma bandeira brasileira, em geral várias. A afirmação do Brasil perante o mundo, vencendo todos os adversários que com ele competiram, e o fato de todos assistirem pela televisão os jogos e sofrerem as mesmas emoções, resultou na demonstração mais viva e mais emocionante da unidade nacional. Brasil! Brasil! Brasil! Era o grito uníssono da população de São Paulo em todas as ruas. Foi um espetáculo inesquecível e emocionante. Toda a população confraternizava, pulava e dançava movida de justificável zelo patriótico. Uma verdadeira apoteose! Uma unanimidade semelhante eu só vi em 1932. É interessante notar que, durante mais de seis meses, o rádio e a televisão picharam os jogadores da seleção. O Zagallo foi combatido de maneira impiedosa e desleal, mesmo depois da conquista da Jules Rimet. O mínimo que disseram foi que o Brasil ganhou o caneco apesar do Zagallo. O Walter Silva (Pica-Pau) disse vários dias no rádio: o Zagallo é uma besta. Por aí vocês terão uma ideia de como a imprensa ajudou a seleção. O Bretas afirmou durante meses que a seleção não passaria das oitavas de final. Hoje todos afirmam que foi a melhor seleção de todos os tempos."

(Carta do avô, 26/06/1970)

"Jairzinho foi a Lisboa receber um prêmio de 20 mil dólares por ser considerado pela imprensa portuguesa o melhor jogador da Copa do Mundo. Falei agora com sua mãe e o oculista disse que Flávio está com a córnea irritada e não devia viajar para o Recife, mas ele acabou resolvendo ir, por insistência da Federação de Xadrez. Os americanos retiraram-se do Camboja e o Nixon afirmou que a invasão foi muito proveitosa para os Estados Unidos. Espero que vocês tenham férias magníficas na Grécia."

(Carta do avô, 29/06/1970)

## 1970, JULHO

"Acho que a greve dos correios aí atrapalhou a nossa correspondência, pois a última carta que recebi foi a do dia 19 e até agora mais nada. Mandei para vocês o livro *Brasil: de Getúlio a Castello (1930-1964).*[72] Dentro, logo na primeira página, a sua carteira de motorista. Flávio foi disputar a classificação para o Campeonato Brasileiro em Recife. Ele estava com uma inflamação na córnea, e o oftalmologista não queria que ele viajasse, mas ele acabou indo. Está adorando o Recife. Continuamos aqui preocupados com os problemas da empresa de seu pai, cada vez mais graves, e a gente sem saber que solução dar! Talvez ainda dê para

---

[72] Thomas E. Skidmore, Saga, 1969.

tirar alguns dias em Campos e é bem provável que seja a última temporada na nossa casa, que tem que ser vendida também. Seu pai não queria de modo algum, mas agora não tem outro jeito. Desculpem esta carta tão cheia de problemas, mas acho uma besteira esse negócio de ficar escondendo as coisas. Que as férias de vocês corram bem e que aproveitem o descanso e o sol!"

(Carta da mãe, 05/07/1970)

"Seu pai pensa na possibilidade de uma concordata. Você está fazendo uma falta louca, pois poderia conversar um pouco com ele, com seu ponto de vista objetivo e de quem conhece bem o temperamento dele. Continuo rezando e esperando. Gostei de ver os seus certificados de estudos e o possível roteiro. Mando também dois recortes da *Folha* de hoje que achei gozados, para você não se esquecer da maneira de encarar os fatos à brasileira. Flávio não deu mais notícias e não sei se melhorou e como vai indo na classificação. Admirem por mim também a velha Grécia, que deve ser fascinante."

(Carta da mãe, 08/07/1970)

"Estamos desde o dia 17 em Campos. Recebi três cartas da Grécia e adorei! Que passeio maravilhoso vocês estão fazendo! Fiquei contente de ver o quanto vocês estão apreciando tudo, inclusive a comida. Campos está muito cheio e chique, inclusive o governador veio para dar início ao Festival de Música que começou sexta no palácio, que foi redecorado. Magdalena Tagliaferro deu o concerto inaugural. Fomos assistir um trio de cravo, flauta e violoncelo tocando música antiga barroca. Além disso, há a hípica, e estão fazendo um teleférico no morro do Elefante, que já tem um restaurante em cima. A animação aqui em casa está grande. Pusemos a casa à venda e acho que esta temporada será a despedida. Já sonhei duas noites com vocês e acordei sentindo a impressão de termos estado juntos mesmo, foi tão bom! Aqui tem feito um frio louco, e no dia em que chegamos dizem que fez 5º negativos! A lareira tem funcionado para valer! Seu pai foi ao Paraguai esta semana, mas já está aqui e gostou bastante. Foi para ver se entrava numa concorrência, mas o prazo já estava findo."

(Carta da mãe, 25/07/1970)

## ■ FÉRIAS NA GRÉCIA

O *Guia Michelin*, as mochilas e os sacos de dormir eram nossa única bagagem ao desembarcarmos no aeroporto de Atenas. Conhecemos, por sorte, um jovem casal francês no avião que tinha reservado hotel. Fomos até lá com eles, mas não havia quartos livres; estava lotado, coisas do verão. O casal foi gentil e nos deixou dormir no tapete do quarto, em nossos sacos de dormir. Só tinham reserva para uma noite e, assim, no dia seguinte, dormimos todos no teto do hotel. Sim, havia tanta gente que colocavam várias camas na laje superior, com uma diária bem menor. Em Atenas é raro chover, mas, por outro lado, o sol nasce cedo, e depois das 6 horas da manhã o calor é insuportável, é preciso sair correndo. Tudo foi improvisado, mas deu certo. As fotos nos mostram ora na imponente Acrópole, ora no porto do Pireu, tomando um copo de vinho resinado e apreciando o movimento dos barcos. À noite o programa era subir a ladeira e jantar em Plaka, o bairro boêmio. Em todo lugar podíamos comer azeitonas e queijo, além de iogurte de cabra. Nas ruas havia ambulantes vendendo *karpoúzi*, ou melancias, cujos pedaços aplacavam a sede e o calor. Gostei tanto do arroz regado a óleo meio queimado que acabei tendo uma intoxicação, ainda bem que de curta duração. Tentei comprar um remédio para o fígado numa farmácia, mas a comunicação foi impossível, apesar de eu apontar para a barriga e tentar uma polifonia – *foie, liver, hepatos* ["fígado" em francês, inglês e grego]. Parecia que estava falando grego, ou melhor, uma língua de outro mundo.

A Grécia vivia uma ditadura cruel, mas isso não transparecia nas ruas. Quando um ateniense nos identificou como brasileiros, nos saudou com um efusivo "Brasil, café, Pelé". Fomos a Corinto e ao Peloponeso, onde vimos e fotografamos dezenas de templos. "Quase todas as cidades gregas são compostas por dois elementos que a configuração do terreno distingue desde logo: cidade alta e cidade baixa – esta última dedicada à habitação e às atividades de moradia e comércio; aquela, a acrópole, reservada à defesa e aos deuses protetores da cidade."[73]

[73] Bernard Holtzmann, verbete "Acrópole de Atenas", *Enciclopédia Universalis*.

A parte mais bonita são as ilhas, e é fácil acessá-las pegando um barco no porto. Na travessia mais longa, dormimos no convés do navio, como dezenas de jovens. Um brasileiro, se achando mais esperto, foi dormir no convés de baixo, onde não havia ninguém. A surpresa foi que acordou boiando, pois aquele era o convés dos peixes, e o gelo que derretia durante a noite se infiltrou em seu saco de dormir, que carregou o cheiro de fim de feira por vários dias. A beleza de Mykonos, com seus pelicanos e moinhos de vento, é decantada; a de Santorini, também. Uma das praias mais bonitas é a de Lindos, em Rhodes. A temperatura varia muito devido ao clima desértico. Às 7 horas da manhã, tive que alugar um guarda-sol, e a areia já queimava. Por volta do meio-dia não se encontra ninguém nas ruas, pois pode fazer 38 graus. Chegamos a dormir mais de uma noite em praias, sendo necessário usar suéter dentro do saco de dormir, pois à noite fazia muito frio. Quando chegamos a Creta, a ilha do rei Minos, foi difícil conseguir informações, pois ninguém entendia inglês ou francês. Algumas crianças aprendiam inglês na escola e nos ajudaram. Precisamos aprender a dizer *krýo gála* e *zestó gála*, *krýo neró* e *zestó neró*, *bánio*, *efcharistó* e *parakaló*, palavras indispensáveis à sobrevivência.[74]

Nossa viagem durou um mês. Dormíamos em pousadas e gastamos cerca de 100 dólares; não podia ter sido mais feliz e mais em conta. Quando voltamos das férias, o casal francês nos convidou para jantar no apartamento deles, na periferia sul de Paris. Fizeram uma *fondue* de carne e continuavam gentis, mas tinham voltado à vida normal, não eram mais aqueles aventureiros que comiam ouriço cru

---

[74]   Leite frio e leite quente; água fria e água quente; banheiro; obrigado; por favor.

catado no mar e faziam amor na praia, vendo as estrelas de dentro do saco de dormir. Nunca mais os encontramos.

"Espero que vocês tenham passado férias maravilhosas na Grécia. Sua mãe me disse que vocês pegaram muito sol e calor e que já estavam torrados. Que bom, depois de um inverno, um banho de sol à la Copacabana. O acontecimento sensacional da semana passada foi a execução de onze marginais pelo Esquadrão da Morte, como vingança pela morte de um investigador num tiroteio em que um menino também foi morto. O corregedor do Tribunal de Justiça protestou com veemência contra o fato de o presidente Médici ter mandado abrir um inquérito pela Polícia Federal para apurar quais os responsáveis. Esses fatos não são de molde a melhorar a imagem do Brasil no exterior. Li na *Time* que o estado de Massachusetts recorreu à Suprema Corte para que fosse feita a imediata retirada das forças americanas do Vietnã por não haver declaração de guerra. Não creio que a Corte decida a favor, mas não deixa de ser um protesto contra o governo de Nixon e, no meu modo de ver, o argumento é válido."

(Carta do avô, 27/07/1970)

## 1970, AGOSTO

"Já estamos há uma semana em São Paulo e talvez hoje responda à última carta, do dia 27 de julho, escrita em Mykonos. Recebemos todos os cartões, que achei belíssimos! Dão uma ideia do que deve ser isso aí, todas as ilhas bem características e diferentes umas das outras. O cartão de Delfos e dos moinhos me encantou também. Fiquei só pensando em quão atléticos vocês se tornaram quando vi a subida até Santorini, imaginei-os transportando mochilas, ainda por cima! Que tal a volta à casa? Garanto que deve ter sido uma sensação muito agradável depois de tantas andanças! Você não falou mais no curso em Urbino, desistiu, ou vocês irão mesmo? Papai está firme em sair daqui no final deste mês ou princípio de setembro. O fato de vocês não receberem as nossas cartas todo esse tempo desencoraja um pouco, perde-se o fio do diálogo. As coisas por aqui continuam em compasso de reza e espera. Nada decidido, seu pai trabalhando feito um louco e tentando acertar as coisas. Flávio está bem, não teve mais nada na vista, graças a Deus. Hoje tivemos almoço de Dia dos Pais; como sempre, senti muita falta dos filhos distantes."

(Carta da mãe, 09/08/1970)

"Gostei muito dos retratos de vocês. Numa das cartas da Grécia, veio um papel que parecia dinheiro ou entrada de teatro, mas você não mandou dizer o que era. Você não falou mais em Urbino. Desistiram? Papai está arrumando os papéis, mas não fala na viagem, que já está tão perto! Acho que fica nervoso em pensar em sair. Tem vindo muito pouco aqui, agora por medo da gripe, mas sai cada vez menos. Nós continuamos do mesmo jeito. Está quase fazendo um ano que você embarcou!"

(Carta da mãe, 15/08/1970)

Assistimos a uma peça em Epidauro, na Grécia, no famoso teatro ao ar livre, um dos maiores de seu tempo, com uma acústica até hoje considerada perfeita. Não tínhamos como entender o texto falado em grego, mas foi uma emoção muito grande participar de um espetáculo equivalente aos que ali ocorriam havia tantos séculos.

O papel enviado, com texto em grego, devia ser uma entrada desse teatro.

"Mais uma vez retorno à pena, humilhado pelo longo intervalo de inatividade epistolar. Qual é a desculpa? Creio que não encontro nenhuma razoável. Agora, só mesmo o gênio de Bilac me ajudaria: 'Ah! Quem há de exprimir, alma impotente e escrava, o que a boca não diz, o que a mão não escreve'? Bom, deixemos isso para lá. Queria, inicialmente, caro irmão, cumprimentá-lo pelo brilhante desempenho nos cursos, embora deva dizer que na verdade não me surpreendeu. Isso se deve, claro, a uma tomada de posição apriorística, levando-se em consideração as qualidades do indivíduo em questão. Eu gostaria de responder em minúcias àquela sua carta, mas embora eu lutasse por sua posse, foi em vão. O velho general Osório (o avô) fez sérias investidas e, por fim, declarou que fazia questão de guardá-la. Ele, como todos aqui, achou a carta magnífica. Na minha opinião foi a melhor carta sua que já li. Nela encontrei o jogo de ideias sobre as coisas que sucedem aí. É isso que acho importante: não uma mera descrição das coisas, mas sobretudo a série de ideias desenvolvidas a partir delas. Pois nessas elucubrações é que o indivíduo aparece, quando, então, pode se estabelecer um diálogo aberto onde os interlocutores muito têm a receber. Passemos às notícias. Como vocês souberam, em julho estive em Recife disputando o Campeonato Brasileiro de Xadrez. Recife, a meu ver, é uma cidade bem brasileira: enormes contrastes num país da mesma espécie. De um lado, um número incontável de igrejas, de outro, número equivalente de terreiros de macumba; de um lado, uma arquitetura suntuosa (clubes, colégios) deixando patente um descabido esbanjamento e, do outro, os famigerados aglomerados sub-humanos, as favelas. Aliás, é impressionante o número de mendigos na cidade, de todo lado, com seus incessantes pedidos. Um fato interessante (embora um paraibano tenha me dito que 'interessante é muié prenha') é o tratamento que eles recebem dos pernambucanos em geral. Por exemplo, uma senhora me disse certa vez que nos dias de sábado, quando ela fica, à tarde, sentada no quintal de sua casa, tem de se levantar umas cinco vezes para dar esmola. Em outra ocasião, no táxi com doutor Sílvio, ocorreu o seguinte: ao pagar, ele fez questão de receber uns 15 centavos de troco, alegando que estava sem dinheiro trocado para dar esmolas! Eu fiquei pensando na diferença entre o tratamento que os mendigos recebem lá e em São Paulo. Isto se deve, talvez, ao conhecimento que eles têm das reais condições do seu povo. Fiquei meio decepcionado com Recife. Nas redondezas do hotel (que é no centro), após as 22 horas, as ruas estavam desertas. As belezas naturais, porém, logo nos atraem. No centro, uma quantidade enorme de áreas verdes se espalha por toda parte; somado a isso, o porte majestoso dos rios Capibaribe e Beberibe, que logo adiante se unem para formar o Atlântico. Mas, falando sério, Recife tem aspectos lindos e muito agradáveis. As praias, a temperatura não quente demais, a brisa marítima regular, a paisagem dos coqueiros e a água de coco gelada formam o contexto super acolhedor. Quanto aos pernambucanos (ainda mais as pernambucanas), são formidáveis. A acolhida do pessoal de lá foi de embasbacar. O vexame foram as comidas. Tendo você como exemplo, essa gentil família esperava encontrar o TROGLODITA II. Chegaram a me levar a uma festa para provar sarapatel. Conseguiram. Provei uma garfada e tive de me conter para não deixar transparecer o meu estado nauseado. Além disso, tive de provar vários outros pratos (que você achava ótimos) e, como de costume, os achei, A TODOS, horríveis. Consegui, por outro lado, a maior realização da minha vida! Imaginem, fui confundido pela massa ignara com ninguém menos que Roberto Carlos (os cabelos estavam enormes, eu estava sempre de óculos escuros, por causa da conjuntivite). A maior parte do tempo, eu estava também com uma venda no olho esquerdo. Acontece que ele estava hospedado no mesmo hotel que eu e, quando apareci na varanda do sexto andar, a multidão começou a apontar e falar olha lá, olha lá, Robéérto. Muitos enxadristas viram a cena e fiquei conhecido como Roberto (como vocês veem, foi uma realização total. Hahaha, que MERDA). Quanto ao torneio, embora minha classificação não fosse má, perdi essa rodada para o atual vice-campeão do Brasil. Creio que joguei muito abaixo das minhas possibilidades. É preciso que a gente todo dia se sente à mesa com vontade não apenas de ganhar a partida, mas de realizar a obra-prima da carreira. Isso não acontecia comigo, somado a isso, o problema da vista. Muitos companheiros me recomendaram que abandonasse o torneio. Como você, caro irmão, eu ainda não pretendo trocar o xadrez pelas damas, embora nada mais saudável que a prática conjunta de duas modalidades. Acho que fiquei meio bobo há três meses, fiquei meio apaixonado. O romance prossegue legal, mas naquela época eu cheguei até a escrever sonetos. Por aqui, tudo continua mais ou menos da mesma maneira, como vocês devem saber. A luta pelo dinheiro contra aquela estrutura burocrática piolhenta do governo prossegue. São inacreditáveis os assaltos organizados que foram feitos impunemente. Bom, deixa isso para lá. Ainda restam as esperanças de um porvir que restabelecerá a ordem anterior do ofício. Por falar em dinheiro, na semana que vem vou ganhar na loteria esportiva. Espero que poucos acertem comigo. Isso é a mania agora. Imagine que todo mundo pensa, toda semana, que vai ganhar. Finalizando, quero deixar claro duas coisas: 1) que a inatividade epistolar foi fruto exclusivo da malfadada preguiça e não da falta de saudades. E assim pretendo me remediar (influência das horas perdidas em confessionários); 2) que a estadia de vocês prossiga com a mesma felicidade e brilho que tem tido. Assim, aqueles abraços saudosos."

(Cartas de Flávio, 17 e 25/08/1970)

"Embarcarei hoje para Estocolmo, de Campinas (Viracopos), às 22 horas. Só ontem à tarde consegui liquidar os papéis e a vacina, e já estava arrependido da viagem. A velhice tomou conta de mim. Essa viagem só faço para me encontrar com vocês, e agora sei que vocês só chegam a Paris pelo dia 10, quando terei uns dias preciosos na companhia de vocês. Voltem o mais breve possível. Eu chegarei a Paris no dia 4 de setembro, mas Paris sem vocês vai ser uma desilusão, só comparável a Paraty. O que eu quero mesmo é ouvir vocês falarem e saber dos sucessos aí. Quem aproveita com a minha viagem é o Flávio, que depois da namorada firme tem precisado do meu carro todos os dias. Mas, na minha ausência, o carro ficará só para ele, estou certo de que o apreciará muito. A temperatura caiu de repente, estou morto de frio, deve ser circulação deficiente. Já estou com medo de que faça muito frio na Europa. Os negócios de seu pai parece que continuam ruins, você conhece o estilo dele, apesar dos problemas, seu pai não fala. Coitado, trabalhar tanto e de repente ter tudo encrencado. Só em Paris poderei contar tudo que penso. Ficarei esperando ansioso a chegada de vocês a Paris, não demorem."

(Carta do avô, 26/08/1970)

## ▪ VIAGEM A URBINO

A última semana de agosto e a primeira de setembro foram dedicadas à estadia em Urbino, na Itália. Devo ter visto o anúncio na faculdade de Direito, ou no Instituto de Direito Comparado. A primeira semana foi de lazer, conhecemos a cidade medieval e nos acostumamos com a língua e os costumes locais. O curso era em italiano, não era difícil e abordava o então incipiente Direito europeu. Ao fim, um exame oral garantia um certificado. Solicitei e consegui uma bolsa, assim as despesas foram pequenas. Fizemos bons amigos nesse curso. Havia um professor francês mais velho, entusiasta da associação dos amigos da universidade italiana de Paris. Posso me enganar, mas acho que Dominique e Claudine, minhas colegas da pós em Paris, faziam parte do grupo. Para nós, brasileiros, estar numa cidade que sobreviveu desde a Idade Média, com seus muros, seu palácio ducal e a casa de Raffaello é uma emoção muito grande. Parece um conto de fadas.

A chegada não foi fácil. Peguei um mapa e vi que Urbino ficava a apenas cem quilômetros de Florença. Dito e feito, pegamos um trem de Paris a Florença e, ao chegar de manhã, fomos procurar o ônibus para Urbino. Na minha ignorância geográfica, não tinha percebido que, no meio do caminho, havia a cordilheira dos Apeninos. No fim havia um ônibus, uma espécie de jardineira que, uma vez por dia, fazia a viagem que durava umas quatro horas, andando por estreitos caminhos sobre despenhadeiros assustadores. Mas chegamos a Urbino. E, na volta, achamos um caminho mais inteligente. Com isto, e querendo encontrar o avô que já nos esperava em Paris, deixamos de visitar Florença.

COURS D'ÉTÉ ORGANISÉS PAR LA FACULTÉ DE DROIT ET LE CENTRE D'ÉTUDES JURIDIQUES COMPARATIVES DE L'UNIVERSITÉ D'URBINO

Ces cours (2) ont pour but de permettre à des étudiants et à des praticiens de s'informer aisément, à l'occasion des grandes vacances, sur les institutions juridiques de l'Italie et sur l'esprit dans lequel elles doivent être comprises.

Cette information constitue de plus une excellente introduction à des études plus approfondies en vue d'obtenir le doctorat en droit italien. Les juristes français titulaires de la licence en droit sont, en effet, admis à s'inscrire en quatrième et dernière année de « laurea » (doctorat).

Les cours sont assurés en italien ou en français. Ils sont suivis d'une traduction ou d'un résumé dans la langue autre que celle que le professeur a employée. Ils auront lieu cette année du 19 au 31 août 1968.

Les auditeurs régulièrement inscrits peuvent prolonger leur séjour à Urbino pendant deux autres semaines pour participer à des exercices de recherche et de documentation.

Tous renseignements concernant le programme des cours et l'octroi de bourses peuvent être demandés au Secrétariat de la Faculté de droit, Via Saffi I, Urbino, ou à l'Association des amis de l'Université italienne, 26, rue Bayard, Paris (8ᵉ).

"Escrevi ontem uma longa carta, que enviei à posta-restante de Urbino. Espero que vocês a tenham recebido, mas as saudades são tantas que não resisto e mando mais umas linhas. Esqueci de falar em como nós aqui também achamos formidável você ter conseguido fazer esses dois cursos tão puxados e sair-se tão bem, ainda por cima. Falei diversas vezes com Flávio: se acha que errou indo para engenharia, porque não recomeça tudo, desde o vestibular? Mas ele não quer nem pensar nisso. Gosto de ver o entusiasmo com que você estuda e como acertou com seu curso. Gui também está satisfeitíssimo, mas Flávio acho muito mais parecido com você, não creio que tenha acertado. Gosta muito de literatura e deu para escrever poesias, talvez não seja o cientista que a gente imaginava. Gostaria de mandar muito mais coisas para vocês, mas só posso mandar mesmo é toda nossa saudade e um milhão de beijos da mamãe."

(Carta da mãe, 26/08/1970)

## 1970, SETEMBRO

Setembro começou bem, mas terminou mal. Muito mal.

"Recebi ontem a sua ótima carta, entusiasmado com Urbino e o curso. Achei uma beleza o cartão, e a cidade deve ser encantadora! A esta altura, vocês já devem ter tido o prazer de estar com seu avô, imagino só o quanto conversaram. Antes de ontem, sonhei que vocês dois estavam chegando e dei uns abraços tão gostosos em vocês, que acordei com mais saudade ainda. Vendo vocês, pensei: até que o ano passou depressa. Acho que o meu subconsciente está preocupado com as mudanças. Como vai o clima por aí? Aqui estamos numa onda de frio danada, com umidade terrível! Não sei se estou cada dia mais friorenta, mas acho que aqui já devíamos ter aquecimento nas casas, pois fico o dia todo encolhida e isso acaba cansando e irritando."

(Carta da mãe, 02/09/1970)

"Como até agora não recebi resposta das cartas que escrevi para Urbino, escrevo este bilhete para lhes dar o meu endereço. Estou no Grand Hotel Dacia, 41, Boulevard Saint-Michel. Faço votos para que vocês cheguem no dia 10. Será? Sábado foram sequestrados quatro aviões de passageiros. Que exagero! A vacina já não dói. Mais dois dias e estaremos juntos. Garanto que o velhinho reviverá."

(Cartão do avô, 08/09/1970)

"Querida Silvia. Adorei receber sua carta de Urbino, tão cheia de boas notícias! Até hoje não soube como descobriram esse curso, que não é nada conhecido por aqui, e revelou-se uma oportunidade tão boa para vocês! Soube agora há pouco da bolsa conseguida e isso veio ainda completar a alegria de vocês, não? Aqui também ficamos satisfeitos! Soube também que vocês receberam a minha carta na posta-restante e com isso desistiram da viagem a Florença, o que foi pena, mas fico mais sossegada pois sempre me preocupo um pouco com papai aí sozinho. Até hoje ninguém recebeu uma linha dele, e supomos que esteja bem. Já embarcou há quinze dias e não achou nem um minutinho para a família? Em todo caso não cortei relações com ele ainda e peço que lhe diga que afinal o São Paulo é campeão! Depois de treze anos, você calcula a emoção! Foi pena ele não estar aqui. Gostei muito de seus planos de estudos, mas acho que você deveria fazer um curso de aplicação mais prática. Acho a ciência política muito interessante como cultura geral, mas nada prático e, por força das circunstâncias atuais, acho importantíssimo ter uma profissão certa. Eu, no seu caso, já falando italiano e bastante francês, me aprofundaria nessas matérias, fazendo um curso de intérprete, ou um especializado para ensinar crianças ou adultos. Talvez o que eu digo seja porque ando me sentindo muito insegura, precisaria trabalhar e ajudar seu sogro, mas me acho tão pouco preparada! Sei um pouquinho de muita coisa, mas não sei o suficiente de nada para poder produzir. E é uma sensação bem triste a gente ver que poderia ter aproveitado melhor o tempo. Estivemos neste fim de semana em Campos, foi o fim de semana de despedida. Senti mais do que supunha desmanchar o que foi montado com tanto entusiasmo e carinho! Enfim, coisas da vida!"

(Carta da mãe, 10/09/1970)

"Só ontem recebi a carta tão aguardada, contando da chegada de papai. Achei que as notícias estavam demorando, mas pela carta soube da razão. Acho que o correio da Suécia é mais demorado e a carta que ele me enviou para a casa dele ficou lá vários dias sem que me avisassem. Gostei muito das notícias e de vê-lo animado. Ele já começou a descobrir fatos incríveis no jornal, não? Vocês não o acharam bem-disposto? Estou sentada aqui junto à janela do meu quarto, aproveitando um sol delicioso, pois o frio continua e temos tido muita chuva também. A vidinha aqui vai indo na mesma. Flávio está ficando cada dia com os gostos mais parecidos com os seus, vive ouvindo música e, agora que ganhou um gravador, ligou no quarto vitrola, rádio e os outros alto-falantes, está sempre se divertindo com isso. Anda muito fechado outra vez e quase não conversa conosco, mas com certeza é com a namorada que se comunica. O resto da família todos bem."

(Carta da mãe, 17/09/1970)

"Em primeiro lugar, quero agradecer a vocês todo o carinho que tiveram com papai, que voltou encantado com a estadia. Papai chegou com mais de duas horas de atraso, pois Congonhas estava sem visibilidade. Estava bastante cansado com o atraso e as filas para passaporte e alfândega, e ainda carregado com maleta de mão, sobretudo etc. Mas, depois de chegar em casa, tomou uma chuveirada e vestiu as calças novas e os sapatos do deserto (que grande vitória você conseguiu de fazê-lo comprar). Estava feliz da vida! Engraçado é que ele gosta das coisas, mas para se decidir a comprar é uma dificuldade! Gostei de saber mais detalhes do curso de Silvia e acho que deve ser mesmo excelente do ponto de vista de francês etc. Desejo a ela sucesso no dia 30! Você já fez o doutoramento ou este depende da tese? Também adorei falar ao telefone com você, mas, com tanto assunto, o tal de termos ainda um minuto deixa a gente inibida. Você não tocou na venda da casa de Campos e estranhei. Não ficou com pena? Vocês sabem que estão elegantíssimos? Papai deve ter estranhado o meu modesto lanche, sem as geleias e os queijos formidáveis a que se habituou aí. Tem falado tanto nisso! Acho que cada vez que tomar lanche vai se lembrar dos bons momentos passados com vocês. Bem, queridos, estou com muito sono, mas contente de ter visto a família reunida, coisa rara hoje em dia. Faltaram vocês ao vivo, mas estavam sempre nos nossos corações e nos nossos pensamentos."

(Carta da mãe, 27/09/1970)

"Já estava até me deitando quando me lembrei que não comentei o efeito da sua carta para o Flávio. Ele veio me dar para que eu a lesse e disse que ficou até vermelho! Ficou contentíssimo e é ótimo ele se sentir tão ligado e tão compreendido por você. Estou certa de que às vezes esqueço de que a tecla certa para conseguir alguma coisa com ele é pelo estímulo e nunca reprovando. Sua carta ajudou a me lembrar que ele sempre foi assim desde pequeno, lembra?"

(Carta da mãe, 27/09/1970)

"Foi uma viagem ótima até o Rio. Ficamos durante umas três horas esperando que abrissem Congonhas. Aí é que eu fiquei cansado. Cheguei a São Paulo e estava a família em peso. Custei muito a chegar ao guichê para verificação de passaporte, visto de entrada e polícia. As crianças já estavam cansadas depois de mais de três horas no aeroporto. Todos os presentes foram apreciadíssimos e hoje almocei com sua mãe e sua irmã. Domingo de manhã fui ao clube. Mais tarde passei pela casa de sua mãe e tomei um chá. Depois houve uma sessão de parapsicologia e eu sempre encostado no paredão e recebendo a fuzilaria de todos os outros. Sua avó mandou agradecer a você pelos livros. A cada minuto eu me lembrei de vocês e do carinho e da paciência que tiveram comigo. *Merci madame, merci monsieur, trois fois merci* [Obrigado senhora, obrigado senhor, três vezes obrigado]."

(Carta do avô, 28/09/1970)

"Caro Flávio. Gostamos muito da sua carta trazida pelo avô, por vários motivos. O primeiro deles é que a única desculpa que nós aceitamos para um 'longo período de inatividade epistolar' é uma boa carta, e assim você não precisa procurar outra. O segundo motivo é a carta mesmo, cheia das suas notícias e de comentários interessantes. O terceiro, porém, mais importante, é que através das suas cartas podemos verificar o fenômeno que parece paradoxal da aproximação à distância. Depois da curiosa transformação que se passou com você há uns quatro meses, embora você diga que ficou meio bobo, eu acho que o que se passou é que você desceu do cavalo e passou a andar no chão, no mesmo chão que nós outros mortais, aquele de onde se pode sentir de mais perto o perfume das flores, embora se tenha que prestar atenção para desviar do cocô do cavalo. Você procurava amordaçar sua sensibilidade aguçada com a sua não menos aguda inteligência, mas ela viria à tona e criaria um conflito aparente entre essas duas virtudes, a caminho do equilíbrio da verdadeira maturidade, em que as duas se complementam a tal ponto que é difícil separar uma da outra. Com isto, sua companhia, de já tão decantadas qualidades, deve ter se tornado ainda mais agradável, e eu espero logo estar aí de volta para aproveitar da mesma, já que parece que uma eventual vinda sua está muito difícil. Apesar disto, algumas missivas dão parte de que você ainda seja um sujeito fechado e de comunicação difícil. Acho que esta visão, ou comportamento em relação a certas pessoas, se é real, também deve mudar em algum tempo, uma vez que a nova sensibilidade liberada te convencerá de como são de molde a melhorar a vida os caminhos por vezes difíceis da comunicação. Talvez isso explique uma série de conflitos que você se esforce para guardar no seu domínio reservado, como o problema profissional, por exemplo. Eu estou tão satisfeito com a minha profissão e com meu campo de estudos que todo eventual sucesso se explica por este entusiasmo. Ontem nós fomos jantar com meu amigo Henri, também satisfeito e integrado no seu papel de arquiteto, conquistado a duras penas, pois ele só descobriu que não tinha vocação para engenharia no terceiro ano e foi fazer cursinho para arquitetura. A coerência consigo mesmo é uma carga difícil e que por vezes impõe sacrifícios, mas é o único caminho para uma eventual felicidade, não em termos metafísicos, mas essa felicidade honesta de cada dia. Enfim, só espero que você resolva os seus problemas com a faculdade e a engenharia da melhor maneira possível, pois seria muito chato ver você, com toda carga de qualidade que lhe é peculiar, não atingir uma produção ótima no seu campo escolhido, uma realização importante no trabalho que vai ocupar um terço do tempo que você vai gastar sobre esta terra. Escreva quando puder e vamos prosseguir nesta saudável troca de ideias, se é que você não acha impertinentes estes comentários movidos pela amizade que eu sempre reconheci existir entre nós. Lembranças à namorada, de quem sou admirador por tabela, e para você um abração saudoso."

(24/09/1970)

## ▪ A VISITA INESPERADA DA MORTE

Que notícia terrível. Flávio morreu. Que triste 30 de setembro de 1970.

*Terceira parte*

# PERDAS E MAIS PERDAS

## ▪ A MORTE CHEGOU PELO TELEFONE

O telefone ficava sobre uma mesinha de canto, bem em frente à porta de entrada, e quase nunca tocava. Era um daqueles aparelhos grandes que se veem nos filmes franceses antigos. Além do gancho apoiado no corpo, acima do disco, como todos os congêneres da época, tinha um fone extra encaixado na parte de trás que permitia que uma segunda pessoa ouvisse a conversa.

Tudo parecia normal naquela noite de 30 de setembro, quando o telefone tocou. Uma ligação tardia não costuma ser bom sinal, mas não podíamos esperar nada pior. Do outro lado do fio e do oceano, as vozes angustiadas de meus pais transmitiram a notícia. Fiquei tão aturdido que, quando passaram o telefone a meu irmão, no Brasil, comecei o diálogo com o automático: Tudo bem? Não, não está tudo bem, foi a resposta.

A morte chegou pelo telefone em emoções metálicas. Foi assim que me veio a frase de Vinicius de Moraes, que na verdade é "A morte chegou pelo interurbano em longas espirais metálicas".[75]

---

[75] Vinicius de Moraes, "Elegia na morte de Clodoaldo Pereira da Silva Moraes, poeta e cidadão", *Antologia poética*, José Olympio, 1974.

Custei a entender o que estava acontecendo. A emoção veio no dia seguinte, quando tive que dar a notícia a Lola. Aí, a morte de meu irmão se concretizou. Enquanto almoçava no restaurante universitário, visualizava Flávio sorrindo e me dizendo: "Nem numa hora dessas você perde o apetite? Havia batatas no almoço".

## 1970, OUTUBRO

"Não sei nem como vou começar esta, mas acho que vocês estão desesperados e gostariam de saber como tudo aconteceu. Ontem de manhã, sua mãe saiu e deixou Flávio dormindo. Mais tarde, ele se levantou, pegou o carro do seu avô e foi para a faculdade, segundo se acredita. Atrás do Jockey Club tem uma curva, chão de paralelepípedos já muito gastos. Presume-se que eram perto de 10 horas da manhã. Garoava e o chão estava escorregadio. O carro derrapou e foi se arrebentar em cima de uma árvore. Dizem que o carro se acabou. Flávio chegou em coma ao Hospital das Clínicas. Sua mãe e seu pai, avisados, ainda o pegaram com vida, mas ele não percebia mais nada. Os ferimentos eram de tal gravidade que ele morreu poucos minutos depois e não se pôde fazer nada. Seus pais choraram muito, mas não fizeram barulho, coitados. Todo mundo apareceu e vieram cercar seus pais de carinho e conforto, nessa hora tão triste para nós. Achamos que não adianta vocês virem, pois não chegariam a tempo, e caso venham, ao voltar seria pior para sua mãe. Sentimos saudades de vocês, mas ficamos sempre imaginando o que estão fazendo, ou comendo, ou vendo, acompanhamos os progressos, quando chegam cartas, as notícias passam de boca em boca, é uma festa. É melhor continuar assim, e vocês só devem voltar quando for definitivo. Tenho muita pena de seu pai, ainda por cima a situação financeira dele não pode ser pior, creio que você sabe. Agora foram obrigados a vender a casa de Campos do Jordão, seu pai e Flávio adoravam a casa. Fico com muita pena de lhe contar isso tudo, mas acho que você precisa saber, e que ficaria mesmo aborrecido se lhe escondêssemos o que aconteceu. Escreva sempre para sua mãe, nesses próximos meses, logo vem o Natal, nem quero pensar. Muito carinho, e o coração, muito amargurado, da tia."

(Carta da tia, 01/10/1970)

Informações obtidas mais tarde deram conta de que o carro que Flávio dirigia foi abalroado por um caminhão, que sequer parou no local. É possível, mas o tal veículo nunca foi localizado, menos ainda seu motorista. A morte de alguém próximo é um golpe muito forte, que acarreta transformações em todos da família e até nos amigos. Algumas são definitivas, duram a vida toda. As mais comuns são o medo permanente de outros acidentes, da perda de pessoas queridas. Às vezes é um pessimismo que se instala sem que se saiba o porquê. Se houve colisão, que foi a causa do acidente, seria um caso de homicídio culposo por negligência, imprudência ou imperícia. Ocorre que a eventual condenação do motorista culpado não traria o irmão de volta nem daria nenhuma satisfação à família. No clima da época, falou-se também em um possível atentado, parece que havia um terrorista de nome parecido. É mais provável, porém, que tenha sido uma fatalidade decorrente da conduta temerária de muitos motoristas da nossa cidade.

"Venho conversar com vocês dois porque imagino o golpe que sofreram e o único consolo é a solidariedade de todos nós e o carinho com que somos tratados. O golpe foi brutal. Não sei como sua mãe tem resistido com tanta coragem e tanto controle. Seu pai também. Tenho medo de que este autodomínio possa depois abalar a saúde dela. Ontem fiquei tão comovido ao ouvir a sua voz! Junto um recorte do *Estado* dando a notícia do falecimento do Flávio. Não posso dar muitas notícias porque, quando fui à noite ao velório, quase não consegui andar, não tinha comando sobre a perna esquerda. De manhã fui para o enterro e fiquei do lado de fora. Você não sabe como é querido por todos da família. Os dias que passei com vocês serão sempre lembrados como os mais felizes e agradáveis que tive nos últimos tempos. Quando você voltar para cá terá que reservar paciência para aturar este velho, porque me agarrarei a você como um carrapato. Um beijo muito carinhoso para vocês, com o mais profundo agradecimento pelo acolhimento que me deram."

(Carta do avô, 02/10/1970)

### ■ JANIS E HENDRIX

Janis Joplin morreu de overdose no dia 4 de outubro. Tinha 27 anos, era apenas dois anos mais velha do que eu. A cantora tinha estado no Brasil no Carnaval e adorado. Sua voz gravada continua me emocionando. O maior dos guitarristas, Jimmy Hendrix, que havia sido seu namorado, tinha morrido poucos dias antes, em 18 de setembro, também de overdose, com 27 anos. Mais uma trágica coincidência.

"Depois daquele choque horroroso, vamos vivendo ainda sob a impressão de um pesadelo. Seus pais vêm enfrentando tudo com coragem e resignação admiráveis. Eles têm recebido visitas o dia inteiro. Seus tios e eu resolvemos reforçar a sua caixa e vamos mandar dólares todo mês até você voltar [o dólar valia cerca de 5,5 francos]. Um portador ficou de entregar 300 dólares iniciais, e vamos mandar mais 100 dólares todo mês. Quando contei ao seu irmão que eu ia mandar uma mesada, ele se prontificou a participar, mas eu disse que não era preciso. É melhor você não vir agora, e ter calma e terminar a sua tese. Nós faremos tudo para confortar seus pais. A família, como sempre, é de uma solidariedade comovente. Todos te admiram pela coragem e autodomínio, exemplo."

(Carta do avô, 05/10/1970)

"Hoje foi a missa do sétimo dia e a igreja estava repleta, fiquei muito comovido. Fui depois para casa de sua mãe, onde almocei. Seu pai foi trabalhar depois do almoço e me deixou em casa. Pode crer que, apesar da distância, vocês estiveram todo tempo conosco."

(Carta do avô, 06/10/1970)

"Hoje, quarta-feira, uma semana depois do terrível desastre que nos roubou o Flávio para sempre, consigo conversar um pouquinho com vocês. Vocês não me saem do pensamento e do coração, mas não tenho escrito porque não acho nem palavras, nem tenho tido um minuto sozinha todos esses dias. Atordoada com tanto movimento, mas há também um conforto enorme em sentir a solidariedade dos amigos num momento como este. Todos têm sido boníssimos e incansáveis. Gente que nunca tinha nos visitado tem vindo trazer uma palavra de conforto. Ontem a missa foi muito comovente, rezada por um padre do colégio que eu não conhecia. Muitos amigos de vocês estiveram lá. Depois os colegas dele vão mandar rezar uma missa lá no colégio. Para mim, o mais duro é ver os amigos dele se reunindo e ele não estar junto! Você deve ter recebido a minha carta em que eu falava na alegria dele quando recebeu a sua carta e parece que você foi muito compreensivo e carinhoso com ele. Isso deve ser uma alegria para você. Seu pai, que é uma fortaleza, está abalado e eu, que sou a porcaria que você conhece, não sei como estou aqui, com uma força que me admira e espanta. Espero que Silvia tenha tido sucesso nos exames e que você já esteja trabalhando na sua tese. Vocês sabem que o fato de os saber realizados aí é um grande consolo para mim, pois tudo que desejo é que vocês sejam felizes e possam realizar seus sonhos. Evidente que me fazem muita falta em todos os momentos, ainda mais nesta hora tão dura, mas eu não me sinto longe de vocês, se é que vocês entendem o que não sei exprimir melhor. Gui tinha estado conversando com Flávio até as 2h30 da manhã na véspera, como eles faziam muito, aliás. Quando conseguimos avisá-lo, já foi com a notícia da morte, calcule o choque dele! Está magro, de olho fundo, mas foi muito cercado de carinho por todo o pessoal. Os amigos passaram a noite toda com ele no velório e acho que isso confortou bastante. A nossa vida ficou com um vazio que nunca será preenchido, pois apesar de termos a felicidade de termos vocês, os outros filhos, à nossa volta, cada um tem um lugar tão especial que parece que um pedaço da gente morre também."

(Carta da mãe, 07/10/1970)

"Tenho pensado muito em vocês, estou ansioso por uma longa carta. Passei o fim de semana em Campos do Jordão, levando seus primos, que foram companheiros maravilhosos e adoraram o passeio. O governador Abreu Sodré chegou há dias da Europa e deu uma entrevista atacando Dom Hélder Câmara. Disse, entre outras coisas, que suas viagens à Europa eram custeadas pelo partido comunista. Dom Agnelo Rossi o contestou ao partir para Roma e ficou de discutir os acontecimentos na sua volta. Hilário Torloni, candidato da Arena ao Senado, fez um vídeo de propaganda eleitoral no qual tomou a defesa de Dom Hélder, mas esse trecho foi proibido pela censura e devidamente cortado. Esta notícia saiu no *Estado*: o presidente Médici esteve na Amazônia para dar início aos trabalhos da Transamazônica e para acompanhar a procissão do Círio de Nazaré em Belém, que reúne 400 mil fiéis. Como vai o frio por aí? Ligaram o aquecimento?"

(Carta do avô, 13/10/1970)

Diante do fato consumado da morte, ainda mais a do irmão, por mais que se tente, é difícil achar o que dizer. Procuramos ser solidários. As fórmulas não convencem, embora muitos ainda insistam em repetir meus sentimentos, meus pêsames e coisas tais. O medo de desafinar, de ser inconveniente, de falar num tom falso, é grande. Às vezes é melhor calar, mas somos instados a nos manifestar. Não há situação mais difícil de enfrentar, até porque nem sabemos muito bem o que estamos sentindo diante da perda. E nem o que os outros podem esperar de nós.

"A carta de vocês me comoveu e me confortou muito. Sinto uma falta louca de vocês, das nossas conversas tão gostosas, do quanto teríamos para nos dizer aqui de perto, mas continuo achando que vocês devem acabar aí essa etapa, tão importante para vocês e para o futuro. Temos as nossas cartas e o tempo está passando, e logo vocês terão terminado tudo aí e então será uma coisa muito boa nos reunirmos de novo, embora o Flávio não possa ter essa alegria junto conosco e participar, como ele sabia e gostava tanto, das nossas reuniões de família. Percebi pelas suas palavras que você está preocupado, com toda razão, com sua irmã, mas acho que ela já está bem mais no normal dela. Até hoje não disse a ninguém que ele morreu e não toca no assunto. Acho que enquanto ela não tiver que falar, não admite que realmente aconteceu. É uma defesa, mas nós comentamos tudo com naturalidade. Ela leu sua carta e vi que estava fazendo um esforço para não chorar, mas não fez o menor comentário. Fora isso, está alegre e bem-disposta. Tenho me esforçado ao máximo para poupá-la. Farei o possível para que nossa casa não seja um lugar triste. Fiquei contente em saber que a mãe de Silvia contou a vocês todos os detalhes, mesmo como Flávio estava vestido, pois cada vez que eu olhava para ele, me lembrava de quanto ele apreciava o blazer que você deu de presente quando foi viajar e que ele usava tão satisfeito cada vez que tinha uma festa. No dia em que ele morreu, escolhi mesmo o blazer e a camisa de gola rolê branca que ele usava tanto, e ele foi arrumado como gostava tanto de andar. Estava lindo e parecia tão sereno! Parabéns à Silvia, pela entrada na Sciences Po! E uma notícia alegre para terminar: sua irmã foi a quarta colocada no colégio este mês, ficou radiante e eu também. A diretora acha que ela deve ir para o ginásio, e foi isso que ficou resolvido. Acho que agora, mais do que nunca, é importante para ela não ser deslocada da turminha das amigas onde já se sente tão ambientada, vocês não acham também?"

(Carta da mãe, 14/10/1970)

"Vocês devem ter lido *Terra dos homens*, do Saint-Exupéry, não sei se lembram do livro. Há um trecho que fala da morte do Mermoz, e Flávio tinha especial predileção por ele. Vinha relendo alto para mim e até me fez escrever à máquina, numa das vezes em que eu treinava ele me ditou. Achei lindo na ocasião, mas muito triste, e agora tenho relido inúmeras vezes e vou copiar o pedaço de que ele mais gostava para vocês. Começa dizendo que quando um companheiro morre assim (num desastre), a sua morte ainda parece um ato que está na ordem normal do ofício. A princípio fere menos, talvez menos que qualquer outra morte. Certamente ele está afastado. Sofreu sua última transferência de escala. Depois há um trecho intermediário, e vem o pedaço de que ele mais gostava. Pouco a pouco descobrimos que não ouviremos nunca mais o riso claro daquele companheiro; descobrimos que aquele jardim está fechado para sempre. Então começa nosso verdadeiro luto, que não é desesperado, mas um pouco amargo. Nada, na verdade, substitui o companheiro perdido. Nada vale o tesouro de tantas recordações comuns, de tantas horas más vividas juntos, de tantas desavenças, de tantas reconciliações, de tantos momentos afetivos. Não se reconstroem essas amizades. Seria inútil plantar um carvalho na esperança de ter, em breve, o abrigo de suas folhas. Assim vai a vida, a princípio enriquecemos; plantamos durante anos, mas os anos chegam em que o tempo destrói esse trabalho, arranca as árvores. Um a um, os companheiros se retiram para a sombra. E ao nosso luto, mistura-se então a mágoa secreta de envelhecer. E adiante ele deixou grifado: esta a moral que

Mermoz e tantos outros me ensinaram. Não é uma beleza? Não se parece tanto com uma despedida?"

(Carta da mãe, 16/10/1970)

"Esta vai endereçada a Silvia para transmitir meus efusivos parabéns pelo sucesso nos exames para o Sciences Po. Imagino sua satisfação em ter conseguido entrar, depois de ter estudado com afinco, como tive a ocasião de testemunhar. Com isso você terá uma motivação e ficará ocupada durante os meses em que nosso querido professor prepara a sua tese. Os Tupamaros mataram um ministro que tinham sequestrado. Bem fez o Brasil ao soltar os prisioneiros e poupar o embaixador alemão, Von Holleben, sequestrado em junho e trocado por quarenta presos políticos. A propósito, o nosso Aloysio Gomide,[76] cônsul do Brasil em Montevidéu, está preso pelo Movimento de Libertação Nacional Tupamaros há mais de dois meses. Que horror! É quase meio-dia, estou esperando sua mãe que passará aqui e me levará para almoçar. Falei com Gui ontem e ele me disse que escreveu para vocês para saber a data da volta a fim de decidir sobre a data do casamento dele. Lembranças ao Henri e senhora".

(Carta do avô, 19/10/1970)

"Você disse que espera não estar sendo desajeitado na primeira carta e nessa disse que é duro você estar falando nas palavras do Flávio, mas, meu filho, você nunca poderia ser desajeitado conosco. E quanto a sabermos o que o Flávio escreveu, é um consolo para mim, se bem que eu compreenda também sua irmã, porque ela é muito parecida comigo nas reações. Embora eu também não toque no

---

[76] O cônsul brasileiro Aloysio Dias Gomide.

assunto com muita gente, meu pensamento está sempre voltado para ele, numa espécie de monólogo constante, cheio de indagações e lembranças, e de análise quanto ao meu comportamento para com ele, e por isso conversar sobre ele com vocês é maravilhoso para mim. Sempre me senti muito ligado a vocês, filhos, e sei que fiz o possível para poupar o Flávio de muitas coisinhas que o atingiam. Por exemplo, dei o melhor quarto a ele, pois sei o quanto ele apreciava isto, e mesmo com os tempos duros como andam, não faltou a ele o sapato que ele desejava e outras coisinhas pequenas, mas que eram importantes para ele. Por outro lado, lembro-me do meu período de depressão e do quanto ele teve paciência comigo, mas como deve ter sofrido também nas vezes em que o aborreci insistindo para que cortasse o cabelo. E das vezes em que, muito ocupada com as trivialidades da casa, não parei para escutá-lo enquanto podia. Consola-me pensar em que fomos tão amigos e acho que ele também tinha as reações muito parecidas às minhas e eu o entendi bem. Gui outro dia disse que, se vocês vierem mesmo no começo de julho, adiam o casamento. Compreendi muito bem, para que o vazio de mais um na casa não se faça sentir de maneira tão aguda. Não sei o que vocês pensam a respeito e gostaria que dissessem alguma coisa. Tenho pena de transtornar os planos deles, mas talvez seja o ideal assim, pois vocês viriam de vez e não teriam sacrifício financeiro. Estou pensando que papai deveria vir morar conosco, pois acho que com a morte de Flávio ele caiu muito e, com passar do tempo, ele vai ficar cada vez pior. Domingo vimos os slides e adoramos! As fotografias da Grécia são espetaculares e matamos um pouco a saudade vendo vocês."

(Carta da mãe, 22/10/1970)

## ◼ O AMIGO DE LOLA

Certa manhã, Lola passou no nosso apartamento para tomar um café e conversar. Agora que não morava mais conosco, sua companhia fazia falta e essas visitas eram muito apreciadas. Ao se despedir, desci com ela, pois pretendia comprar pão. Quase na esquina, em frente à padaria, estava à espera um amigo de Lola, que ela me apresentou como Bira, estudante de medicina, o que estranhei. Indaguei se ele não tinha frequentado a Faculdade de Direito da USP, no Largo São Francisco, e ele negou com firmeza. Lembrei-me então que ele tinha publicado um livro de poemas, e minha memória registrou sua fisionomia no pátio da faculdade. Deixei por isso mesmo. Mais tarde eles confirmaram que eu tinha razão, mas que ele não queria ser descoberto em Paris. Os dois se casaram e foram morar na Suécia. Só quando as coisas melhoraram é que voltaram para o Brasil. Estão casados até hoje.

"São 5h30 de uma tarde fria e chuvosa. Espero que os amigos tenham chegado aí e que você já tenha recebido nossas cartas. Com a entrada do inverno vocês vão precisar comprar algumas roupas e podem fazer bom uso dos dólares. O Vietnã não está mais nas primeiras páginas dos jornais. Parece que as atividades bélicas estão muito reduzidas. Li hoje no *Estado* que, no México, na assembleia da Associação Americana de Imprensa (AAI), o diretor Júlio de Mesquita Neto declarou que 'não há liberdade de imprensa no Brasil'. Tenho me deliciado com as geleias italianas que vocês me deram. São deliciosas. Lembro-me sempre com muita saudade dos dias felizes que passei em Paris em companhia de vocês. Tenho a impressão de que aquela estadia ainda nos uniu muito mais. Espero com ansiedade uma carta de vocês e conto recebê-la por esses dias."

(Carta do avô, 22/10/1970)

## 1970, NOVEMBRO

"Hoje, Allende tomou posse como presidente do Chile e, nos Estados Unidos, 100 milhões de eleitores elegeram deputados, senadores e cinco governadores. Estou curioso para saber o resultado e torcendo para que Nixon fique em minoria na Câmara e no Senado. Cada dia tenho mais antipatia pelo Nixon. Aí na França morreram 144 jovens no incêndio de um baile, que tristeza! Espero que você já tenha ligado a calefação e que o frio ainda não esteja tão intenso. No dia 15 haverá eleição para deputados estaduais e federais, e ainda não escolhi os nomes em que deverei votar."

(Carta do avô, 03/11/1970)

Foram cento e quarenta e seis mortos, na verdade. Nove corpos carbonizados nunca puderam ser identificados. Uma casa noturna quase nova, o 5-7, situada à beira de uma estrada, atraía os jovens da região de Grenoble. Nos fins de semana, turmas na faixa dos 20 anos chegavam até em ônibus fretados para dançar e namorar. O show naquela noite era do Storm, uma banda parisiense tão popular que os gerentes bloquearam as saídas de emergência para evitar penetras. O grupo tocava "Satisfaction", dos Rolling Stones, quando o incêndio começou, por volta de 1h35 da madrugada. A banda tocou até o fim, mas à 1h45 não havia mais vida no local. Eram cerca de duzentos jovens, poucos conseguiram sair. Sessenta cadáveres foram encontrados carbonizados na fila da catraca. E o pianista da banda, petrificado, morreu com as mãos no teclado.

"É incrível como vocês têm sido visitados! Como os brasileiros viajam, não? Estou aflita aqui para saber o resultado do seu exame, embora contando certo com a sua vitória! Sábado passado conseguimos passar os slides, os tios vieram também e todos gostaram muito de ver vocês dois tão bem-dispostos e queimados. Você fala nos dólares enviados e sinto que vocês tiveram a mesma reação que eu. Perguntei a papai se ele achava que vocês estavam passando apertado demais aí, diante do empenho dele em arregimentar os dólares extras e ele, embora dissesse que não, protestava que um dinheiro a mais não ia fazer mal nenhum a vocês. Ele ficou sozinho e sem contar com ninguém quando se casou e foi para o interior, e isso o marcou muito. Você se lembra como ele sempre dizia que a hora em que o dinheiro faz mais falta é no começo da vida e como ele sempre ajudou tanto os filhos? Com vocês é a mesma coisa, e ele compreende a recusa e admira mesmo vocês por isto, mas no fundo ficou um pouco desapontado. A situação aqui continua no ar, às vezes parecendo que vai sair alguma coisa boa que ajude, mas por enquanto, nada. Estamos esperando notícias de vocês sobre a vinda e as possibilidades de estarem aqui no casamento do Gui, e ele está dependendo disso para resolver a vida dele. Hoje estão fazendo um ano de noivado. O Gui diz que não tem pressa nenhuma e acho que tem uma certa preocupação em assumir a responsabilidade de chefe de família, mas também pode ser que só diga isto para não acharmos que está se sacrificando. Nestes feriados quase não saímos de casa. São Paulo estava tão vazia que espantava. No Dia de Finados tivemos várias visitas e, assim, já estamos em novembro e quase no fim do ano! Finados é sempre um dia triste, mas pensar em ir ao cemitério para visitar Flávio é ainda para mim completamente incompreensível! A gente parece que não acredita... Pois é, assim vai indo a nossa vidinha, eu tentando me ocupar um pouco e deixar de sentir este vazio tão enorme. Este ano, com vocês ausentes, ainda me apeguei mais a ele, que era meu companheiro de todos os momentos. Seu pai sai cedo e só chega em casa às 8 horas da noite. Era Flávio que almoçava comigo e com sua irmã, fazia companhia durante o dia, assistia televisão, conversava, e a falta que me faz é imensa! Aproveito para mandar uma receita de arroz que é certíssima e além do mais não gruda na panela, é arroz sem refogar. Experimentem e me digam depois.

4 xícaras de água, 2 de arroz. Escolher, lavar e escorrer o arroz. Colocar o arroz na água fria com duas colheres de sopa de azeite, cebola picada em rodelas e uma colher de sopa rasa de sal. Deixar assim meia hora sobre a pia e depois pôr no fogo forte até abrir

fervura, aí abaixar o fogo, tampar a panela e deixar meia hora cozinhando, que sai no ponto certinho."

(Carta da mãe, 04/11/1970)

"Imaginei mesmo que vocês iriam à Notre-Dame, pois deve ter sido um espetáculo inesquecível. Aqui os jornais e revistas deram enormes notícias sobre a morte do De Gaulle, mas não vi nada na televisão. Hoje estamos num dia de inverno depois de dois meses de um verão violento. Sua irmã está de férias há dois dias e radiante, pois afinal conseguiu média e entrou direto no ginásio! Está muito contente com a perspectiva de continuar na mesma escola e com o grupo de amigas. Papai hoje almoçou aqui, pois fui buscá-lo. Está mais bem-disposto agora, o que é ótimo. A primeira comunhão de sua irmã será mesmo este mês. Gui ainda não se definiu, mas acho que casa mesmo dia 17 de abril. Por enquanto não tomaram nenhuma providência e eu acho que já está na hora de começarem a procurar casa ou apartamento. Franco Montoro parece que está eleito senador, mas fora isso a Arena está ganhando longe em São Paulo. Bom exame! Estou torcendo pelos resultados."

(Carta da mãe, 14/11/1970)

## ■ MORRE DE GAULLE

Só se falava nisso naquela manhã fria de terça-feira, dia 10 de novembro de 1970. Pompidou, o presidente da República, acabara de ser avisado que seu antecessor, De Gaulle, tinha morrido na véspera, aos 80 anos. O general tinha se retirado para sua propriedade em Colombey-les-Deux-Églises após renunciar à presidência, em 27 de abril de 1969, tão logo foi rejeitado o referendo por ele proposto sobre a regionalização e a reforma do Senado. De Gaulle havia governado a França por onze anos, formulado o regime constitucional da Quinta República e era considerado o grande herói da Segunda Guerra. Minha imagem dele era ambígua. Aprendi a admirá-lo pela extraordinária capacidade de liderança política e pelo uso que fazia da palavra na comunicação. Por outro lado, tinha certa rejeição à sua faceta autoritária, pois ele era um comandante feroz quando entendia necessário, como se viu em maio de 1968.

A comoção nacional começou às 9h41, após a notícia da *France Presse*: "De Gaulle morreu". O general tinha manifestado o desejo de um funeral singelo em sua cidade: "Não quero funeral oficial [...], nem presidente, nem ministros [...], nem discurso". Mesmo assim, no próprio dia do enterro, quinta-feira, dia 12, foi decretado luto oficial com missa solene de réquiem na catedral de Notre-Dame. Assisti à cerimônia pela televisão, impressionado com a disposição imperial. Perto do altar, em um estrado elevado do lado direito, havia a cadeira – poder-se-ia dizer o trono – do presidente da República. Do lado oposto, o cardeal de Paris. Na primeira fileira, a maior concentração de cabeças coroadas e chefes de Estado até então reunidos: Richard Nixon, presidente dos Estados Unidos; Indira Gandhi, primeira-ministra da Índia; Balduíno I, rei da Bélgica; Rainier III, príncipe de Mônaco; Juliana, rainha da Holanda; Reza Pahlavi, xá do Irã; Haile Selassie, imperador da Etiópia; Léopold Senghor, presidente do Senegal; e João, grão-duque de Luxemburgo. O então príncipe Charles, hoje rei da Inglaterra, e seus consortes da Suécia e da Noruega, ficaram na segunda fileira. Cerca de 70 mil pessoas se concentraram perto da catedral, e é mesmo possível que em algum momento eu tenha ido sentir de perto esse clima. Tenho certeza de que, no dia seguinte, comprei todos os jornais que encontrei nas bancas, imaginando que um dia teriam valor histórico. Muitos anos depois, acabei me livrando deles.

"Um olhar canônico leva a observar que, por sua poderosa arquitetura e inspiração, liturgia, pregação, música e acolhimento, a catedral de Notre-Dame participa, desde o período medieval, de forma magnífica, com a expressão das funções de ensino, santificação e governo, os *tria munera*. Se, na história, autoridades seculares, animadas por intenções políticas, procuraram explorar a catedral de Notre-Dame, ela é antes de tudo esse lugar sagrado que, em tempos difíceis, está a serviço de uma concórdia nacional."[77]

"A morte do De Gaulle foi um acontecimento de repercussão mundial, e vi pela sua carta que em Paris ela foi muito sentida pela população. Para senadores, foram

---

[77] Philippe Greiner, *Transversalités*, 2020/3, n.º 154.

eleitos o Orlando Zancaner (Arena) e o Franco Montoro (MDB). O número de votos em branco e nulos foi superior ao total dos votos obtidos pelo mais votado. Não compreendo como alguém vota em branco ou anula o seu voto, é uma estupidez completa. Imagino que você esteja embalado nos estudos e espero que esteja satisfeito com os cursos. Penso sempre em vocês e nos momentos felizes em que passamos juntos no seu apartamento. Tenho usado a calça que compramos e ela ficou boa."

(Carta do avô, 23/11/1970)

## ■ NASCE O *CHARLIE HEBDO*

Enquanto a França e o mundo celebravam De Gaulle, o semanário satírico *Hara-Kiri*, que se definia como *bête et méchant* [estúpido e desagradável], saiu com uma manchete duplamente controvertida: "Baile trágico em Colombey: uma morte". As referências eram evidentes: a morte do general e o incêndio de Val d'Isère, no qual morreram cento e quarenta e seis jovens. A reação foi imediata: o ministro do Interior proibiu a exposição em banca e a venda a menores, o que equivalia a uma censura que inviabilizaria a revista. Os editores então abandonaram o título e criaram o *Charlie Hebdo* – uma piscadela a Charlie Brown, mas também ao prenome de Charles De Gaulle. O *Charlie* chegou mesmo a publicar: "O *Hara-Kiri* morreu. Leia *Charlie Hebdo*, o jornal que lucra com a desgraça alheia". O mesmo *Charlie Hebdo* sofreria um terrível ataque terrorista em 7 de janeiro de 2015, com doze mortos e cinco feridos graves, em represália por ter publicado uma charge do profeta Maomé considerada desrespeitosa.

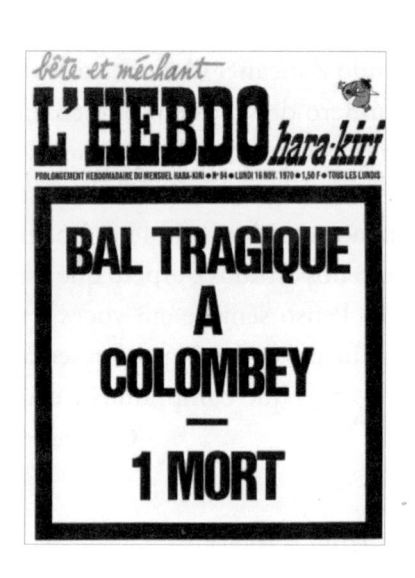

## 1970, DEZEMBRO

### ■ O *JARRY* DE BARRAULT

"Aproveitei o fim de semana para responder a seis cartas atrasadas. Eu sei que as minhas ideias são às vezes brilhantes, mas desencorajam as pessoas que têm o pé no chão. Penso que o trabalho mais difícil e com maiores riscos de fracasso é a transposição dos planos para o concreto. Aliás, este é um dos motivos do sucesso do meu trabalho com gente objetiva e realista. Acabamos atingindo o possível, partindo do impossível. Gostei de saber da eleição do Montoro, ainda mais depois de ter tido a impressão, pela leitura do *Monde*, de que dois arenistas teriam sido eleitos para o Senado. É sempre alguma coisa. Aqui, o frio continua, sempre entre seis e dez graus, com céu azul e um solzinho, por vezes alternado com chuvas intensas e rápidas, como ontem e hoje de manhã cedinho. Na quinta-feira, fomos ver a nova peça que o Jean-Louis Barrault montou em Montmartre, *Jarry sur la butte* [Jarry sobre a colina], a partir de textos de Alfred Jarry. Depois que saiu do Odéon, Barrault resolveu ser moderno, até com luzes psicodélicas, mas o máximo que consegue é um pastiche. Segundo um crítico, 'trata-se, talvez, de um fracasso, mas de um fracasso grandioso: preciso dizer que é necessário ir vê-lo'. Sábado tivemos o jantar da Associação dos Amigos da Universidade Italiana num restaurante perto da Étoile (agora Place Charles de Gaulle). Estava muito agradável. Depois do jantar, apesar do frio, demos uma andada pela Avenue des Champs-Élysées, que estava movimentadíssima e já toda iluminada para o Natal. Mandei dois livros para vocês, *O acaso e a necessidade*, do professor Jacques Monod, e *La logique du vivant* [A lógica da vida], do professor François Jacob. Estão entre os dez mais vendidos aqui. Vão no sentido de uma nova unidade das ciências, tornando obsoletas as divisões entre química, física, biologia ou sociologia. Acho que esses livros são importantes porque permitem que o leigo compreenda, através de uma linguagem clara e precisa, os problemas que a ciência mais moderna tenta resolver, e o que isso significa para a vida de cada um. De resto, continuamos estudando, almoçando às vezes no restaurante universitário, cuidando dos trabalhos domésticos e vendo televisão."

(01/12/1970)

"Graças a Deus vocês estão ótimos e contentes com a vida, entusiasmados com os estudos, e é o que nós aqui desejamos. Foi bem no exame? Estou torcendo há tanto tempo por esse resultado que já estou até cansada. Nós tivemos domingo a visita do seu amigo George e gostamos muito. Eu já o conhecia bem e gosto muito dele, mas a mulher foi uma surpresa agradável! É inteligente e simpática, me pareciam muito felizes, os dois, e muito carinhosos um com o outro. Falaram muito em vocês. Todos se sentem à vontade aí, sentindo-se bem acolhidos, é o que dizem todos que vêm daí. Tivemos um sábado movimentado com a primeira comunhão da sua irmã, que estava radiante e muito bonitinha. Fiz um lanche aqui e ela estava contentíssima com a festa e as amigas em casa. A casa aqui é menor do que a nossa primeira e logo parece cheia de gente. O grupo foi de umas quarenta pessoas, mas ficou me dando a impressão de uma multidão! Enfim, correu tudo bem e seria tudo maravilhoso, não fosse a falta que faz o Flávio e com a qual não posso me habituar. Como vai a Ângela? Seu pai está bem mais animado com as perspectivas de uma mudança na diretoria daquela estatal, embora ainda não haja nada concreto. Deus queira! Nem sei mesmo como é que ele ainda está se aguentando! Enfim, não há mal que sempre dure, segundo o ditado, e já não é sem tempo, deve haver uma mudança para melhor!"

(Carta da mãe, 01/12/1970)

"Ontem sua mãe leu para mim ao telefone uma carta em que você reclama da falta das minhas, que até agora tinham sido regulares e frequentes. É que passei por uma atonia cerebral que resultou em uma abulia invencível. Não era possível escrever. Agora, diante das reclamações justas, resolvi recomeçar a correspondência, que espero não sofra mais hiatos. Segunda-feira fui ao Municipal assistir a um espetáculo de um ótimo tenor. O pessoal vai em janeiro para Bragança e em fevereiro para Campos do Jordão. Aqui vão os meus melhores votos para vocês e um bom Natal. Lembrança a Ângela e ao Henri."

(Carta do avô, 03/12/1970)

## ■ O RÁDIO E A TV

O pequeno rádio de pilha fazia boa companhia nas horas de estudo ou de descanso, com música e notícias. As estações mais populares, como a RTL, eram muito barulhentas, com seus apresentadores entusiasmados, como Guy Lux. Tinham também muita publicidade. Até hoje me lembro da propaganda muito repetida de um novo spray desodorizador que criticava os concorrentes: "Chega de batatas fritas com odor de rosas!".

A TV era mais interessante, embora precária. No começo dos anos 1960, a França só tinha um canal de televisão, em branco e preto, com hora para começar e para terminar, não muito tarde, pois os trabalhadores precisavam se levantar cedo. O jornal, como até hoje, aliás, era às 20 horas, logo depois da novela com capítulos de 20 minutos. Nas noites de domingo, havia um filme. O segundo canal foi criado em 1964. Embora cem por cento estatal, a televisão passou a ter mais autonomia. Em 1969, foi extinto o Ministério da Informação e acabou a tutela direta sobre a TV. Mais de dois terços das casas francesas tinham televisão em 1969, e os programas da véspera eram os principais assuntos de conversa nas escolas e nos escritórios. A publicidade tinha sido admitida e, em 1970, o segundo canal começou a transmitir em cores. A TV só foi reorganizada em 1975, após a eleição de Giscard d'Estaing, com três canais: TF1, Antenne 2 e FR3, concorrentes e relativamente autônomos.

Eu gostava de ver televisão e era um pouco frustrante ver a programação acabar antes da meia-noite. Certa noite levei um susto, pois, apesar de ser tarde, resolvi percorrer os canais em busca de alguma coisa. Foi aí que me deparei com uma transmissão, talvez dirigida a estudantes de medicina, em que médicos demonstravam como fazer uma colonoscopia. Preferi evitar aquele espetáculo bizarro para um mero telespectador.

Além dos jornais, dos esportes e dos espetáculos de variedades, havia alguns programas notáveis que duraram vários anos. Um deles, o Au Théatre Ce Soir, transmitia peças teatrais. O que eu mais gostava era o Les Dossiers de l'Écran, programa que apresentava um filme e depois promovia uma conversa com especialistas. Eram abordados alguns grandes problemas, como o dos criminosos nazistas, a conquista da lua e muitos temas de História. Ainda me lembro de discussões acaloradas na faculdade nos dias que se seguiam à transmissão.

"Estou sempre tão entrosada com vocês que qualquer carta mais apressada ou preocupada, sei lá, soa diferente para mim. Ontem recebi a do dia primeiro e fiquei envergonhada de não ter dito ainda o quanto fiquei satisfeita e como aprecio e dou valor ao fato de você gastar tanto tempo com a nossa correspondência. Muito obrigada também pelos livros, que devem ser ótimos, só espero que eu esteja à altura deles. Estamos procurando um portador para mandar também uma lembrancinha de Natal para vocês; é só um carinho e a vontade de poder ser um pouquinho Papai Noel para vocês. Achei ótimos os presentes de vocês, que serão muito aproveitados com todo o inverno aí, não é? Vocês não falaram mais na viagem a Monte Carlo, desistiram dela? Sua irmã hoje passou o dia com duas amigas aqui e estão fazendo uma folia danada. Está um calor louco hoje e elas não param de correr e pular, não sei como aguentam! Sempre que ouço as gargalhadas dela me lembro de você, pois acho que vai achá-la muito diferente e muito mais expansiva! Estamos pensando em passar uns dias em São Vicente e, se for possível, o Natal, pois não quero estar aqui. Até a alegria dos enfeites e das lojas, de que sempre gostei, me incomodam agora, e gostaria muito de fugir de toda essa festividade. Que ironia alguém ainda desejar à gente feliz Natal! Bem, não quero ser nem parecer amarga, mas este Natal que se aproxima me abala bastante. Não sei se terei coragem de falar com vocês pelo telefone, não no dia, pois nem sei quais os planos de vocês, mas verei se consigo antes, pois isso seria ótimo! P.S.: vocês aprovaram a mudança do nome da Place de l'Étoile? Eu, não, e parece que aí também muita gente discordou."

(Carta da mãe, 08/12/1970)

A Place de l'Étoile é um lugar muito simbólico para os franceses. Doze importantes avenidas chegam a ela, que tem em seu centro o Arco do Triunfo, sob o qual se encontra o Túmulo do Soldado Desconhecido. Apesar da mudança de nome em homenagem a Charles de Gaulle, a Étoile será sempre a Étoile. O primeiro romance publicado por Patrick Modiano, um dos meus escritores favoritos, chama-se *La Place de l'Étoile* [A Praça de l'Étoile]. Modiano tinha 23 anos quando o publicou, em 1968. Temos, portanto, a mesma idade. Na abertura do romance, Modiano coloca uma história bem conhecida relativa à ocupação alemã: "Um oficial alemão, em junho de 1942, se dirige a um jovem e pergunta: 'Desculpe, senhor. Onde fica a Place de l'Étoile?'. O jovem aponta o lado esquerdo do peito".

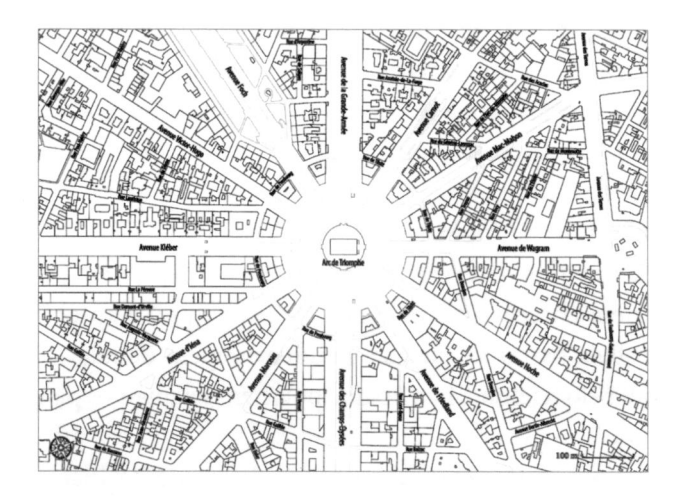

"Ontem à tarde caiu uma chuva muito forte com bastante vento. O embaixador suíço foi sequestrado no Rio há três dias e não foi encontrado ainda. Ontem morreu um agente federal que estava com ele no automóvel e que tinha sido baleado na espinha. No Rio fez 40 graus, já não há dúvida que o verão chegou para valer. Até anteontem, em São Paulo, a mínima foi 12 graus. Nixon anda às voltas com a inflação e, na capa do último número da *Time*, está o dólar com esta frase: 'Vale 73 centavos'. Vamos ver se ele vence a inflação, senão não conseguirá a reeleição em 1972."

(Carta do avô, 10/12/1970)

O embaixador suíço Giovanni Enrico Bucher foi sequestrado no dia 7 de dezembro de 1970, no Catete, Rio de Janeiro. A ação foi comandada por Carlos Lamarca, já então muito visado. O sequestro foi o mais longo, a negociação para sua libertação só terminou em 13 de janeiro. Setenta presos políticos embarcaram para o Chile, a maior parte militantes da Vanguarda Popular Revolucionária (VPR). Membros de outras organizações foram incluídos, inclusive 7 da Ação Libertadora Nacional (ALN) e 6 do Partido Comunista Brasileiro Revolucionário (PCBR). O líder estudantil Jean Marc von der Weid, da Ação Popular (AP), também. Ainda, o frei dominicano Tito de Alencar Lima, cujos escritos sobre as torturas que sofreu viraram um símbolo. Na França, mesmo tendo sido acolhido pelos dominicanos e recebido tratamento psiquiátrico, não conseguiu superar o trauma e suicidou-se em 1974.

A cota aumentava. O embaixador da Suíça foi trocado por setenta presos políticos.

"Acabo de receber sua carta do dia primeiro e apreciei muito o espírito de gozação, desde dizer que meu amigo [um empresário de prestígio] anda em muito boa companhia, até a explicação da falta de cartas por esgotamento da minha esferográfica. Devo declarar que tenho pelo menos duas canetas esferográficas, uma que de fato esgotou a carga e que quando pus uma nova negou fogo. A outra, com a qual estou escrevendo agora, foi aquela que não queria mais escrever apesar de ter ainda em seu bojo tinta bastante para escrever várias cartas, como estou provando agora. A explicação não foi, porém, falta de tinta. Assim mesmo não sei explicar com clareza. Foi uma crise de abulia que me impediu de escrever. Hoje fui a pé até a casa de sua mãe e almocei com ela, seu pai e sua irmã. Seu pai está mais animado com a perspectiva do novo governo. Ouvi hoje ao meio-dia notícia de um apostador que acertou treze prognósticos, mas que colocou na cédula o nome da mãe já falecida. Seria o caso de uma manifestação espírita? Ontem, vi no Programa Flávio Cavalcanti a senhora Gomide fazendo um apelo ao governo para dar um milhão de dólares para libertar o marido, cônsul no Uruguai, sequestrado há quase cinco meses. Lançaram uma campanha para angariar essa importância por inscrição popular e abriram uma conta no Banco de Minas Gerais (BMG) para esse fim. Não creio que possam atingir tal soma e, mesmo se o fizessem, como passar o dinheiro para os Tupamaros? A sua informação sobre Debray não apareceu no Brasil. Nada li nem ouvi a respeito.[78] Seu tio fala sempre em ir vê-los, se entrar o

---

[78] O filósofo e advogado da luta armada, Régis Debray, condenado em novembro de 1967 a trinta anos de prisão por um tribunal militar da Bolívia, foi libertado e expulso do país. Pretende ir descansar alguns dias no Chile, na propriedade do poeta Pablo Neruda. https://bit.ly/498vufl

dinheiro que ele espera. Muito obrigado pelos cumprimentos pelo aniversário, mas não há nada que comemorar aos 73 anos. Ontem vi um programa de televisão do Ray Charles e sua orquestra ao vivo na TV Tupi. É tal a agitação e a trepidação do homem, que eu só consegui conciliar o sono depois das 2 horas da manhã. Ontem houve corrida em Interlagos, vencida por Wilson Fittipaldi, seguido pelo irmão Emerson, e em terceiro lugar um príncipe espanhol. A saudade está sempre crescendo, bom Natal, *joyeux Noël, merry Christmas*, de *ex corde*."

(Carta do avô, 14/12/1970)

"Já é o segundo Natal que passamos longe, e se já sentimos muita falta de vocês no outro, calcule então este ano! Enfim, meus votos são de que vocês tenham aí uma noite alegre e pensem que nossos pensamentos estarão muito unidos nesses dias de festas. É uma época dura para mim que sempre gostei tanto do Natal e das nossas reuniões de família, que nunca mais serão completas! Quantas recordações se aguçam nestes dias! Desta vez não consegui ficar aqui, vou fugir mesmo, e se pudesse seria para bem longe, onde ninguém fizesse votos e nem soubesse que havia Natal, seria para lá que eu iria."

(Carta da mãe, 16/12/1970)

"Anteontem tive um prazer inesperado quando falei com vocês dois da casa do seu tio. No caminho para o almoço, encontrei na Rebouças um táxi de rodas para o ar, e na Pedroso de Morais uma trombada de quatro automóveis. Excessos de comida e bebida, conjugados com a falta de exercícios físicos, acabam por trazer complicações para o bom funcionamento do organismo. Quanto à ideia de angariar um milhão de dólares para libertação do cônsul Gomide, o ministro Delfim Netto, perguntado por um repórter como seria transferida a importância para o Uruguai, respondeu com *dry sense of humor* [senso de humor sarcástico]: 'Todos sabem que cada cidadão que sai do Brasil em viagem pode levar mil dólares. Conclui-se que o único meio de mandar o dinheiro é mandar mil cidadãos ao Uruguai'. Gui me convidou ontem para ser padrinho de casamento. Fiquei surpreso."

(Carta do avô, 20/12/1970)

"Estou há três dias com três hóspedes baianos que resolveram vir passar quinze dias aqui. Os hóspedes foram à missa, e por isso o silêncio voltou ao meu tugúrio. Ontem seu tio me pegou aqui e fomos a um jantar. Para meu gosto, tinha muita gente, e aquelas mulheres berrando como se fôssemos surdos, *avec leurs voix métalliques* [com suas vozes metálicas], que tenho a impressão de me perfurarem os tímpanos. À medida que aumenta o consumo de álcool, aumenta proporcionalmente a gritaria, e só resta fugir. Eu, como sempre, só quero ver terminado o feriado e as festas que me deixam mais triste do que alegre."

(Carta do avô, 25/12/1970)

"São 20h30 e faz um calor senegalês. Acabo de ouvir que bascos foram condenados à morte e que o Papa fez um apelo ao general Franco para comutar a pena em prisão perpétua. Ontem jantei com seus pais e falamos muito em vocês. Estou aterrorizado, pensando em me vestir, gravata e paletó, para ir à casa de um amigo que completa hoje 71 anos. Com este calor, é impossível ligar duas ideias. Vi na televisão que foram presos no Canadá os sequestradores e assassinos do ministro canadense. Os sequestros do embaixador suíço e do cônsul Gomide continuam sem solução. Li ontem duas cartas em que você fala no sucesso dos exames. Parabéns. Agora é terminar a tese. A Ângela, segundo Silvia, deve ter o bebê no começo de janeiro. Dê lembranças a ela e ao Henri e os meus votos de um feliz Ano-Novo. Para vocês os meus melhores votos de felicidade em 1971."

(Carta do avô, 28/12/1970)

"O correio está mesmo uma maravilha e nós estamos jogando um pingue-pongue gostosíssimo, pois acabo de receber sua carta do dia 21 e já estou respondendo. Calcule que papai recebeu já ontem a de vocês do dia 25! Assim, soubemos logo do Natal de vocês e, por incrível que pareça, por essa carta é que fiquei sabendo que ele tinha falado com vocês na noite de Natal, pois papai se esqueceu de me contar. Não é incrível? A cabeça de papai está piorando e, com a perseguição do assunto dos hóspedes, ele esquece todo o resto. Ainda bem que hoje já foram."

(Carta da mãe, 31/12/1970)

Não tenho a menor lembrança do que fizemos no Natal de 1970. Sei que registrei tudo numa carta do próprio dia 25, mas essa é uma daquelas que foi destruída. É possível que tenhamos jantado em casa, ou com amigos como Ângela e Henri, e caprichado um pouco no cardápio. Mas isso são hipóteses, nunca mais vou saber o que fizemos no Natal de 1970.

"Passamos o dia 31 vendo a São Silvestre, hoje almoçamos aqui com a turma. Tenho visto pelo jornal a enorme nevada que caiu e a confusão de milhares de carros presos nas estradas entre Lyon e Marseille, deve ser mesmo uma confusão enorme! E aí, vocês como estão? Muita neve também? Como vai a Ângela? E o bebê, já nasceu? Estou louca para saber se vai ser menina! Beijos e mais beijos de todos nós. Que vocês tenham todos os sonhos realizados e muitas vitórias pela frente!"

(Carta da mãe, 31/12/1970)

Vivi a euforia da chegada em 1969. Apesar das dificuldades enfrentadas pela família no Brasil e das notícias da ditadura, a vida simples de estudante em Paris me encantava. Eu estudava muito, amava Silvia e me sentia feliz. Tínhamos alguns bons amigos e um apartamento aconchegante e confortável. Tudo ia bem em 1970: passávamos nos exames, tivemos a deliciosa visita do avô, que conviveu alguns dias conosco, a ida à Itália e as férias na Grécia. Até que veio a terrível notícia da morte de Flávio, e o mundo nunca mais seria o mesmo. Ainda assim, cheguei a 1971 com ânimo para aproveitar tudo e seguir em frente até a defesa da sonhada tese. Mas nem sempre tudo sai como desejamos.

## 1971, JANEIRO

"É para vocês a primeira carta do ano. Até que enfim acabaram as festas de Natal e Ano-Bom. Um amigo segue hoje para a Europa. Como não posso abraçá-lo em pessoa, a única maneira de expressar o meu contentamento é mandar mais uns minguados dólares que sobraram (que mentalidade capitalista!) da minha última viagem. Tenho certeza de que serão mais bem aproveitados por vocês; citando o meu amigo Buck Mulligan: 'Ask nothing more of me, sweet. All I can give you, I give' [do *Ulysses*, de Joyce: 'Não me peça mais nada, querida. Tudo o que posso te dar, eu dou']. O fato mais sensacional da semana foi a comutação da pena de morte de oito homens, seis bascos e dois judeus russos. É interessante como os jornais do mundo todo fizeram apelos para poupar oito vidas quando ontem decorreu o 11º aniversário da intervenção dos Estados Unidos no Vietnã, e centenas de milhares de vietnamitas foram mortos e continuarão sendo ainda por muito tempo. Vi pelos jornais que houve intensas nevascas na França e que várias estradas ficaram bloqueadas por dois ou três dias. Assisti no dia 31 a fala à nação do Presidente Médici e fiquei entusiasmadíssimo por saber que vivemos no melhor dos mundos, como dizia *monsieur* De La Palisse, pelo menos vivemos no melhor dos Brasis. Gui resolveu comprar a casa e está muito entusiasmado com o trabalho."

(Carta do avô, 02/01/1971)

"Gostei de saber do sucesso de Silvia no curso, de como foi o Natal, e que agradável foi a noite de 31, passada entre amigos. É um prazer rever amigos e encontrar inalterada a comunicação antiga, coisa que é rara, não? Ontem passamos o dia na fazenda em Bragança e falamos muito em vocês! Como vão de frio? Tem sido duro sair para frequentar as aulas? Ainda bem que dentro de casa é bem protegido! Nós continuamos com o verão forte, mas, depois de uma tempestade quarta à noite, refrescou bem. Gui hoje foi assistir às corridas em Interlagos e seu pai e eu estávamos sozinhos, acabando de almoçar, quando apareceu um amigo de Flávio para nos visitar, o que me comoveu muito! Quantas boas recordações me trouxe a vinda dele aqui, pois parecia o tempo em que os dois sempre saíam juntos, sábado ou domingo. Como é duro agora vê-lo ir embora sozinho! Sinto falta dos amigos todos de vocês, e do tempo em que eu via aquelas prosas animadas e todo aquele movimento de gente moça entrando e saindo! É, a vida vai mudando mesmo, e a gente tem que se acostumar..."

(Carta da mãe, 07/01/1971)

## COCO CHANEL

A estilista Gabrielle "Coco" Chanel morreu no domingo, 10 de janeiro, em seu apartamento no hotel Ritz. Vi a notícia nos jornais. Ela tinha 87 anos, teve enorme sucesso, mas parece que não foi feliz. Sua proximidade com os nazistas durante a ocupação de Paris na Segunda Guerra ficou como uma marca definitiva. André Malraux, o intelectual e ministro do governo De Gaulle, previu, entretanto, que três nomes do século 20 na França permaneceriam: De Gaulle, Picasso e Chanel. A morte da estilista foi matéria de capa do *New York Times* do dia seguinte, destacando que ela dominou o mundo da moda no início do século: "Talvez tenha sido seu perfume, mais que sua moda, que tornou o nome Chanel famoso em todo o mundo. Chamado simplesmente de Chanel n.º 5 – uma cartomante lhe dissera que cinco era seu número da sorte –, tornou Coco milionária".[79] Quando perguntaram a Marilyn Monroe como se vestia para dormir, ficou famosa sua resposta de que só usava uma gota de Chanel n.º 5. Gabrielle Chanel foi presa no Ritz em setembro de 1944, por ocasião da libertação de Paris. Só não teve seu cabelo raspado como colaboracionista por influência de seu amigo Churchill, mas se retirou para a Suíça, onde viveu discretamente até 1953. Foi então que voltou a Paris e reabriu a loja da Rue Cambon. Ela nunca recebeu homenagens oficiais na França, mas seu nome é uma lenda. Grande parte de sua biografia foi escondida, mas, como declarou seu continuador Karl Lagerfeld: "A verdade não nos diz respeito. Uma lenda é uma lenda. Prefiro minha imaginação aos detalhes históricos".

---

[79] *The New York Times*, 11/01/1971.

"Caro avô. A portadora chegou com sua carta do dia 2 e o magnífico presente. Acho que a melhor forma de agradecer é contar logo como ele será aplicado. Com esses 100 dólares, vamos comprar suéteres para nos aquecermos nesse inverno. *Merci beaucoup, monsieur.* Os 'minguados dólares' [sic] representam uma contribuição valiosa que vai permitir alguns exageros que o orçamento de estudante não comportaria. Graças ao avô, vamos terminar o inverno vestidos como lordes. A Silvia está aqui ao lado preparando um trabalho para o Sciences Po. Eu me limito a dizer que o clima já está bem mais ameno, com a temperatura entre 5 e 8 graus."

(10/01/1971)

Embora então não soubéssemos, foi em janeiro de 1971 que sequestraram e desapareceram com o ex-deputado Rubens Paiva, pai do escritor Marcelo Rubens Paiva.

"A prima perguntou se eu escrevia para você e se você escrevia para mim. Eu falei que sim. Perguntei por que ela não escreve também para vocês e ela disse que vocês até devem ter esquecido dela. Vou ver se a convenço a escrever."

(Bilhete da irmã, 12/01/1971)

"Vou falar hoje de algo que deverá lhes interessar. [...] Desejo comunicar-lhes que estamos tentando comprar uma casa incrível em Paraty!"

(Carta do tio, 10/01/1971)

"No Uruguai, foi sequestrado o embaixador inglês. Como Pacheco Areco não negocia com os Tupamaros, dizem os jornais que a embaixada inglesa entrará em contato com eles para o resgate. Quanto ao embaixador suíço sequestrado no Rio, espera-se que o caso seja resolvido em breve. O Corinthians contratou um capitão para organizar o time e levantar o campeonato de 71. Nomeou um coronel como supervisor e dois sargentos como preparadores físicos. Vamos ver que bicho dá. Seu tio esteve quinta-feira em Paraty com o advogado para examinar os papéis de uma casa que pretende comprar. Espero que vocês tenham atravessado o frio intenso que caiu sobre a Europa sem resfriados nem inconvenientes maiores."

(Carta do avô, 11/01/1971)

## Sequestro: completada a relação

Da Sucursal de Brasília

Os ministros da Justiça e das Relações Exteriores divulgaram ontem nota oficial em que informam estar completa a relação de terroristas, que serão libertados para salvar a vida do embaixador da Suíça, sr. Giovanni Bucher, sequestrado há mais de um mês na Guanabara.

A íntegra da nota é a seguinte:

"O Governo, reafirmando o propósito de salvar a vida do embaixador da Suíça, sr. Giovanni Enrico Bucher, informa que, após o recebimento da lista, endereçada ao Ministério da Justiça, datada de 7 de janeiro corrente e firmada pelo sequestrado, considera completa a relação; em consequência está tomando as providencias para o embarque dos terroristas".

Brasília, 8 de janeiro de 1971 a) Alfredo Buzaid, ministro da Justiça e Mario Gibson Barbosa, ministro das Relações Exteriores".

No mesmo dia em que a *Folha* informa as providências tomadas pelo governo brasileiro para a libertação de Giovanni Bucher, embaixador da Suíça sequestrado em 7 de dezembro de 1970 no Rio de Janeiro, também dá na capa a notícia do sequestro, pelos Tupamaros, do embaixador inglês no Uruguai, Geoffrey Jackson.

"Meu caro avô. Desde segunda-feira estou com sua carta para responder, mas agora enfrento uma batida dura de trabalho e adio a correspondência até o fim de semana. Fiquei entusiasmado com a notícia de que o tio está pensando em comprar uma casa em Paraty; imagina que esta noite eu até sonhei que estava na praia, com um sol de rachar. O frio aqui já diminuiu, está bem suportável. Ontem fomos jantar com Ângela e adorei, pois era aniversário dela. O filho está muito engraçadinho e o jantar estava muito gostoso. Vou tocando a tese, Silvia está preparando um exame que será nos primeiros dias de fevereiro. Continue enviando os relatórios das animadas férias daí, que nós vamos lendo com um pouco de saudades. Na semana passada esteve aqui uma amiga de Silvia que mora em Bruxelas e trouxe uns queijos, entre eles um roquefort, lembrei de você e da sua primeira noite em Paris, quando comemos um roquefort inteiro e tivemos os dois uma bela dor de barriga no dia seguinte. Notícia: estamos diminuindo o cigarro numa tentativa de uma futura parada. Estamos fumando a metade do que fumávamos.

Com esta o recorte do *Le Monde* de 23 de dezembro de 1970, que fala da incrível iniciativa da PM de São Paulo: 'A Polícia Militar procura [...] correspondentes. A Polícia Militar do Estado de São Paulo, no Brasil, criou um 'gabinete de correspondência' que visa conectar estudantes brasileiros e franceses. É o que revela o comandante de uma 'companhia de intérpretes' desta polícia, numa carta dirigida ao *Le Monde*. A correspondência trocada, diz esse comandante, deve permitir que os estudantes franceses conheçam melhor o Brasil (e vice-versa). Ela pode ser feita em francês, inglês, espanhol, alemão, italiano etc. O comandante pede ao *Le Monde* que, por gentileza, informe seus jovens leitores desta proposta. Ao escrever para ele, os alunos dirão se desejam um correspondente masculino ou feminino, indicarão seu nome, endereço, idade, gostos pessoais etc. A iniciativa é louvável. Mas o comandante da companhia de intérpretes compreendeu todo o alcance de sua proposta? Porque os estudantes franceses, fascinados pela extraordinária vitalidade do Brasil, sua beleza e todas as suas formas de cultura, também se interessam, ou assim se pode pensar, pelos problemas atuais. Assim, poderiam aproveitar a oportunidade oferecida pela Polícia Militar de São Paulo para fazer algumas perguntas sobre um Estado que não é conhecido apenas pelo gigantismo industrial. Já sabemos que o famoso Esquadrão da Morte – essa organização clandestina formada por policiais, que executou sumariamente mais de mil pessoas em poucos anos – é particularmente desenfreada em São Paulo; que é nesta cidade que o líder dessa organização, o comissário Sérgio Fleury, tortura presos políticos, monta armadilhas das quais não saem vivos líderes revolucionários, como Carlos Marighella e Joaquim Câmara Ferreira; que foi também em São Paulo que sete dominicanos foram recentemente julgados – depois de torturados – por 'cumplicidade' com um dos movimentos guerrilheiros, a Aliança Libertadora Nacional. Como não tentar saber mais quando uma polícia militar oferece aos alunos, com tanta amabilidade, 'aumentar seu conhecimento geral sobre o Brasil'? Você pode escrever para o comandante no seguinte endereço: Quartel General D.P.M. Companhia de Intérpretes. Praça Cel. Fernando Prestes, 115, Luz. São Paulo, Capital (Brasil)."

(24/01/1971)

"Essa semana atrasei minha carta, só hoje, terça-feira, estou escrevendo. Fiquei até domingo à noite em Bragança, seu pai foi passar o fim de semana, e por isso atrasei a correspondência. O que as crianças comiam era de embasbacar! Pareciam gafanhotos famintos! Era chegar um bolo e em segundos só havia farelos, e os salgadinhos de aperitivos desapareciam do mesmo jeito, e quando havia sorvete então, nem se fala. Para sua irmã foi uma experiência, pois foi a primeira vez que se viu parte de um grupo grande com gente da idade dela. Eu sou aflitíssima e, estando em São Paulo, imagino a turma lá e os perigos de cavalo, aranhas, cobras etc. Mas, estando lá perto, vi que estavam todos ótimos e fora umas pequenas contusões normais, dores de barriga, resfriados, enfim, com tanta criança sempre havia algo, mas tudo sem gravidade. Recebi, na véspera de viajar, sua carta contando dos sucessos, e assim só hoje posso comentá-los. Fiquei entusiasmada com as notas da Silvia no francês! Casal danado! Gostei também de saber da sua aplicação na tese, pois com um trabalho assim metódico, acho que o rendimento será ótimo! O calor está tanto que estou escrevendo com o ventilador ligado! 34 graus em São Paulo e 40 no Rio!"

(Carta da mãe, 26/01/1971)

Enquanto Silvia cursava a Sciences Po, eu me dedicava à tese. A vida passou a ser menos movimentada, eu só saía de casa para algumas refeições, principalmente nos restaurantes universitários, ou aos fins de semana. As cartas também rarearam. Era inverno, e Paris estava gelada. A onda de frio que chegou no fim de dezembro persistiu em janeiro, com mínimas abaixo de 20 graus negativos em Grenoble, Saint-Étienne, Lyon e Nancy.

"Há uma semana o calor é muito intenso e tem havido centenas de casos de crianças com desidratação. Consequência do calor neste último fim de semana comprido de 25 de janeiro: na segunda morreram afogadas trinta e três pessoas nas praias e nas represas e lagoas ao redor de São Paulo. O caso mais angustiante e alucinante é o de um engenheiro que, numa das praias de São Sebastião, estava com o sobrinho brincando com uma bola que caiu no mar e se afastou da praia. Ele saiu em uma pequena canoa para recuperar a bola, o tempo fechou e eles foram levados. Já faz oito dias e não se têm notícias, apesar das buscas generalizadas nas imediações. O sobrinho é irmão de um menino que, no ano passado, tomando banho no Guarujá, foi apanhado pela hélice de uma lancha à gasolina pilotada por um ricaço e teve morte instantânea. Cada dia penso mais em você, espero com paciência a sua volta. O calor é tanto que, para usar uma expressão corrente, fundiu a cuca."

(Carta do avô, 28/01/1971)

"Acabei de receber sua carta do dia 23 e aproveitei a saída do pessoal para respondê-la. Quando fico pensando na mudança da nossa vida, custo até a entender como posso ser eu mesma que estava vivendo neste dia a dia, sem saber nada do que faremos; logo eu, que sempre fui tão preocupada e fazia tanta questão de segurança, de um teto meu, e todos os meus projetos eram pensados para encaixar os problemas de até os próximos dez anos! Vocês podem imaginar o pânico que senti ao perceber que tudo desmoronava, e que a segurança, a duras penas conquistada, lá se ia por água abaixo. Acho que é tão raro me abrir com alguém que quando começo, não paro mais..."

(Carta da mãe, 29/01/1971)

"Seu tio fechou negócio da compra da casa em Paraty. Falei hoje com sua mãe e ela reclamou que não tenho ido lá, o que é verdade. Faço votos para que Silvia tenha feito ótimos exames, sendo assim compensada pela sua aplicação nos estudos. Espero que a viagem ao Havre tenha sido agradável, três horas de trem? A água não estava muito fria?"

(Carta do avô, 29/01/1971)

### A IDA AO HAVRE

Fomos conhecer a Normandia e o porto do Havre, um dos maiores da Europa, numa viagem organizada pela Sciences Po. É uma região muito bonita, mesmo no inverno. Experimentei pôr os pés na água numa das praias, quase congelei. Foi na Normandia que desembarcaram as tropas aliadas na noite de 6 de junho de 1944 – conhecido como o "Dia D" –, numa operação militar que marca o começo do fim da Segunda Guerra e a vitória sobre as tropas de Hitler. Robert Capa, um dos mais respeitados fotógrafos de guerra, enfrentou os riscos e registrou a operação. Dez anos depois, então com 40 anos, embora o fotógrafo não quisesse mais saber de guerras, acabou aceitando um convite da revista *Life* para acompanhar um regimento francês na guerra da Indochina. Quando deixou o jipe para procurar um ponto melhor para fotografar uma troca de tiros, morreu ao pisar numa mina terrestre.

## 1971, FEVEREIRO

"Hoje, 2 de fevereiro, é dia de sua Iemanjá. Fui a Paraty com seu tio. Fazia um calor de escaldar, aquela atmosfera pesadíssima, *le ciel pèse comme un couvercle* [o céu pesa como uma tampa], Baudelaire. Não sei se você recebeu a carta dele sobre a casa de Paraty. É uma obra de arte de ficção e de intenso conteúdo freudiano. Nunca pensei que o racionalista pudesse dar largos à imaginação e encontrar tanta beleza onde ela só existe na imaginação impregnada de haxixe e LSD. O mito de Paraty é uma questão de moda. Na sua companhia e na dele, indo para as ilhas, é maravilhoso, mas só é maravilhoso quando você sai de lá e do alto da Serra o vê do Mirante. Acho ainda mais linda a vista do avião. Do cônsul Gomide, nada até agora, e a senhora dele já vem de mudança para o Rio. A telenovela da arrecadação de um milhão de dólares para o seu resgate já foi encerrada. Lembranças ao Henri e Ângela e um abraço muito apertado."

(Carta do avô, 02/02/1971)

"Essa semana não tivemos carta de vocês. Aqui vamos bem, num calor fora do comum. Segundo a *Folha*, há sete anos não atingíamos a máxima de 34 graus. De fato, não me lembro de tanto calor há muitos anos. E vocês aí, como vão de frio? Parece que melhorou bem, não é? Agora há uma nova confeitaria em frente ao Sirva-se[80] da Gabriel Monteiro da Silva, que tem croissants formidáveis e que me pareceram tão bons como os daí. Vocês viram a subida do Apollo XIII? Nós assistimos e calculamos que vocês também estariam vendo a chegada na lua, torcendo para dar tudo certo, não?"

(Carta da mãe, 06/02/1971)

"Sexta-feira passada fui a Campos do Jordão e fiquei lá até ontem. A estadia em Campos estava maravilhosa, dias lindos, com pancadas de chuva à tarde. A novidade em Campos é o teleférico, você paga 2 cruzeiros na cadeirinha para subir até o morro do Elefante e depois descer. As crianças adoraram, e eu acabei indo também porque fizeram questão que eu fosse ao menos uma vez. Eles tinham saído a cavalo, ido ao boliche, e as menores foram a um mingau dançante. Comem como uns lobos e fazem uma algazarra medonha. Fiquei surpreendido com a falência da Rolls-Royce, ainda mais pelo fato de ela decorrer de um contrato de 150 turbinas a jato que deveria fabricar para a Lockheed, cujo preço era quase a metade do custo da fabricação. Uma companhia tão antiga e tão experimentada cometer um erro tão grosseiro é inacreditável. *Believe it or not!* O fato aconteceu. Ontem houve um assalto numa fábrica na Avenida Presidente Wilson e levaram o pagamento dos operários no montante de 380 mil cruzeiros. Incrível! O seu rádio Grundig está sem um dos botões. Olhando para o rádio, é como se faltasse um

---

[80] Sirva-se era o nome do Pão de Açúcar da alameda Gabriel Monteiro da Silva, um dos primeiros supermercados de São Paulo. E a confeitaria era a Brunella.

dente da frente numa pessoa. Amanhã haverá um grande Carnaval no Teatro Municipal, inaugurando os festejos. Eu não me interesso por carnaval, mas ele ainda tem muitos adeptos."

(Carta do avô, 11/02/1971)

Os estudantes brasileiros de Paris gostavam de se reunir no Carnaval, às vezes chegavam até a tocar uma marchinha e ensaiar uns passos. Era, porém, uma coisa meio melancólica, um simulacro que nem chegava a lembrar a festa original. Coisa de exilado, ou de expatriado, tentando manter o vínculo com a grandiosa celebração do país distante.

"A revista *Elle* está agora sendo entregue por avião e sai a 6,50 cruzeiros, e já se pode vê-la na semana seguinte à que sai aí; a comum só é entregue de 2 a 3 meses depois e custa 4,90 cruzeiros. A que vem de avião tem muito mais saída e parece que é a única que vai ser vendida agora. De vez em quando falo nos preços aqui para vocês terem uma ideia, porque acho que a vida está muito cara e é bom vocês já irem se habituando. Pela primeira vez achei você nostálgico da pátria. Mas atribuí isso à combinação do resfriado e dos dias escuros de inverno e das nossas cartas falando do verão e de praias, ainda mais de Paraty. Mas, falando sério, há horas em que a saudade aumenta mesmo, não é? Não gosto nem de fazer muitos planos para a chegada de vocês, com medo de, no fim, haver mais um adiamento! E sei que vocês terão que fazer o que for melhor para a carreira e o futuro de vocês e por isso o melhor é não pensar muito! Seja o que Deus quiser!"

(Carta da mãe, 12/02/1971)

Talvez as notícias do verão, das praias e de Paraty trouxessem alguma saudade mesmo, ainda mais diante do inverno com gripe, ou resfriado, não me lembro mais. Mesmo assim, passava longe de mim a ideia de voltar. Eu adiaria o que fosse possível: quem sabe, até, depois de conquistado o doutorado, fizesse um concurso de agregação, que habilita ao magistério. Eu ainda via um tempo promissor na Europa.

"Estamos em plena terça-feira de Carnaval e São Paulo não podia estar mais pacata. Dos habitantes dos Jardins, pelos menos 80% estão fora, está um silêncio de espantar! Não fui à cidade esses dias e por isso não sei se por lá ainda há alguma animação, mas acho que cada ano o Carnaval aqui é mais desanimado e só o carioca ainda existe. Afinal o pobre do Gomide, o cônsul do Uruguai sequestrado pelos Tupamaros, foi solto após 205 dias de cativeiro e já está hoje no Rio! Fiquei tão contente por eles! Ele saiu graças à mulher, que saiu pedindo dinheiro para libertá-lo pelo rádio, televisão etc., e assim, embora só conseguisse um quarto do milhão de dólares pedido, conseguiu a libertação dele sem nenhuma intervenção oficial do Uruguai ou do Brasil. Valeu, afinal, o esforço dela, e isso é importante. De negócios por aqui continuamos na maré baixa, aguardando o novo governo para ver que mudanças trará. Fiquei contente de saber que Silvia foi bem na prova e estamos aguardando a nota para felicitá-la."

(Carta da mãe, 23/02/1971)

"Cheguei ontem à tarde da minha temporada em Campos do Jordão e por isso estou há muito tempo sem escrever a vocês. O tempo estava maravilhoso, muito sol até à tarde quando chovia forte, mas não durava muito. A temperatura ideal, 17, 18 graus à noite e durante o dia muito sol. No fim de semana antes do Carnaval, o chefe da Casa Civil sofreu um desastre de automóvel indo para Campos com o chofer e machucou bastante o rosto. Entraram vários cacos de vidro no olho esquerdo, que era do que ele mais enxergava, mas já saiu do Hospital das Clínicas. A sensação da temporada foi a libertação do cônsul Gomide, sequestrado pelos Tupamaros. Com quatro meses prisioneiro, perdeu oito quilos e já está de volta ao Brasil. Fora o terremoto em Los Angeles, tufão no Tennessee, a greve da Air France e os combates no Laos, não há novidade maior. O acontecimento marcante do Carnaval paulista foi o baile do Anhembi, compareceram 30 mil foliões, *excusez du peu!* [desculpe a modéstia!] Espero que você tenha vencido o resfriado e já esteja bem-disposto e trabalhando com empenho na tese."

(Carta do avô, 24/02/1971)

"Em tempo recorde, chegou aqui a carta do dia 20, pois hoje já estou respondendo. Ontem, afinal, recebemos os livros enviados por vocês e sei que vamos passar horas agradáveis com eles! Muito obrigada! Eu só conhecia de nome Forsyte Saga, mas os outros são novidades completas! Gostei muito do certificado do seu professor e indago quem é o Emílio que foi jantar, pois não tenho ideia."

(Carta da mãe, 26/02/1971)

### ■ EMÍLIO

Emílio foi nossa mais constante companhia em Paris. Era comum almoçarmos ou jantarmos juntos, muitas vezes vinha ao nosso apartamento. Era de Pernambuco, alto e magro, uma estampa que poderia parecer árabe. Fazia pós-graduação em Economia, acho que tinha uma bolsa do Brasil, pois sempre tinha relatórios a enviar. Ele e Silvia tinham mais afinidade, pois seu temperamento era rebelde e desafiador. Ele morava na Cidade Universitária e, quando mudamos para a Casa do Brasil, era comum jantarmos no restaurante da Casa da Índia, que tinha pratos com curry cujo aroma se sentia até do lado de fora. Quando se mudou para São Paulo, chegamos a acolhê-lo na nossa casa até que ele alugasse um apartamento perto da PUC, em Perdizes. Depois da separação de Silvia, perdi contato com ele. Soube, mais tarde, que morreu cedo, vítima de uma doença então incurável que teria contraído em Nova York.

"Meu caro avô. Hoje é o domingo mais radioso da temporada. Apesar dos 0° que o termômetro externo indica, o céu está azul, o sol brilha e o ar está transparente. A vida aqui continua no mesmo ritmo. Logo vamos sair para almoçar no *restô* [restaurante universitário] e aí porei esta carta na caixa de correio do Boulevard Jourdan. Ontem assisti na televisão a uma parte do jogo de rugby França x Inglaterra (14 a 14). À noite o canal 2 substituiu a programação normal por um programa de quatro horas em homenagem ao Fernandel, cuja morte só foi ultrapassada em repercussão pela do De Gaulle. O salvamento do alpinista Desmaison foi acompanhado com muita emoção por aqui. Fizemos uma grande faxina no 'moinho' esta semana, eu lavando as janelas e Silvia, as cortinas."

(28/02/1971)

## 1971, MARÇO

"Esta semana não tivemos o prazer de receber notícias diretas de vocês. Já estamos sem o calor excessivo, mas com muitas chuvas, e houve grandes inundações no Rio, em Cubatão e aqui em São Paulo, mas nada de maior na nossa zona. Como sempre, o problema foi no Parque Dom Pedro, para os lados do mercado e nas favelas. Há um colosso de desabrigados, coitados! Houve desabamentos na via Anchieta também. Custou tanto a chover e depois, num só dia, o índice pluviométrico acusou mais água do que o normal no mês de fevereiro inteiro! Vocês estão fazendo muita falta!"

(Carta da mãe, 06/03/1971)

"Parabéns por considerar o domingo mais radioso da temporada, apesar do 0° que o termômetro externo aponta. O céu está azul, o sol brilha e o ar está transparente. Isso é o que eu chamo de adaptação. Aqui não faz frio, e depois de meses sem chuva houve um verdadeiro dilúvio em São Paulo, Guanabara, estado do Rio. Houve mais de uma centena de mortos. Domingo passado o presidente Médici foi à inauguração do Estádio da Fonte Nova, em Salvador. No estádio havia 110 mil pessoas e de repente alguém gritou que o estádio estava caindo. Outra versão, estourou uma lâmpada dos refletores e a multidão assustada despejou-se das arquibancadas. Na confusão, houve três mortos e mais de 200 feridos. Vi pela televisão o 'estouro da boiada', fiquei muito chocado. Amanhã haverá boxe direto de New York, Patterson *versus* Clay, e pretendo assistir apesar de começar à meia-noite. Patterson é favorito, mas o meu palpite é Clay. Li há dois dias que uma onda de frio muito severa alcançou o sul da Europa, atingindo até a Costa Brava e o sul da França. Pode estar certo de que terá sempre em mim o companheiro para ir a Paraty, apesar das restrições que faço aos exageros quando vocês falam sobre a cidade e suas encantadoras belezas. Estou vendo que a televisão a cores está sendo usada por vocês e proporcionando vários programas interessantes, foi bom mesmo terem alugado. Você verá com certeza amanhã a luta Joe Frazier *versus* Cassius Clay.[81] Estou degustando uma *dragée* Martial [confeito da marca Martial], a última de uma caixa que comprei em Orly e da qual tenho comido duas por dia. É a *friandise* [guloseima] mais deliciosa que eu conheço. Um abraço muito apertado do seu *lonely, so lonely, Bloom* [referência a *Ulysses*, de Joyce]."

(Carta do avô, 07/03/1971)

---

[81] Cassius Clay já adotara o nome muçulmano de Muhammad Ali, e essa ficou conhecida como a luta do século.

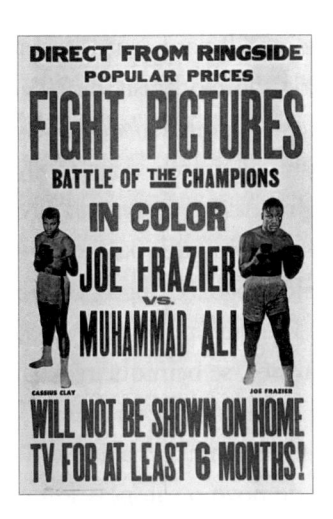

"Estou terminando *The Arms of Krupp* [As armas de Krupp] e impressionado com o poder do dinheiro. Os americanos não poderiam consentir que o maior capitalista da época fosse despojado de seu império e continuasse na prisão. José Olympio telefonou-me há pouco me convidando para ir com ele à casa do Haroldo de Campos, que traduziu trechos do Finnegans Wake e é um grande conhecedor de Joyce. Ele publicou agora um livro sobre Pedro Kilkerry, o poeta baiano que eu conheci na Bahia na minha mocidade. Talvez por isso ele queira me conhecer para falar do Pedro."[82]

(Carta do avô, 15/03/1971)

"Que grande alegria foi, após mais de vinte dias, receber suas cartas. Adorei o papel de carta e a *Paris Match*, que ficou logo

---

[82] Pedro Kilkerry foi um advogado, jornalista e poeta baiano, descendente de irlandeses e filho de uma ex-escravizada, que morreu em 1917, aos 32 anos. Alguns de seus poemas foram recolhidos em 1968 por Augusto de Campos, que o considera um dos precursores do modernismo no Brasil.

com papai, que hoje se declarou entusiasmado com a primeira reportagem séria sobre o Brasil, o que aliás estava escrito também na primeira página da *Folha* de hoje! Eu cedi a minha vez a ele e, assim, nem folheei ainda a revista, mas espero recuperá-la amanhã. Adorei a carta de Silvia e achei ótimos os planos, e nem acredito que vocês estão mesmo pensando seriamente em voltar logo! (O logo é outubro mesmo, estou pensando, hein?) Quando puder mande a receita de *fondue* para experimentarmos, se bem que não vai mesmo ser possível fazer com queijo francês, e não sei se com o nacional dá certo, mas vale a pena tentar. Imagino o prazer enorme que deve ser o de ver de novo o sol, pois só um dia escuro aqui já me deixa melancólica e infeliz. Sei que a muitas pessoas isto não afeta, mas eu não consigo. Voltando aos projetos de Silvia, achei ótimo ela estar se decidindo pela advocacia, acho formidável! Sua irmã já anda fazendo planos para quando tiver sobrinhos e é engraçadíssimo ouvi-la falar sobre isso!"

(Carta da mãe, 18/03/1971)

## Revista francesa dedica 16 paginas ao nosso progresso

Da Agencia AFP

PARIS — Os franceses foram brindados esta semana com um caderno especial do semanario Paris Match" exibindo o Brasil moderno e suas realizações.

Ao longo das 16 paginas dessa reportagem, a França, bem como os paises da Europa em que está à venda o numero, cuja tiragem foi de 2.300.000 exemplares, pode, com um sentimento misto de surpresa e admiração entusiastica, contemplar a imagem de um Brasil que a grande maioria desconhecia. Em lugar do seu folclore e de seus aspectos primitivos já tão explorados, os franceses receberam o impacto de um Brasil inedito para eles, através do texto do grande reporter François Caviglioli e de imagens do fotografo Patrice Hadans, comentando e ilustrando o fantastico desenvolvimento industrial e economico atual desse país com dimensões de continente.

A imprensa, a radio e a televisão francesas, bem como todos os orgãos de difusão européia vêm comentando e elogiando a realização da reportagem que veio preencher a lacuna existente até agora quanto ao conhecimento publico internacional das realizações do Brasil moderno e seu modo de vida.

"Esta semana foi muito quente e não tem chovido. A principal notícia da semana foi a condenação à morte de um terrorista que matara um soldado da Aeronáutica na Bahia. O assassino de 18 anos foi condenado lá mesmo. Eu tenho a impressão de que o presidente acaba comutando a pena para prisão perpétua. Esta semana foi muito agitada na Argentina: em Córdoba, a CGT ordenou a greve geral e houve vários confrontos com a polícia, com saldo de dezenas de mortos. No Chile também o Allende está passando dificuldades. No dia 31 deste mês, o Santos com Pelé jogará em Paris contra um combinado Lille e Saint-Étienne, em benefício de uma associação de combate ao câncer. Já falta menos de um mês para o casamento do Gui. Hoje todo o time do Corinthians foi a Aparecida para conseguir de Nossa Senhora da Aparecida que ele ganhe o campeonato este ano. Só se ela for jogar no gol e não deixar entrar nenhuma bola."

(Carta do avô, 20/03/1971)

"Ontem fui almoçar com seus pais, tinha frango assado, um bolo de peixe com batata e uma salada de alface e tomate. Comi só o peixe, que estava delicioso. Sobremesa, doce de figo em compota. Fui com Gui e Beto ao Morumbi, minha previsão foi errada: ganhou o São Paulo por 2 a 1. A turma delirou. Com a chuva intensíssima de ontem, a temperatura caiu e agora o sol já está brilhando. A chuva de ontem encheu o 'buraco do Ademar', no Anhangabaú. Morreu sábado no Hospital das Clínicas, de câncer, Joãozinho da Gomeia, pai de santo baiano que vivia há muitos anos em Duque de Caxias, no estado do Rio. Espero que vocês estejam felizes em plena primavera."

(Carta do avô, 22/03/1971)

Mesmo apreciando a culinária francesa, até a mais simples, eu suspirava ao ver a descrição dos almoços de família. Sempre se comeu bem na minha casa, e havia pratos e doces tradicionais que eram muito apreciados. Desde o arroz e feijão de cada dia até os pastéis e croquetes. Às vezes recebíamos uma lata de feijoada, ou umas cocadas, uma festa. Certa vez ofereci goiabada com queijo a Claude e outro amigo francês, eles acharam a combinação horrível.

"O general Levingston foi apeado do governo pelo general Lanusse, que, diga-se de passagem, é um exímio jogador de xadrez: já deu xeque-mate em três presidentes argentinos, Ilia, Aramburu e Levingston. Os dois últimos colocados no tabuleiro por ele e por ele derrubados por xeque-mate. Está em Brasília o chanceler peruano, também general, trocando comendas com o Gibson. Ontem à tarde escureceu às quatro horas e caiu uma chuva muito violenta, causando inundações em diversas partes da cidade. O nosso prefeito ontem mesmo prometeu acabar com as enchentes. Faria Lima já tinha anunciado há três anos que tinha acabado com as enchentes. Você acha possível que os americanos reelejam o Nixon? Eu não me admiraria se isso acontecesse. Ele está anunciando que retirará todos os americanos do Vietnã em 1972 e acha que a invasão do Laos foi um grande sucesso, apesar de todas as provas em contrário. Transcrevo o trecho de uma revista americana sobre a retirada precipitada do Laos: 'Foi consequência da reação selvagem, violenta e desproporcional dos norte-vietnamitas'. Que bandidos! Reagirem dessa maneira ao ataque civilizado, cordial e proporcional dos americanos e sul-vietnamitas! Hoje, nova chuva violenta à tarde e inundação em vários pontos da capital. Vocês estão em plena primavera e toda mudança de estação exige despesas. Como vão as finanças? Tenho grande admiração pelo casal como financistas de escol, porque têm conseguido viver dentro de um orçamento apertadíssimo. Mas o importante é que vocês estão felizes e unidos."

(Carta do avô, 24/03/1971)

"Essa semana saiu uma revista com retrato grande do Flávio dando todos os títulos dele como enxadrista e com dois artigos muito bonitos dizendo que ele talvez tenha sido o melhor enxadrista que já passou pela Poli. Fico pensando na expressão dele, se em vida imaginasse sequer uma coisa destas! Mesmo para nós foi a maior surpresa saber que era campeão brasileiro universitário. Coitado, tantas alegrias e vitórias teria ainda pela frente! E como nós o aborrecemos pelo tempo que desperdiçava jogando xadrez, em vez de estudar! Papai anda nas fases meio deprimido. Sua avó também acho bastante envelhecida. Vocês vão achar a gente bem mais acabada e é bom estarem preparados."

(Carta da mãe, 28/03/1971)

"*Mon cher grand-père*: aqui a primavera ainda não se decidiu a entrar em campo e a torcida já está impaciente. Dentro de alguns minutos assistirei pela TV ao jogo do ano de rugby, França contra País de Gales, final do Tournoi des 5 Nations.[83] Quarta joga o Santos, e só se fala nisso. O Pelé está nas manchetes e vão televisionar o jogo. Fora a rebelião no Paquistão Oriental e o 'sucesso' do seu amigo Nixon no Laos, no mais nada de novo. Li alguns trechos

---

[83] A França acabou perdendo de 9 a 5.

resumidos dos Krupp na *L'Express* e achei muito interessante. Não deixe de ler o livro do Jacques Monod, *O acaso e a necessidade*. Fico contente de saber que o *Le Monde* já está chegando no Brasil."

(27/03/1971)

**1971, ABRIL**

"Hoje está um dia lindo de céu azul, temperatura agradabilíssima, 17°. O Santos não brilhou em Paris, muito menos o Pelé, que um cronista francês disse que mais parecia um turista cansado. O nosso amigo Nixon, no caso Calley, tomou uma atitude que me deixou entusiasmadíssimo.[84] A manifestação maciça do povo americano ao seu anti-herói é de estarrecer e o Nixon, com olho na reeleição, endossa o movimento pró-Calley. Um povo que reage deste modo está podre e só nos resta torcer para que os N.V. [norte-vietnamitas] continuem a oferecer uma resistência selvagem e inesperada aos ataques dos aliados. Estou lendo *O jogo de amarelinha*,[85] do argentino Julio Cortázar, que morou dez anos em Paris, será que ainda mora? Já li alguns livros dele e gostei muito. Este livro se passa em Paris e sempre na Rive Gauche. E vai vagabundeando, Pont Saint-Michel, Pont au Change, Rue des Lombards, Châtelet, Tour Saint-Jacques, Rue du Cherche-Midi, Boulevard Saint-Michel, Pont des Arts. 'Outras vezes, porém, continuávamos até

---

[84] O presidente Nixon ordenou, no dia 1º de abril de 1971, a imediata libertação do tenente do Exército, William Calley, que um dia antes havia sido condenado à prisão perpétua pela Corte Marcial pelo assassinato de vinte e dois aldeões sul-vietnamitas em My Lai em março de 1968.

[85] *O jogo da amarelinha*, de 1963, foi publicado pela Civilização Brasileira e, mais tarde, pela Companhia das Letras, 1ª edição, 2019.

a Porte d'Orléans, conhecendo a zona de terrenos baldios para lá do Boulevard Jourdan..."'

(Carta do avô, 06/04/1971)

O Boulevard Jourdan nos era muito familiar, pois nele se situa a Cité Universitaire Internationale, em cujos restaurantes almoçávamos com frequência. Era uma boa caminhada do nosso apartamento na Avenue Jean Moulin, ladeando o Parc Montsouris, ou podíamos ir de metrô. Mais tarde, mudamos para a Casa do Brasil, e aí viramos moradores da Cité.

A Porte d'Orléans era o ponto final da nossa linha de metrô, que hoje vai até a prefeitura de Montrouge. Era o nosso transporte do dia a dia para ir a qualquer lugar. Alésia era a oitava estação a contar de Saint-Germain-des-Prés e a última antes da Porte d'Orléans. Duas paradas antes da nossa estava a Denfert-Rochereau, que fazia correspondência com o RER B, que ligava o Luxemburgo à Cidade Universitária em poucos minutos.

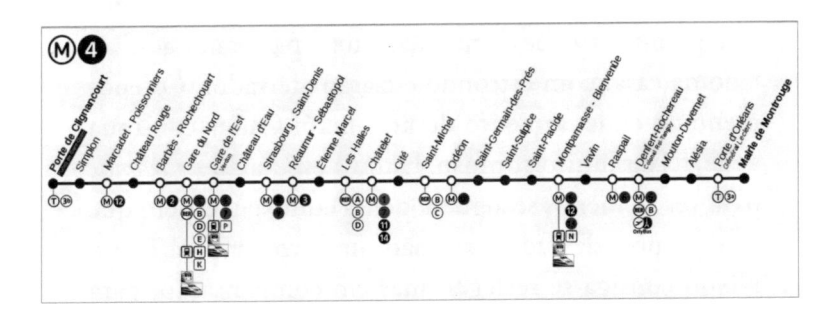

"Hoje, Sexta-Feira Santa, passamos o dia todo em casa, a não ser por uma ida à igreja, mas convidei seus tios e sua avó para almoçar, pois hoje é aniversário dela, como você deve ter se lembrado, e nós somos os únicos da família a permanecer em São Paulo. Achei que seria bom nos reunirmos e de fato foi muito agradável. Sua avó veio terminar o cuscuz de camarão, pois ela é perita, e nós deixamos tudo preparado só para ela misturar e colocar na cuscuzeira e saiu uma delícia! Fiz o bolo da família, ficou ótimo! Que pena não poder mandar um para você aí. Lembro-me sempre do seu entusiasmo pelo bolo de nozes. Já que estamos falando em comida, muito obrigada pelas receitas que mandou, vou experimentá-las assim que puder. Adorei os retratos que mandaram! Tenho andado com eles na bolsa e todos os que viram acharam vocês ótimos! Não achei ninguém gordo. Achei a comida aí cara, mas não tão mais cara do que esperava. Bem, tenho jogado na loteria esportiva na esperança de poder ir vê-los ainda na primavera, torçam daí para ajudar…"

(Carta da mãe, 09/04/1971)

"Estou escrevendo da fazenda em Bragança. Ontem à noite tivemos um temporal violentíssimo, chuva torrencial, granizo, trovões, um raio caiu no para-raios aqui ao lado da casa, com estrondo e clarão aterrador. O fenômeno do endeusamento do anti-herói Calley continua a me deixar muito confuso. Estou à espera do *Le Monde* para ver ao menos se alguém pensa como eu, espero que sim. Depois de tudo isso, não me surpreenderá que o Nixon consiga se reeleger, mas em compensação, para conseguir o seu desiderato, ele terá de retirar os americanos do Vietnã, e retirando-os acabará com a guerra. Hoje haverá procissão do Senhor Morto. Um conhecido está fazendo um filme do tempo da escravatura aqui em

Bragança. Um escravo herói do filme será o Pelé, por isso é possível que eu vá assistir a procissão. Estou com muita saudade de vocês e entendi pela sua carta que vocês não voltarão em outubro como almejado. *Good luck* para vocês aí, mas nós estamos ansiosos para vê-los de novo conosco."

(Carta do avô, 09/04/1971)

"Ontem foi metralhado, na esquina da alameda Casa Branca com a Rua Barão de Capanema, o presidente da Ultragaz, senhor Boilesen,[86] um dinamarquês de 57 anos, naturalizado brasileiro e residente aqui havia vinte anos. Às 9h30 saiu de casa na Rua Estados Unidos, foi fechado por dois VW, saiu pelo lado direito, atravessou a rua correndo e caiu vazado por balas de metralhadora, doze no crânio, junto uma foto do local. Os terroristas deixaram panfletos dizendo que o senhor Boilesen era agente da CIA, financiador e dirigente da operação Bandeirante. A repercussão foi tremenda porque ele era muito conhecido e dirigia uma das maiores organizações comerciais de São Paulo. Ontem faleceu em Estocolmo o embaixador iugoslavo, vítima de revolucionários croatas. Até na Suécia acontecem ataques de terroristas. Acabei de ler hoje *Páginas íntimas e de auto-interpretação*, do Fernando Pessoa, livro que me deixou uma fortíssima impressão. Assisti na terça-feira o Pedro Aleixo na televisão e fiquei até depois da meia-noite porque o homem é muito inteligente e ágil de espírito. Ele está querendo fundar o terceiro partido, Partido Republicano, e está ganhando adeptos para completar o número exigido por lei.

---

[86] Para saber mais, ver: https://bit.ly/3X6CqDN

Espero que a primavera já esteja proporcionando aquela alegria de viver que dá na gente o renascimento das folhas trazendo de volta o verde."

(Carta do avô, 16/04/1971)

■ Local do atentado em que foi morto Henning Albert Boilesen.

"O casamento do Gui foi bonito e tudo correu *sur des roulettes* [às mil maravilhas]. A recepção estava muito agradável. A cerimônia será descrita por sua mãe com bastante detalhe, estou certo. A Cocoroca, minha cachorrinha, morreu na madrugada do dia 19. Amanheceu morta. Estava doente havia vários dias e não queria comer. Senti muito a falta da minha companheira de mais de sete anos e fiquei muito triste. Já foram mortos dois dos assassinos do

Boilesen, e é provável que, em pouco tempo, prendam os três que faltam."

(Carta do avô, 21/04/1971)

"Desde domingo de Páscoa que queria comentar a graça que foi seu 'alô', tão calmo, que nem perguntou quem estava falando e nem demonstrou a menor surpresa. Achei, afinal, que era como se vocês estivessem aqui e eu telefonasse todos os dias. Preciso dizer o quanto fico feliz quando chegam tantas e tão boas cartas e como esqueço a distância tão grande e me sinto muito próxima ao saber dos planos e projetos de toda a vidinha tão gostosa de vocês aí! Acho que os projetos todos são ótimos, equilibrados e bem cheios de reais possibilidades, estou segura de que vocês não terão nenhuma decepção, pelo menos é o que eu espero. Bem, no dia do casamento, graças a Deus correu tudo muitíssimo bem! Gui deu um noivo bonitão e alegre! Ela estava linda, nunca vi noiva mais feliz! Graças a Deus tive uma serenidade inesperada e consegui não estragar nada da alegria deles! Seu pai estava muito emocionado e sua irmã, uma gracinha! Ficou uma mocinha no vestido longo e estava muito alegre e feliz. Ao mesmo tempo, levou muito a sério o papel dela de carregar as alianças."

(Carta da mãe, 22/04/1971)

"Parece incrível que eu esteja escrevendo só agora, depois de tanto tempo. Antes de começar a contar os fatos, queria dizer que quando eu estava aí, não tinha me dado conta ainda de que a minha sorte não estava na oportunidade de viver a vida parisiense, mas sim na oportunidade de viver a vida de vocês. Aconteceu milhões de vezes de eu me pegar pensando o que vocês pensariam e como agiriam na mesma situação. De verdade, é isso que eu quero agradecer. Conheci um rapaz e nós ficamos amigos, e entre dois pedaços de tempo nós conhecemos as nossas vidas. E nós nos entendemos e não nos julgamos. Assim, de uma intimidade sem pretensões, a gente começou a se querer bem. Gostaria demais que vocês pudessem conhecê-lo. É um cara batuta. Boa gente, é só isto. Queria muito que vocês estivessem aqui. Avisa o Emílio que na mesma semana que eu cheguei os relatórios foram entregues. Como você foi de prova? Escrevam, né? Lembranças para o Henri, Ângela e Bernardo."

(Carta da prima, 23/04/1971)

"Está um frio medonho desde ontem e foi completa a mudança de tempo, sem nenhum dia de clima temperado. Sua última carta me deu a sensação de ter sentado junto de você e conversado como costumávamos fazer. Gostei tanto! Foi uma conversa comprida e gostosa como as que tínhamos junto à lareira em Campos do Jordão, onde as férias e o clima predispunham aos longos papos de que o Flávio tanto gostava também. Que bom saber dos projetos de vocês, que me pareceram ótimos!"

(Carta da mãe, 25/04/1971)

## ▪ REFLEXÕES SOBRE A TESE

"Prezado orientador. Tenho a honra de lhe enviar estas poucas reflexões que acabo de escrever com vistas à elaboração de minha tese. O esboço introdutório que encontrará em anexo é o resultado de um esforço inicial de redação, e acredito que possa ser uma base útil para desenvolvimentos futuros. Antes de me comprometer em definitivo com o caminho traçado, gostaria muito de contar com sua orientação. Acredito que, nesta fase do trabalho, já poderia me beneficiar muito com suas críticas e observações e, por isso, gostaria de pedir a gentileza de me receber no dia e horário que lhe forem mais convenientes. Em anexo, envio também uma bibliografia de trabalho que acabei de preparar a partir dos arquivos estabelecidos desde o início de minha pesquisa. Não achei útil acrescentar os manuais e tratados usuais. Destaquei as obras cuja leitura me permitiu chegar a essas primeiras conclusões que hoje apresento."

(26/04/1971)

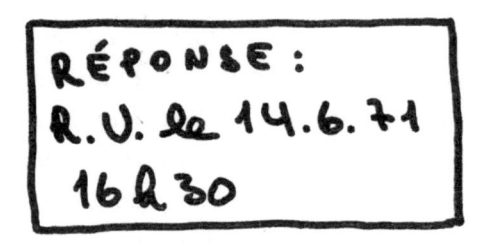

A elaboração de uma primeira tese é cheia de armadilhas, mas é preciso enfrentar o trabalho para descobrir isso. Como temos um orientador, esperamos dele uma orientação, parece óbvio, mas não é bem assim, esse é o primeiro engano. Meu orientador era um professor de prestígio entre os quadros tradicionais da faculdade de Direito, tinha o título de decano. Tentei discutir com ele uma linha teórica, estudei Kelsen e gostaria de saber como era recebida na França a linha formalista. Ele nunca entrou nessa conversa, acho que a teoria geral não o interessava muito. E assim fiquei lendo muito e pesquisando bastante, o que foi bom para minha formação, mas na questão prática de fazer uma tese não me ajudou em nada. Segunda cilada, passei muito tempo na biblioteca lendo toda a bibliografia de Direito Público, fazendo anotações e tirando cópias. Também de pouco me serviu, embora minha lista de bibliografia – consultada e compilada – tivesse várias páginas. A cada vez que conversava com o orientador, ele dizia: 'Envoyez-moi du papier' [Me mande por escrito]. Eu mandava meus textos, ele os devolvia com correções em vermelho da ortografia ou da gramática, mas sem entrar no mérito. E assim fui tocando a tese. Escrever um livro é um pouco a mesma coisa. Para rever aquela época, adquiri toda uma biblioteca sobre a cidade de Paris, livros de história, atlas, mapas, guias, almanaques e anuários dos anos 1960 e 1970. Só sobre a guerra do Vietnã foram cinco ou seis livros. Exemplares de cada ano do *Journal de l'Année*, da Larousse, ensaios sobre maio de 1968, 1969, o pós-guerra, De Gaulle, o governo Pompidou, o maoísmo na França. Adorei folhear isso tudo, mas me senti soterrado por uma montanha de materiais que não caberiam nem numa coleção maior do que *A comédia humana*, de Balzac, com suas mais de dez mil páginas. Durante alguns anos fui juntando essas coisas, que ocupam grande espaço na minha estante. Custou, mas percebi que nunca conseguiria abranger todos os fatos e aspectos de uma época. Resolvi, afinal, limitar-me às minhas lembranças e à experiência que, embora singular, não deixa de ser um reflexo do período. O resto das coisas posso doar a quem se interessar, nem tenho onde guardar. E o resultado, essas linhas, essa *collage*, podem ser lidas por quem tenha algum tempo a perder.

"Uma onda de frio invadiu São Paulo. Essa madrugada fez 7º e dezesseis pessoas que dormiam ao relento morreram de frio. Já fui ao clube e com a caminhada esquentei um pouco. Vi pelos jornais que houve uma passeata de 200 mil pessoas em Washington DC protestando contra a Guerra do Vietná. Não sei como o Nixon vai se sair dessa, porque para se reeleger ele é capaz de retirar as tropas americanas do Vietná até 1972. J. Edgar Hoover também está sendo atacado por vários congressistas que querem a sua saída depois de quarenta e sete anos como chefe do FBI e com 75 anos de idade. Nixon e Mao estão se namorando numa mesa de pingue-pongue.

'O que há de mais estranho nos indivíduos públicos é o pouco que conseguem aprender com a experiência flagrante. A tensão nervosa tornou-se um estado normal na maioria dos incluídos na marcha das coisas públicas e sociais. Em cada homem moderno há um neurastênico que tem que trabalhar. A maioria é essencialmente espectadora. Democracia é o mais estúpido de todos os mitos, pois nem sequer tem caráter místico. Quer duas coisas ao mesmo tempo: mudança e não quer revolução. Descobri que a leitura é uma forma servil de sonhar, se tenho de sonhar por que não sonhar os meus próprios sonhos? Cada vez estou mais só e mais abandonado. Pouco a pouco quebram-se todos os laços, breve ficarei sozinho. Assim como o criador de anarquias me pareceu sempre o papel digno de um intelectual (dado que a inteligência desintegra e a análise estiola). Irritar é um modo de agradar. Não se admite que um artista escreva poemas patrióticos como não se admite que o político escreva artigos antipatrióticos.' Esse trecho é quase todo do Fernando Pessoa. O que resta dele é para transmitir a saudade imensa que sinto. Pessoa diz no livro *Páginas íntimas e de auto-interpretação*,[87] mas não consegui encontrar a frase que diz que só há uma arte, que é a literatura; pintura, escultura etc. são artesanato."[88]

(Carta do avô, 26/04/1971)

## ◼ PESQUISA

As bibliotecas, em especial a da faculdade de Direito, eram minha principal fonte de pesquisa. Mas havia também o *Quid? Tout pour tous* [O quê? Tudo para todos], uma espécie de enciclopédia em um só volume, com mais de mil páginas e um milhão de informações, publicada todo ano entre 1963 e 2007. O livro chegou a vender mais de meio milhão de exemplares e, na edição que eu usava, de 1969, que custava 28 francos, era possível descobrir que a Varig, em 1967, tinha 94 aviões, nos quais tinham voado 1.890.163 passageiros. Ainda, que a população da Albânia era um pouco maior, com 1.914.000 habitantes, e que seu chefe de Estado era Haxhi Lleshi, nascido em 1913. Nem sempre as informações eram exatas, mas constava que o Brasil tinha 89.815.000 habitantes, entre os quais 150 mil *indiens de la jungle* [indígenas da floresta]. Mais tarde, por curiosidade, comprei num sebo a edição de 1980, que trazia um questionário preenchido pela antiga proprietária,

---

[87] Fernando Pessoa, *Páginas íntimas e de auto-interpretação*, Ática, 1979.

[88] "A literatura é a forma intelectual de dispensar todas as outras artes. Um poema, que é um quadro musical de ideias, dá-nos a liberdade, através da compreensão que dele tivermos, de ver e ouvir o que queremos. Todas as estátuas e pinturas, todas as canções e sinfonias, são tirânicas em comparação com isto. Num poema, temos de compreender o que o poeta pretende, mas podemos sentir o que quisermos" (Fernando Pessoa, *Sobre a arte literária*, Assirio & Alvim, 2022).

uma estudante de 15 anos, filha de brasileiros, que depois se tornou uma atriz famosa. Ela esclarecia que tinha comprado seu próprio exemplar, que não o fazia todos os anos e que só o consultava "quand je m'emmerde", ou seja, em linguagem diplomática, quando estava aborrecida.

**1971, MAIO**

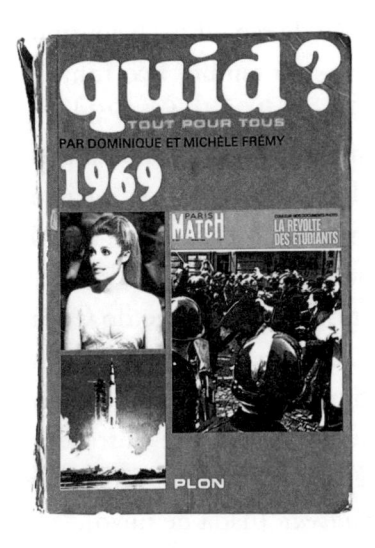

"Hoje chegou uma nova onda de frio e ouvi no rádio que esperam geadas em São Paulo, Paraná, Santa Catarina, Rio Grande do Sul, em lugares abaixo de 600 metros de altitude. São 15h30 e está tão escuro e chovendo fino que eu tive de acender a luz para escrever esta. Sua mãe esteve aqui ontem e está bem-disposta, mas preocupada com os negócios do seu pai, que continuam ruins. Estamos cada dia com mais saudades de vocês e prelibando o prazer de um longo papo. Seu amigo Nixon prendeu em um dia 10 mil manifestantes e, segundo jornais, impediu novas manifestações. O ouro em Paris e em Londres foi vendido a quatro dólares e espera-se uma desvalorização do dólar."

(Carta do avô, 04/05/1971)

"Hoje tivemos um dia de sol e a temperatura subiu, mas a onda de frio deve estar de novo aqui amanhã. Cada dia estou mais de acordo com o *maître* Montaigne: 'Je suis bête de compagnie, non pas de troupeau' [Sou animal de estimação, não de rebanho]. Não suporto muita gente falando ao mesmo tempo, fico tonto. Domingo será a corrida do Grande Prêmio São Paulo, com cavalos da Argentina, Chile e Uruguai, e com a presença do presidente da República. Eu espero ver o páreo pela televisão. Gui esteve domingo no Pacaembu, assistiu a derrota do Corinthians diante do Ponte Preta e me disse ontem que resolvera não ir mais assistir jogo do Corinthians porque ficava arrasado, que era a única paixão que não o deixava raciocinar. O Supremo não julgou o *habeas corpus* impetrado pelo delegado Fleury[89] e outro do esquadrão por ser de competência do Tribunal Federal de Recursos. No mais, *rien de nouveau* [nada de novo]."

(Carta do avô, 07/05/1971)

"Vivo torcendo para que o seu trabalho ande rápido e vocês possam voltar logo para perto de nós! Seria tão bom ter vocês aqui conosco! Acho que vocês nem avaliam a falta que têm feito. Os negócios de seu pai estão em uma fase dificílima.

---

[89] O delegado Sérgio Fleury estava sendo investigado e foi denunciado pelo Ministério Público Paulista, acusado de responsável pelos homicídios praticados pelo Esquadrão da Morte, o qual chefiava. https://bit.ly/3ZE7FHC

É um tempo duro de indecisão e aflição para nós. Seu pai tem lutado tanto! Não sei como aguenta! Desculpe logo hoje estar lhe preocupando com os nossos problemas que você não pode resolver. Enfim, vamos ter calma, esperar com paciência o que tiver que vir e vocês darem bem conta de seus compromissos aí e depois conversaremos dias seguidos quando voltarem."

(Carta da mãe, 04/05/1971)

Ao lado da minha vida de estudante, com muito trabalho, mas também muita satisfação, acabava vivendo, por meio da correspondência, a vida da família, com algumas alegrias e muitas dificuldades. Embora percebesse repetidos anseios em torno da nossa volta, eu sabia que estava no lugar certo, me preparando para um futuro construído a partir da experiência e do conhecimento. O Brasil vivia uma fase pobre de ideias com o insuportável panorama político da ditadura. Era, portanto, a fase ideal para eu me preparar o melhor que pudesse. Eu achava que um dia as coisas iam mudar, e aí eu poderia dar uma contribuição, pois muitos professores de Direito se aliaram à ditadura, ou, no mínimo, se acomodaram. Por mais que as trocas epistolares e o apoio da família fossem ricos, uma das maiores vantagens do exílio voluntário era fugir da acomodação e procurar alcançar um horizonte mais amplo do que o das convenções da casa paterna e dos amigos.

"Recebi ontem à noite a ótima carta do dia 2 e apresso-me a respondê-la. Há cartas que trazem vocês mais ao vivo e essa foi uma delas, senti-me mesmo perto e conversando com você! Nossas notícias aqui são as mesmas, tudo muito confuso também. De um lado grandes esperanças e possibilidades que não se concretizaram e, do outro, a permanência dos compromissos assumidos e que são enormes. Domingo foi aqui o Dia das Mães e foi um dia muito triste para mim. Fui à missa e depois ao cemitério e almoçamos só nós três, e foi duro lembrar da alegria dos outros anos passados, com todos reunidos à volta da mesa. Papai anda meio sumido, coitado, ajuda no que pode e tem sido um amor, mas quando vê as coisas muito pretas por aqui eu acho que fica tão aflito que prefere nem estar perto, e é bom mesmo que se poupe um pouco, pois está bem velho já para tantos golpes. Muitas vezes penso que o melhor seria mudarmos para a casa dele. Pelo menos, seria um teto nosso, e ele está muito só, mas não decidimos nada ainda."

(Carta da mãe, 11/05/1971)

## ▓ SEM TEMPO

"Silvia está pensando em fazer vestibular no fim deste ano para a faculdade de Direito, mas não é minha influência, não. O curso de Ciência Política que ela está fazendo acaba em junho e aí ela vai começar a estudar para o vestibular. Paris é uma cidade genial mesmo, que agora está ainda mais bacana com a chegada da primavera, as árvores, o sol, o calor e tudo o mais. Eu tenho trabalhado feito um louco, para ver se até o fim do ano consigo escrever a minha tese, o que faz com que eu não tenha muito tempo para escrever cartas nem para quase nada."

(11/05/1971)

Uma das coisas que me atraía em Silvia era seu gosto pelas artes, pelo espetáculo, pela novidade. Não sei de onde veio a ideia de estudar Direito. Não me entusiasmei, mas nunca manifestei qualquer restrição. Eu a apoiava no que ela queria. E tocava meu trabalho, o dia todo, sem muito tempo para a vida lá fora.

"Aqui a vida para mim está cada vez mais retraída. Tenho a sensação de que sobro até na casa dos meus filhos. Não vou a lugar nenhum com exceção de Campos do Jordão, aonde fui neste fim de semana. O tempo estava maravilhoso, apesar do frio. Seu tio foi sexta a Paraty e fechou negócio da casa. O tempo aqui já está esfriando e as mínimas andam entre 12 e 14. Esta noite choveu muito e muito forte. Até agora continua chovendo e eu estou escrevendo de luz acesa. O *Estado* traz uma foto do Pompidou em visita à Bélgica, recebendo uma manifestação calorosa. Os turcos mataram o cônsul de Israel e, na Argentina, sequestraram o cônsul inglês honorário. Outra foto é do Tupolev 144 aterrissando em Praga. É igualzinho ao Concorde e voa a 2,5 mach. Passa na frente do consórcio França-Inglaterra. Ontem, relendo os *Cem anos de solidão*, encontrei este período: 'O Coronel Aureliano Buendía sentado uma tarde em frente a sua casa. Alguém se atreveu certa vez a perturbar a sua solidão. Como vai o Coronel? Disse ao passar. Aqui firme – ele respondeu – esperando o meu enterro passar'. Outra passagem que achei interessantíssima foi: 'Taciturno, silencioso, insensível ao novo sopro de vitalidade que estremecia a casa, o Coronel Aureliano Buendía compreendeu de leve que o segredo de uma boa velhice não é outra coisa senão um pacto honrado com a solidão'."

(Carta do avô, 20/05/1971)

"Um fato notável ocorreu na semana passada em Porto Alegre: um operário teve quatro dedos de uma mão decepados por uma serra. Apanhou os dedos e foi direto a um hospital, onde o médico reimplantou os dedos em onze horas e meia de operação com pleno sucesso. *So much for that!* [Tanta coisa para isso!] A onda de frio chegou e ontem tivemos 13° mínima e em Bagé o termômetro desceu abaixo de zero. Hoje continua muito desagradável com tempo escuro, frio e úmido. Eu detesto este frio sem calefação. A única solução é andar a pé e é o que eu pretendo fazer mais tarde. Junto um recorte do julgamento do H.C. do delegado Fleury. Ele foi negado pelo Supremo, que mandou seguir o processo, pois, segundo a acusação, o delegado foi um dos que comandaram a execução dos crimes, sendo denunciados os mandantes e executores do delito."

(Carta do avô, 28/05/1971)

Apesar da ditadura, o Supremo Tribunal Federal teve muitas atitudes corajosas, não cedendo a pressões como as que pretendiam livrar da Justiça os integrantes do Esquadrão da Morte.

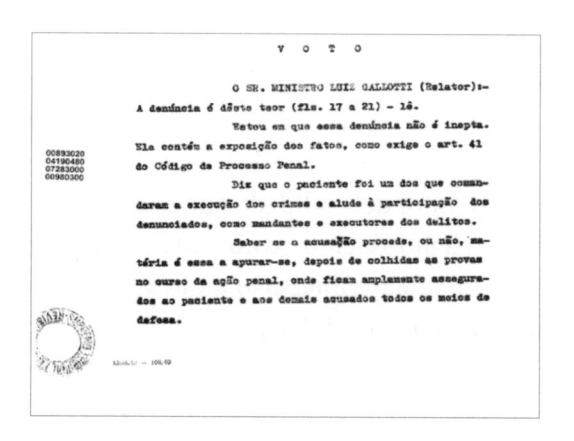

"Estava sentindo uma falta louca das nossas prosas e vi que a carta que você diz ter escrito no dia 17 se perdeu, pois até agora não chegou! Parece incrível como quando a gente está precisando tanto de uma conversa amiga, aí mesmo é que a carta some! Enfim, não podemos nos queixar, pois acho que foi a primeira carta de vocês que não chegou! Em quase dois anos, até que é uma média formidável! Ontem acabei o segundo volume dos Forsyte[90] e adorei! É interessantíssimo como história e como crônica de uma época e de um país. Deveria ser ótimo na televisão! Pena não levarem aqui. Li tanto francês que às vezes me surpreendo pensando uma frase em francês. Influência da Fleur, do Jou, do Soames etc. Os outros dois livros que vocês mandaram, papai levou para ler e ainda não devolveu. Ele está bem-disposto e um pouco mais gordo, hoje eu levei uns *grapefruits* para ele, que os aprecia muito."

(Carta da mãe, 03/06/1971)

A Saga dos Forsyte é um conjunto de três romances de John Galsworthy, que recebeu o prêmio Nobel de literatura de 1932. Os livros descrevem o declínio de uma família de empresários de classe média alta entre 1886 e 1920, ligado às mudanças sociais e econômicas da época. Foram adaptados para a televisão pela BBC em 1967, com vinte e seis capítulos. A série passava aos sábados na TV na França e foi muito elogiada pelo *Le Monde*. Talvez eu os tivesse enviado à família um pouco para lembrar que a

---

[90] John Galsworthy, A Saga Forsyte, 1906-1921.

luta contra dificuldades é uma constante em várias famílias e vários lugares.

"Tenho pensado muito em vocês aí e as saudades crescem dia a dia. Encontrei-me no clube com uma moça que esteve com vocês aí várias vezes. Perguntei se foi difícil a adaptação dela aí e ela me respondeu que a dificuldade foi aqui, na volta. Não é engraçado? Disse que estava morrendo de saudades dos parentes e amigos, mas que depois de dois dias de conversar com todos, já estava pronta para voltar a Paris. Adorou tudo e achou a vida facílima aí! Fiquei meio impressionada com a reação dela à volta aqui, pensando em vocês. Imagine só se vocês chegarem aqui e não se sentirem bem com o padrão brasileiro e ficarem loucos para voltar a Paris. Pode acontecer, não é mesmo? Bem, esperemos que não. Vi aqui no jornal a notícia que você deu em primeira mão, da proibição de short nas reuniões oficiais, diz o jornal que foi devido ao número de cartas de protestos, pois parece que as mulheres de dois ministros ousaram usá-los. Será que tinham as medidas requeridas para isto? Seu pai ficou mais animado e esperançoso de que afinal melhorem os negócios, mas por enquanto nada de concreto. Os jornais têm comentado aí o caso das duzentas milhas de costa brasileira?[91] Os Estados Unidos estão danados e não sei no que isso vai dar."

(Carta da mãe, 12/06/1971)

"Estamos por aqui bem de saúde, mas com tempinho horroroso, de garoa e uma umidade insuportável. São três da

---

[91] O governo brasileiro havia baixado, em 26 de março de 1970, um decreto-lei aumentando o mar territorial brasileiro de doze para duzentas milhas.

tarde, estou já de luz acesa para poder escrever! Que falta faz o sol! Imagino como o inverno aí deve ser comprido e duro de aguentar, se bem que vocês se sintam confortáveis em casa, o que é uma grande coisa! Fiquei surpresa com a notícia da ida da Lola para a Suécia, mas não sabia nem que ela pretendia ir. Eu não gostaria nada de me sentir sozinha entre os suecos. Enfim, quem sabe ela goste!"

(Carta da mãe, 12/06/1971)

"O tempo aqui está muito desagradável, muito frio e úmido e chove há três dias. Fui duas vezes ao Municipal esta semana, assisti a dois concertos sinfônicos, foi de fato um deleite auditivo. Eu preciso ser empurrado ou mimado para me decidir a sair de casa. O Supremo Tribunal Militar transformou a sentença de pena de morte do estudante Valdomiro, na Bahia, em prisão perpétua, e o outro companheiro que tinha sido condenado à prisão perpétua foi absolvido, *meno male*! O assunto palpitante e estarrecedor é a publicação, pelo *New York Times*, dos documentos secretos de 1965, onde põe a descoberto o Johnson. Prova que ele decidiu bombardear o Vietnã do Norte antes do incidente do Golfo de Tonquim em 1965. Este incidente era até agora considerado o fator histórico decisivo para a intensificação da guerra no Vietnã. Esta decisão foi adotada em fevereiro de 1965 e mantida em segredo pelo governo. Johnson e o Estado Maior combinados adotaram tal decisão depois de concluir que não havia outra maneira de impedir o colapso do Vietnã do Sul. A desmoralização é completa e não sei se não foi a turma do Nixon que forneceu a cópia para publicação. Você será informado com detalhes pelo *Le Monde*, que deve ter transcrito o texto publicado pelo *New York Times*. Vamos ver como vai acabar o incidente e se o *NYT* vai ser condenado.[92] Você deve ter lido o incidente de uma canhoneira brasileira com pesqueiros americanos no limite de duzentas milhas no norte do Brasil. A câmara dos deputados dos Estados Unidos adiou mais uma vez a assinatura do acordo do café por este motivo."

(Carta do avô, 17/06/1971)

"Foi ótimo você ter resumido o conteúdo da carta perdida, pois assim não ficamos com o *gap* e me conformei mais com o desaparecimento dela. Estou lendo o livro do Leon Uris que saiu agora, *QB VII*. Você já viu por aí? Acho que vocês gostariam, pois trata de um processo judicial e a parte passada em Londres fala tanto das cortes e dos lugares de lá que até eu fiquei com vontade de conhecê-los. A história é ligada aos dramas dos campos de concentração e é muito dramática. Parece que o noivado da sua prima é para logo, e estão mesmo pensando em se casar em dezembro. Conheci o noivo, dizem que é inteligentíssimo, toca muito bem piano, sabe muito bem o que quer. De físico, tem um jeito muito manso, não sei explicar, mas tem os olhos muito bondosos e lembra um Cristo alourado, de barbas. Estou sentada, com os pés em cima da bolsa de água quente para aquecê-los, pois nem a meia de lá conseguiu ainda."

(Carta da mãe, 18/06/1971)

"Como foi bom conversar um pouquinho com vocês dois ontem à noite! Pensei tanto no dia 27 de dois anos atrás!

---

[92] Os chamados Documentos do Pentágono descrevem o papel dos EUA na Indochina desde a Segunda Guerra Mundial até maio de 1968. Foram encomendados em 1967 pelo secretário de Defesa dos EUA, Robert McNamara, e entregues (sem autorização) ao *New York Times* por Daniel Ellsberg, pesquisador do Centro de Estudos Internacionais do MIT.

Como o tempo corre! Vocês agora já são um casal, não se pode dizer 'velho', mas enfim... Só passaram da fase de recém-casados e, daqui a poucos dias, Silvia comemora mais uma primavera! Um beijo muito grande para você, querida, com os votos de que todos os seus sonhos se realizem... Falei logo na segunda com sua mãe, dando notícia de vocês e falando da venda das ações que vocês pediram, mas ela já tinha providenciado e mandado vender.[93]

Vocês já sabem quando devem vir? E a tese, ficará pronta até dezembro? E a defesa, é marcada depois? Seria ainda para este ano? Vocês só viriam depois da tese defendida aí, não é? Hoje o São Paulo sagrou-se campeão e o movimento de carros e gente indo para o Morumbi foi enorme! Papai está aqui feliz da vida, assistindo ao *videotape* na televisão, ele ainda vibra com a vitória do time dele! A primeira página dos jornais está cheia de comentários a respeito das notícias do *New York Times* e ainda das duzentas milhas.

---

[93] O *crash* da bolsa brasileira começou em junho de 1971. A moda era "jogar" na bolsa, e algumas ações tiveram altas enormes e depois despencaram. Muitos foram pegos de surpresa, mas era evidente que havia algo errado naquele *boom*, como percebemos a tempo.

Não entendi por que você achou ótimo o aumento da faixa marítima sob controle brasileiro. Será que o Brasil vai poder sustentar essa posição, sujeito a tantas pressões externas? Achei que foi meio quixotesco o gesto, mas enfim, sua irmã continua reclamando (com razão) a falta de cartas!"

(Carta da mãe, 27/06/1971)

A ansiedade pela nossa volta continuava, mas não chegava a alterar minha calma e minha disposição de ir até o fim. Aquele julho seria de trabalho, nada de férias longas, como as do ano anterior. A meta era avançar tudo que fosse possível.

## 1971, JULHO

### ■ ENCONTRO COM JEAN RIVERO

O encontro com o professor Jean Rivero causou certa decepção. O grande estudioso das Liberdades Públicas me recebeu na faculdade no dia 1º de julho. Seu livro é um clássico, tem dois volumes, o primeiro dedicado aos Direitos do Homem e o segundo, ao regime jurídico de cada uma das liberdades – de ir e vir, de pensamento, de reunião etc. Meu desejo era o de tratar o tema a partir do Direito Positivo, ou seja, do Direito Constitucional como fundamento jurídico das Liberdades Públicas. Acho que o professor não entendeu bem o que eu pretendia, ficou mesmo um pouco perplexo. Lembrei-me de um comentário de Pierre Nora quando convidado a escrever um artigo numa dessas publicações de textos em homenagem a alguma personalidade: "As *Mélanges* são, de modo geral, uma coleção de artigos curtos e muito especializados, dos quais os participantes se livram o mais rápido possível e que ninguém lê". Não obstante, Nora escreveu um artigo com o título – emprestado de Hegel – "O fardo da história nos Estados Unidos". Ele conta que o organizador do livro lhe disse que iria publicá-lo porque haviam pedido, mas que não entendia nada do texto, nem mesmo do que estava falando. Nora só ficou confortável quando o artigo foi elogiado por colegas importantes.[94] As conversas com os orientadores de pós-graduação, ou organizadores de livros, nem sempre são fáceis. Por várias vezes tentei trocar ideias com meu orientador a respeito de temas objetivos, mas ele em geral se limitava a repetir: "Envoyez-moi du papier!", ou seja, "escreva e me mande seus textos".

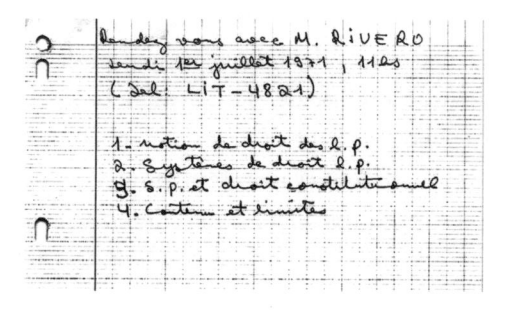

"Recebi sua carta do dia 24/06 e só hoje consigo respondê-la, pois a minha correria foi ainda maior do que de costume em virtude de seu pai e seu avô terem apanhado gripe. Fiquei tratando dos dois. Em São Paulo há uma verdadeira epidemia de gripe e é rara a casa em que não há um ou dois casos. Papai faz tanto barulho com gemidos que, no fim, chega-se até achar graça, embora com pena. Enfim, faz uma encenação medonha, mas graças a Deus não está acostumado a ter nem uma simples dor de cabeça! Mas,

---

[94] Pierre Nora, *Jeunesse*, NRF, 2022.

na idade dele, é mesmo muito pior, ele fica logo muito trôpego e abatido."

(Carta da mãe, 03/07/1971)

"Fez ontem uma semana que uma gripe hedionda me trouxe um sofrimento contínuo. Dores no corpo, fisgadas com os respectivos gemidos. Agora estou bem melhor, só que estou começando a sentir frio nas mãos e assim que terminar esta carta voltarei para debaixo dos meus cobertores. Há muito assunto para comentar, mas a pane mental é um fato. Não sei se já lhes tinha anunciado a conquista do bicampeonato paulista pelo tricolor. Tricampeão em 72? A ambição humana não tem limite. O nosso amigo Satchmo [Louis Armstrong] se foi. Coitado. Senti muito. A morte dos três russos também foi uma tristeza, mas não há grandes conquistas que não façam vítimas. Diz o *Estado* que a morte deles foi castigo, porque Deus não colocou oxigênio o bastante no espaço para o homem não se meter a balão. Você agora vai ser testemunha das negociações para o fim da guerra no Vietnã aí na conferência de Paris."

(Carta do avô, 07/07/1971)

"Tudo continua difícil por aqui, mas essa semana parece que vai entrar um serviço bom na firma. Deus queira que as coisas melhorem, pois estamos mesmo no fim da resistência. Nem sei mesmo como ainda estamos na luta. Acho que envelhecemos muito, na certa mudamos também depois de tanto sofrimento e, embora vocês estejam nos acompanhando de perto através de muita carta, a ausência física foi longa! Enfim, esperemos que até dezembro as coisas estejam melhores e nós, mais aliviados para podermos realmente aproveitar a chegada de vocês. Recebi a carta de vocês dois no dia 27, com as fotografias, que foram vistas com lente de aumento para apreciar mais ainda! Estão os dois ótimos e muito elegantes! Bem, desculpem a carta de hoje, estou mesmo cansada e desanimada."

(Carta da mãe, 09/07/1971)

"Por esta data vocês verão o tempo que a gripe me prendeu na cama. Tenho a impressão de que já estou bom e volto ao clube para pagar o trimestre, com multa pelo atraso. Quero que você me dê sua impressão sobre o Ellsberg e a atitude dele no caso do relatório do Pentágono.[95] Ontem jogaram seleção Brasil x Áustria. Não acompanhei a partida pelo rádio e não vi ao *videotape* à noite. Por aí você vê que meu caso é muito sério. Depois, o assunto da despedida do Pelé passou dos limites. O Fininho, do Esquadrão da Morte, que estava preso no quartel do DOPS (andava livre e saía à rua), não voltou mais à suposta prisão. É uma vergonha para o Laudo continuar a política do Sodré de que não há o Esquadrão da Morte. Disseram-me que vai haver mudança do secretário da Segurança. Vou mudar de assunto porque isso me irrita."

(Carta do avô, 11/07/1971)

---

[95] O *New York Times* publicou em primeira página um artigo sobre documentos do governo americano a respeito da guerra do Vietnã, que foram liberados por Daniel Ellsberg, que trabalhara no estudo. Ellsberg foi acusado de traição e espionagem, mas a acusação acabou sendo retirada. Os documentos foram oficialmente divulgados em 2011 e, segundo o jornal, demonstram que o governo havia "mentido sistematicamente, não apenas para o público, mas também para o Congresso". Informa o *NYT*, ao noticiar o falecimento de Ellsberg em junho de 2023, que ele "foi acusado de espionagem, conspiração e outros crimes e julgado no tribunal federal de Los Angeles. Mas, na véspera das deliberações do júri, o juiz rejeitou o caso, citando má conduta do governo, incluindo escutas telefônicas ilegais, uma invasão no escritório do ex-psiquiatra de Ellsberg e uma oferta do presidente Nixon para ele mesmo, como diretor do FBI, nomear o juiz do caso". "A desmistificação e a dessacralização do presidente começaram", disse Ellsberg após ser solto. "É como a destituição do Mágico de Oz."

"Adorei a longa carta tão cheia de notícias e comentários e foi como se eu tivesse estado um pouco junto de vocês! Agora já estou acostumada com a máquina, mas no princípio estranhei e achei que tirava um pouco do calor da comunicação. Fiquei admirada de você ter ganhado, com essa facilidade, mais dois anos de bolsa, e confesso que fiquei surpresa de você recusar assim de cara. Deve ter sido difícil para você, pois a tentação é grande! Tenho impressão pelas suas cartas que você já estava começando a sentir falta de tudo aí, antes de voltar, e assim tendo uma chance dessas... E Silvia, o que sente a respeito disto? Nós sentimos mesmo uma falta enorme de vocês, mas acho que o importante mesmo é vocês se realizarem, e se acharem que ainda é uma etapa importante para vocês esta prolongação da estadia aí, sabem que estamos de pleno acordo, sem suspiros e lamentações. O que eu gostaria de saber é se, em matéria de carreira, seria mais proveitoso você continuar aí ou se integrar aqui no ambiente mais depressa. Papai, graças a Deus, depois de uma semana muito abatido e desanimado, está um pouquinho melhor. Seu pai está muito mais animado com os negócios. Não sei como foi possível esperar tanto! Vamos ver se agora as coisas melhoram. O tal serviço com que contávamos tanto, até agora nada."

(Carta da mãe, 28/07/1971)

Imagino que eu tenha renunciado à prorrogação da bolsa porque o semestre letivo acabaria em junho de 1972, prazo no qual eu contava terminar a tese. Mas minha memória é vaga nesse ponto, como em muitos outros. Lembro-me sempre dos romances de Patrick Modiano, que adoro, inclusive o último, *La danseuse* [A dançarina], em que ele joga com lembranças de outra época e com tentativas, muitas vezes infrutíferas, de preencher as lacunas.

"*Believe it or not!* [Acredite ou não!] Sou eu que estou escrevendo essas linhas para dizer que, depois de quase duas semanas, já me encontro com a energia necessária para escrever. Não vou falar dos sofrimentos por que passei, porque a infecção parece que foi dominada. Agora espero a recuperação para fazer a operação. Vamos ver o que me resta de sofrimento neste ocaso da vida. Enfim, viver e morrer são *part of the game* [parte do jogo]. É interessante a presença de vocês no meu pensamento. Nunca estive tão perto de vocês, e daqui da janela do meu quarto vejo um campo de árvores que me lembra as do fim do jardim do 36, Jean Moulin. Você está tão ao meu lado que eu tentarei continuar a escrever. Sua mãe e seu pai têm sido incansáveis. Já estou muito cansado e vou parar por aqui, mandando um grande beijo à querida Silvia e para você todo afeto do seu mais constante admirador Duca."

(Carta do avô, 30/07/1971)

## 1971, AGOSTO

### ▨ FÉRIAS NO SUL

Vejo por um cartão-postal que estávamos hospedados na chácara La Martinière, em Saint-Jean-de-Védas, perto de Montpellier, propriedade da avó de uma colega de faculdade, Dominique, e tínhamos ido conhecer uma cidade vizinha, Palavas-les-Flots, no departamento de Hérault. No verso da imagem consta "Cure de soleil et de repos". Lembro de ter feito um trocadilho pouco simpático chamando o lugar de Palavas-les-Fléaux [calamidades].

"Cara Dominique. Depois de tantos anos, encontrei seu endereço na lista telefônica, pela internet. Espero que esteja bem e se lembre de mim. Estou escrevendo um livro que fala dos três anos em que morei na França (1969-1972), a partir das cartas que recebi do Brasil. Já se passaram cinquenta anos, mas recordo com muita gratidão as férias que passei com Silvia, minha esposa, na propriedade de sua avó, perto de Montpellier. Encontrei uma ou duas fotos do sítio dela, uma senhora muito gentil, por sinal. Lembro de um priminho, acho que era Eric. Do tio Jacques (será?), que tinha um táxi e um cachorro grande. E de um tio empresário no ramo de vinhos, creio eu. Lembro-me bem dos nossos encontros com Claudine na faculdade, mas perdi contato com ela há muito tempo. Lembro-me em especial da fantástica viagem a Urbino. E do passeio a Palavas-les-Flots. Se escrevo após tanto tempo, é também para agradecer a você e sua família pela generosa acolhida a dois jovens estudantes, coisa rara e preciosa. Até breve, espero."

(Carta que enviei em 2022 a um endereço antigo<br>de Dominique, mas nunca obtive resposta.)

A área do sítio era grande, com muitos jardins e, ao fundo, o vinhedo. Podíamos catar os *escargots* que passeavam soltos pelo terreno. Antes de comê-los era preciso deixá-los por dois ou três dias em jejum, para limpeza das vísceras. Era tempo de colheita, e atrás da sede vários trabalhadores colhiam as uvas. Ganhavam alguns francos por dia e duas garrafas de vinho. Ainda tenho uma foto de Dominique de *bigoudis* [rolinhos] no cabelo ruivo, indo para a quadra com sua raquete de tênis. Nunca joguei tênis, talvez tenha usado a piscina, pois era verão. A casa era antiga, ampla e confortável. À mesa, havia sempre o vinho produzido ali, mas não chegou a nos encantar. Certo dia, à hora do almoço, Silvia causou alvoroço denunciando a presença de um rato. A família riu muito, destacando que se tratava de um simples e inofensivo camundongo – *une souris*.

Todos eram muito amáveis. Foi nossa única convivência com uma família tradicional francesa, com seus membros mais ou menos bem-sucedidos e a matriarca sentada à cabeceira.

"Papai adorou a sua carta e o recorte do jornal, que está mesmo genial! Ele tem sido muito bom doente, está agora lúcido e tem gostado muito de rever os amigos que têm aparecido para vê-lo em grande número. Zé Olympio tem sido amabilíssimo e fica em longas prosas à noite e o distrai muito. É engraçado que não chega carta nenhuma de vocês para sua irmã há meses e ela não para de reclamar; cedo a minha vez na próxima semana e sugiro que vocês respondam logo à carta dela, pois ela dá uma importância enorme a isto. A casa do Gui está pronta, uma belezinha, e eles pretendem mudar no sábado, de amanhã a uma semana. Ficou ótima e acho que o sacrifício dele será compensador. O empréstimo da Caixa não saiu mesmo e ele fez o negócio com a construtora, assim as prestações são bem maiores."

(Carta da mãe, 06/08/1971)

"Estou escrevendo deitado de lado, duvido que vocês precisem adivinhar. Estou melhor e o médico ontem disse que os exames de sangue e o eletro estavam bons e que eu estava pronto para a operação. Agora é hora de ir para o matadouro. Devo ser operado em breve, espero que com sucesso. Estou com relativa coragem. Depois da operação escreverei mais. Espero que também com mais frequência. Um apertado abraço."

(Carta do avô, 06/08/1971)

"Seu avô foi operado esta tarde e está passando bem. Deverá ficar 24 horas na sala de recuperação para observação."

(Bilhete do pai, 18/08/1971)

"Recebi na semana passada a carta de vocês e agradeço a lembrança. A bronca com relação à falta de notícias é super merecida. Estou há um ano dizendo 'a semana que vem preciso escrever' etc. Mas a famosa preguiça é mais forte. A família da minha mulher teve um ano difícil; os pais estão morando no interior desde o nosso casamento, e os problemas financeiros são bastante sérios. Ainda, eu tive que sair da empresa, que entrou em falência, e com esta perdi quase seis meses de salários. Agora estou lidando com água e esgotos, mas atuando na área de administração e generalidades. Mas como nem tudo é má notícia, nasceu o herdeiro, está uma beleza, e não é corujice. As aulas prosseguem, e acho que tem dado para ensinar (e aprender) alguma coisa; este ano são dez aulas semanais, e no primeiro semestre salvaram a família da fome. Quase toda a nossa turma está à espera do primeiro filho. Não posso deixar de mandar a vocês o nosso abraço pela perda do Flávio. Só posso dizer que este foi o principal motivo por que fui adiando a minha carta; não tive coragem para escrever e senti como se fosse o meu irmão. Foi admirável a coragem demonstrada por sua família naqueles momentos. Não tenho tido notícias de seus pais. Senti os problemas financeiros que tiveram, mas soube também que seu pai demonstrou uma honestidade que hoje não é mais encontrada. Veja meu caso, em que o patrão se encontra aí pela França, e não se sabe quando ou se voltará. É o diretor-presidente da empresa, os demais diretores é que estão aguentando o galho, mas ele era o maior responsável. Estamos esperando a volta de vocês para um bom papo diante de uma ou duas garrafas de uísque, ou, se você já está viciado, vinho."

(Carta do amigo Cristiano, 20/08/1971)

O ano de 1971 ia passando e a tese, caminhando, mas nunca na velocidade que eu desejava. O verão tinha acabado, chegara a vez do outono, os tons de sépia, as folhas caindo. Mas as folhas datilografadas não conseguiam seguir o mesmo ritmo.

## 1971, SETEMBRO

"Os primeiros dias de papai em casa foram muito trabalhosos para mim, mas agora ele já está melhor. Amanhã começa aqui a exposição francesa que deve ser uma beleza. O Concorde já chegou hoje e é um avião sensacional, não? Até o ministro das Finanças daí está aqui para a feira e há enorme expectativa."

(Carta da mãe, 08/09/1971)

### ■ FICHAS DE LEITURA

"Caro professor. Após nosso último encontro em junho, tive o prazer de me reunir com o professor Jean Rivero, que teve a gentileza de discutir comigo alguns problemas relativos à minha tese sobre os fundamentos do Direito das Liberdades Públicas. Durante os meses de junho e julho, continuei minha pesquisa estabelecendo certo número de fichas de leitura. A partir do mês de agosto, considerei este trabalho concluído e me dediquei ao desenvolvimento da tese. Consegui escrever uma nova introdução, que resume o problema e os objetivos da pesquisa de acordo com um plano que me parece mais sólido do que o que apresentei da última vez. Em anexo envio, com esta introdução, o plano de trabalho que me pareceu resultar dela. Agradeceria muito seus comentários sobre este plano de trabalho e sobre o estilo que adotei para escrever a introdução, para que eu possa corrigir as eventuais imperfeições mais evidentes antes que o trabalho esteja muito avançado."

"Recebi ontem a carta do dia 6, cheia de boas notícias de vocês. Aqui vamos indo bem, papai melhorando dia a dia, está bem mais gordo e com boa aparência. Praticamente já teve alta do médico, que insistiu para que ele passeasse e já permitiu várias subidas de escada por dia, o que facilita bem. Estou querendo ir amanhã à noite conhecer a feira francesa que tem feito muito sucesso, amanhã é o desfile da Dior e é capaz de estar entupido de gente, apesar da enormidade do Anhembi! Não consegui ver o Concorde, que passou super-rápido por aqui. Os retratos do casamento ficaram prontos e vou enviá-los. Os dos nossos parentes, achei que todos, ou melhor, a maioria, estão feios de assustar, o que não aparecia na prova minúscula, mas sempre serve para vocês verem. Como vai a sua *concierge*? Já ficou boa? Lembranças a ela. Já vai fazer um ano que Flávio morreu e a falta que ele continua fazendo é enorme sempre! Dia 30 mandei rezar uma missa aqui na igreja de São José, mas não vou anunciar."

### ■ A CONCIERGE

A zeladora de nosso prédio parecia uma figura saída de uma obra de Balzac. Era corpulenta e tinha as pernas muito inchadas, talvez uma flebite. Mantinha a porta de sua loge aberta e vigiava tudo no prédio. Era ela que recebia nossa farta correspondência e sempre se queixava da saúde. Às vezes se queixava do nosso barulho, também. Numa dessas reclamações, expliquei que não tínhamos ouvido música, ou sequer falado alto, pois estávamos estudando. Ela observou que o chão fazia barulho, que era preciso andarmos de pantufas. Enviei uma carta em 2018 para sua possível sucessora: "Morei mais de um ano no prédio da Avenue Jean Moulin, 36, por volta de cinquenta anos atrás, entre 1969 e 1972. Estou escrevendo um livro sobre esse período da minha vida e adoraria rever o prédio e, se possível, tirar algumas fotos. Não tenho certeza de qual era o meu apartamento. Lembro-me de uma escada no canto inferior direito e acho que estava no segundo andar, terceiro no máximo. Em anexo uma foto da visão que tínhamos da nossa janela naquele tempo. Lembro que o corretor de imóveis responsável tinha seu escritório perto do metrô Franklin Roosevelt. Se for possível, gostaria de voltar ao imóvel por alguns minutos. Se houver um apartamento vazio, para alugar ou vender, vou me divertir muito visitando-o. Muito grato pela sua ajuda".

Foi aí que recebi uma resposta simpática de Maria Fátima, que me explicou que agora a denominação é *gardienne* e depois nos mostrou todo o prédio. Havia até um apartamento à venda, mas tinha um sério problema. Não o fato de ficar no térreo, pois até tinha vista do jardim. É que além de ser minúsculo, o lugar para dormir era um nicho que ficava acima do armário, o que foi suficiente para afastar qualquer tentação saudosista.

Embora as cartas da família trouxessem todos os principais eventos políticos da época, não houve nenhuma referência à morte de Carlos Lamarca, em 17 de setembro de 1971. Lamarca era um ex-capitão do Exército que desertou em 1969 e se tornou o mais importante comandante da luta armada após a morte de Marighella. Foi ele quem liderou o sequestro do embaixador da Suíça em dezembro de 1970, que resultou na libertação de setenta presos políticos. Considerado o inimigo número um do regime militar, foi localizado e morto no interior da Bahia.

## 1971, OUTUBRO

■ TESE

"Agora estou trabalhando como um louco na minha tese, escrevendo umas cinco a seis páginas por dia. Silvia está estudando para fazer vestibular de Direito aí, e deve ir ao Brasil em fins de dezembro. A vida aqui segue calma, sem grandes novidades e sem ver muita gente, o que não deixa de ser uma experiência diferente."

(10/10/1971)

"O jeito agora é você ficar aí até o fim. Pelo que entendi, é bem mais provável vir a Silvia sozinha, não é? Embora a chegada dela seja um maravilhoso presente de Natal para nós, acho triste vocês se separarem justo neste dia e, quem sabe, se você não puder vir mesmo, seria melhor ela só vir depois do dia 25? Enfim, há tempo para resolver tudo com calma, mas fico pensando que, para ela vir, seria um dia de Natal triste viajar sozinha, deixando você aí; se vocês viessem juntos, seria diferente. O cartão de vocês para o aniversário da sua irmã chegou bem em tempo e ela gostou muito. Vocês têm feito programas bons? Hoje ouvi no rádio que a greve do metrô continua, o que deve estar atrapalhando muito, não é? E a tese? O capítulo diário está sendo conseguido? Deve ser bem duro de conseguir, não?"

(Carta da mãe, 11/10/1971)

"Fiquei impressionada com a quantidade de material que tem que ser estudado para a tese, e pelo jeito vai ser mesmo muito grande! Acho que não o teremos por aqui em dezembro, pois o trabalho é enorme! Silvia, você não nos atrapalha em nada chegando no dia 25, pelo contrário, será mesmo uma alegria enorme vê-la aqui no dia de Natal! Só pensei em vocês dois e na separação, mas já que acham bom assim, para nós está ótimo. Nós vamos indo aqui na mesma vidinha, sempre esperando as melhoras que estão duras de vir! Bem, logo vocês estarão por aqui e aí será uma delícia podermos conversar à vontade! Silvia passou no exame? Foi difícil?"

(Carta da mãe, 21/10/1971)

## ■ A VISITA DE BREJNEV

Leonid Brejnev, o todo poderoso secretário geral do Partido Comunista da União Soviética, desfilou em carro aberto ao lado do presidente Georges Pompidou, diante dos meus olhos incrédulos, em 25 de outubro de 1971. Temi que a memória estivesse me traindo, mas não, todas as informações coincidem. Ele tinha desembarcado no começo da tarde de uma segunda-feira ensolarada no aeroporto de Orly, onde foi recebido com honras de chefe de Estado. Foi sua primeira visita oficial a um país do Ocidente, e ele foi recebido com o que Paris, coberta de bandeiras vermelhas, podia oferecer de melhor. No caminho, passou pela Avenue du Général Leclerc, perto da nossa casa. Não resisti à tentação de ver de perto um líder comunista, ainda mais eu sendo de um país em que a simples menção à palavra "comunista" representava um sério risco. Havia barreiras de segurança e muitas pessoas nas calçadas, mas o entusiasmo não era enorme. Pompidou tinha ido a Moscou em 1970, dando continuidade à proposta de sucessiva "détente, entente, coopération" [distensão, entendimento, cooperação], iniciada pelo presidente De Gaulle em 1966. Houve troca de presentes, e o jantar oficial teve *foie gras*, lagosta, perdiz e codorna, acompanhados dos vinhos Château d'Yquem 1966, Château Haut-Brion branco 1964, Chambertin tinto 1959 e do champanhe Taittinger Comtes de Champagne. Um cardápio de dar água na boca, mas que não estava ao meu alcance.

"Que coisa boa vocês terem conseguido lugar na Casa do Brasil, e que grande economia isto representa! Além do mais, não será todo o trabalho e canseira da mudança às vésperas da viagem de Silvia para o Brasil, e você já ficará instalado e ambientado se não puder vir junto, não é? Parabéns pelos resultados dos exames, Silvia. Como ocorreram as feijoadas aí? Vocês vão estranhar o clima de trabalho e a vida maluca que é a de São Paulo. Pelo menos por aqui, é só trabalho e mais trabalho. As coisas continuam no mesmo ponto, nada decidido quanto à mudança e sempre no compasso de espera. Seu pai não quer mais problemas do que os que já tem no escritório e sozinha não posso e nem sei como resolver. Vamos ver se a chegada de vocês melhora tudo!"

(Carta da mãe, 28/10/1971)

Após dois anos morando na Avenue Jean Moulin, fomos admitidos e mudamos para a Casa do Brasil, na Cidade Universitária Internacional. Amigos da família tinham se oferecido para interferir junto ao embaixador do Brasil, mas nem sequer levamos a sério essa hipótese, até por acreditar que pudesse não passar de bazófia. De todo modo, não queríamos qualquer favor dos representantes do governo militar. Quanto mais longe, melhor.

A Cidade Universitária é um parque arborizado de 34 hectares, maior do que o Jardim do Luxemburgo. Em seus mais de 40 prédios, projetados pelos melhores arquitetos para traduzir as características de cada país, moram cerca de 12 mil estudantes do mundo inteiro. A Maison Internationale é a sede central, com secretaria, ginásio, café, restaurante e auditório. Um estudante hoje paga 1 euro por refeição e um visitante, 3,50. Nos anos 1970, os números eram equivalentes, só que em francos.

A Casa do Brasil é um monumento arquitetônico tombado, projetado por Le Corbusier e Lúcio Costa nos anos 1950. São cinco andares em concreto aparente, e os terraços da fachada são coloridos. Cada andar tem sua cozinha coletiva. O desenho dos cem quartos e a escolha dos móveis em estilo moderno foi feito pela arquiteta Charlotte Perriand, uma das maiores da França. Quando mudamos para lá, num apartamento pequeno e prático, a Casa estava malconservada, possivelmente em função do conflito ideológico entre a maioria dos estudantes e o governo brasileiro. Após a reforma de 2000, a Casa do Brasil foi restaurada e hoje está aberta à visitação.

A Cité tem vários teatros, independentes tanto do Ministério da Cultura como da prefeitura de Paris. Com a nomeação de André-Louis Perinetti para dirigi-los em 1968, diretores como Victor Garcia e André Savary tiveram espaço para suas criações nos anos seguintes.

Eu me lembro de ter assistido à polêmica montagem de *O homossexual ou a dificuldade de se expressar*, do exilado argentino Copi, dirigida por Jorge Lavelli. No final de 1971, a peça inaugurou a Resserre, uma sala despojada montada no topo do edifício do teatro da Cité. O espaço tinha paredes de tijolo, canos à vista e arquibancadas que pareciam andaimes. Os personagens pareciam saídos de pesadelos; na última cena, uma jovem atriz aparece nua, pintada de branco dos pés à cabeça, enquanto contracenam dois personagens de cabeça raspada e casacos de pele, criaturas que "fascinam como insetos", segundo o *Nouvel Observateur*. Os textos de Copi são cáusticos e violentos, e ainda recheados de um humor um pouco macabro. Fomos uns dos "happy few", segundo a imprensa, a ver o espetáculo, bem recebido pela crítica, apesar das cenas cruas e chocantes. Eu tinha convidado Dominique e Claudine, minhas colegas da faculdade de Direito, e as duas saíram horrorizadas, sem nada entender.

Quando Copi apresentou *Eva Péron*, interpretada por uma travesti, no Théâtre de l'Épée de Bois em 1970, fascistas mascarados atacaram o cenário com barras de ferro. Copi optou por manter as marcas da agressão que, segundo ele, valorizaram o cenário.

## 1971, NOVEMBRO

"Adorei receber a carta do dia primeiro, com o mapa e a localização de vocês e a planta do apartamento, que é ótimo! Engraçado mesmo vocês não terem pensado antes em ir para aí, ou foi difícil arranjar lugar? Baratíssimo, e acho que Silvia deve estar bem mais descansada, já que não há limpeza para fazer, não é? Enfim, vocês já tiveram uma ótima experiência sendo donos de casa na Jean Moulin e deu tudo certo com esse final aí. Por aqui continuamos na luta, sem novidades. Sua avó vai bem, sempre dando as aulas e cobrando uma ninharia, mas fica feliz com isso e é o que interessa afinal. Papai está muito bem, precisando um pouco de ocupação, pois às vezes fica muito *bored* (é a palavra que me ocorre), mas não fazendo nada o dia todo, a não ser ler, e saindo muito pouco, é normal, não acham?"

(Carta da mãe, 13/11/1971)

### ■ O COMEÇO DA TESE

"Caro professor. Tenho a honra de enviar o capítulo preliminar de minha tese, que descreve a evolução histórica dos fundamentos constitucionais do Direito das Liberdades Públicas. A redação deste capítulo me permitiu refletir de forma mais concreta sobre a estrutura geral da tese e sobre a extensão do assunto tratado. Parece-me que o trabalho seria mais coerente e mais sólido caso se limitasse ao que o plano de trabalho que apresentei definia como primeira parte. Os fundamentos constitucionais do Direito das Liberdades Públicas é um tema bastante vasto em si mesmo e é o que interessa mais ao constitucionalista. Não se trataria, nessa nova perspectiva, de esquecer os fundamentos infraconstitucionais do Direito das Liberdades Públicas, mas apenas de tratá-los de forma indireta, mais densa, por meio dos fundamentos constitucionais. Se concordar com esta proposta, que espero poder discutir com o senhor, o trabalho seria limitado aos quatro capítulos após a introdução. Mesmo assim limitada, esta tese terá ainda um volume considerável, a medir pelo capítulo preliminar que hoje apresento. Obrigado pelas referências sobre mim que teve a gentileza de comunicar ao delegado-geral da Cité Universitaire, que com certeza contribuíram para a aprovação do meu pedido de admissão na Casa do Brasil (quarto 509)."

(Carta ao orientador, 15/11/1971)

Após essa carta, o encontro foi marcado para 14 de dezembro de 1971.

### ■ O BOULEVARD JOURDAN

"Lembrar que um *boulevard* é originalmente um passeio com árvores em torno de uma cidade, e que em geral ocupa o espaço que era das antigas muralhas." A definição é de Georges Perec em *Espécies de espaços*.[96]

---

[96] Georges Perec, *Espèces d'espace*, Galilée, 1974.

As árvores do Boulevard Jourdan, onde se situa a Cité, eram plátanos. Para limpar o terreno para a instalação da linha 3 do *tramway*, o metrô de superfície, setenta e cinco dessas árvores foram derrubadas às escondidas, numa madrugada de julho de 2003, de modo a evitar possível reação dos ecologistas.

O café do outro lado da rua se chamava justamente Les Platanes e ficava perto da estação do RER B, cuja linha atravessava o Parc Montsouris, um dos mais bonitos de Paris, e em poucos minutos nos levava ao Jardin du Luxembourg e à faculdade de Direito, com apenas duas paradas intermediárias, Denfert-Rochereau e Port Royal.

"Como é, vai acabar a tese em dezembro ou aproveitar para ficar mais um tempo nesta maravilhosa Paris? Aqui tudo ok, os dois meses que passaram desde que cheguei a Harvard parecem duas semanas. Muito estudo e só estudo. Tom pediu-me para enviar as fotos do nosso piquenique em Versailles. Não sabe o que aconteceu com o gringo! Virou revoltado, quer acabar com a *power-structure* da economia americana! Radical o rapaz. O pior é que vive discutindo comigo, querendo provar as teorias dele, e quando não concordo diz: 'Remember Silvia! She was right!!!'. Não sei, mas ele vive citando a Silvia, dizendo que ela que estava certa e não sei o que mais. Mas já não vejo a hora de encontrar você de novo, ou em Paris, ou aqui, ou em São Paulo, para termos novamente longos papos. Adorei todas as vezes que estive com vocês, e a hospitalidade da Avenue Jean Moulin ficará na história. Se não estiverem na correria da mudança para o Brasil, *please*, escrevam dando notícias."

(Carta do amigo Laércio, 15/11/1971)

## ◾ O SHOW DE CAETANO

O show de Caetano Veloso em Paris atraiu uma multidão. Exilado em Londres, ele veio fazer uma única apresentação e lançar um disco na França. O enorme Palais de la Mutualité ficou pequeno naquela noite de 14 de novembro de 1971, os ingressos se esgotaram rapidamente.

Depois de dois anos longe do Brasil, ver e ouvir Caetano foi muito emocionante. Eu estava no Teatro Record, em 1967, quando ele cantou pela primeira vez "Alegria, alegria". Não pude conter a vibração ao ouvir os primeiros acordes: "Caminhando contra o vento / Sem lenço e sem documento / No sol de quase dezembro / Eu vou".[97] Alguma coisa nova estava surgindo.

Eu também estava na gafieira Som de Cristal, na Rua Rego Freitas, em São Paulo, na noite de 23 de agosto de 1968, exatamente um ano antes da minha partida. Foi quando fizeram a gravação do grande espetáculo tropicalista

---

[97] O filme *Uma noite em 67*, de Renato Terra e Ricardo Calil, 2010, traz o registro do Festival da Record com a apresentação de Caetano Veloso.

que reuniu Caetano, Gal, Nara, Tom Zé, Os Mutantes e o maestro Rogério Duprat. Vicente Celestino deveria participar, ensaiou à tarde, mas morreu naquela mesma noite num quarto do hotel Normandie. Foi Caetano, então, quem cantou "Coração materno", que Celestino deveria apresentar. Fiquei perto do palco e ainda tenho as fotos que tirei naquela noite.

Ouvir Caetano em Paris tinha um significado especial: ele tinha sido preso e exilado pela ditadura. O show durou duas horas e meia, e ouvimos "Aquarela do Brasil", "O que é que a baiana tem", "Asa branca" e "Triste Bahia". "Aquele abraço", de Gil, já tinha virado refrão de uso diário no Brasil. Até meu pai, pouco afeito às manifestações musicais, passou a empregá-lo.

"Li hoje que há uma epidemia de gripe na Europa. Espero que vocês não sejam atingidos por ela. Prometo retomar as correspondências interrompidas e fico esperando a chegada da Silvia no dia 25."

(Carta do avô, 20/11/1971)

"Depois de ver muitos apartamentos, estou mais inclinada mesmo a ir para a casa de papai, acho que daria para nos ajeitarmos lá e parece que me sentirei mais segura, pois pelo menos ainda é um teto nosso. Começou agora a pintura e assim talvez até o fim do ano a casa fique em ordem e depois decidimos. Como vai indo a tese? Já dá para ter uma ideia do tempo? Está progredindo conforme esperava? O tal capítulo diário tem saído? Todo mundo pergunta pela data da volta, mas acho que nem vocês podem dizer ainda, não?"

(Carta da mãe, 21/11/1971)

Havia muitas perguntas, que poderiam parecer cobranças, sobre a evolução da tese e sua possível conclusão. Eu preferia ignorá-las e ir tocando meu trabalho.

"Sua prima adorou vocês e não para de falar em como foi maravilhosa a estadia aí em Paris, e quanto carinho recebeu etc. Que bom! Entre as mil perguntas que fiz a ela, estava a clássica: 'Mas afinal, quando é que você acha que acaba a tese?'. E ela me respondeu (claro que não sabe, mas...): 'Acho que será só lá para maio de 1972!'. Será? Se for mesmo, acho que Silvia vai ficar aqui 'naquela fossa' e que é tempo demais para vocês ficarem separados. Seu pai então disse que Silvia vai acabar voltando para Paris. Você já se imaginou, Silvia, aqui todo esse tempo? Enfim, não leve a mal os palpites (que podem ser errados...), mas acho que seria muito ruim para vocês dois e pior ainda para você, pois embora tenha toda a família à sua volta, já terá dificuldade de adaptação a uma vida tão diferente e ainda o problema da separação, depois de dois anos vividos numa união que poucos casais conseguem!"

(Carta da mãe, 29/11/1971)

## 1971, DEZEMBRO

"Veja se toca essa tese e acaba logo com ela, pois estou louca para sabê-lo com a volta marcada também!"

(Carta da mãe, 12/12/1971)

■ FURTOS

Havia uma brasileira simpática que vivia como clandestina na Casa do Brasil e dormia em seu saco de dormir no chão de qualquer quarto que a acolhesse. Era nossa amiga, e certa noite me convidou para roubar livros em um lançamento. Fiquei indignado com a proposta e ela sugeriu então apenas irmos ao evento, o que me pareceu razoável. Na volta, no metrô, ela abriu o casaco e, para minha surpresa, exibiu sorridente vários livros infantis enfiados na calça. Fiquei gelado só de imaginar a vergonha caso tivéssemos sido pegos em flagrante. Tínhamos um amigo, também brasileiro, que adorava surrupiar iguarias nos supermercados. Acho que, mais do que necessidade, era uma revolta contra o sistema. Naquela época, também, havia menos precauções. Um dos estratagemas era o de trocar rótulos de produtos caros por outros de menor valor. Ou de enfiar latas ou pacotes na mochila ou nos bolsos. Tais práticas, é claro, em nada contribuíam para a imagem dos estudantes estrangeiros em geral, e dos brasileiros em particular, embora a maioria de nós não concordasse em nada com essas práticas.

"Acabei de receber sua carta do dia 16 e apresso-me a responder. Você já estará aí sozinho, sentindo falta da sua mulherzinha, quando esta carta aí chegar, mas fiquei animada com os planos mais definidos da sua vinda também e dos progressos da tese! Creio que vou reunir para o lanche de domingo algumas pessoas que já disseram que querem vir ver Silvia e assim poderá vir mais gente com maior facilidade para todos. Que bom será tê-la aqui conosco! Nem acredito! E quando estiverem aqui os dois então nem se fala! Bem, os meus votos vão chegar atrasados para o Natal, mas em tempo para o Ano-Novo, e peço a Deus que vocês realizem todos os seus sonhos e tenham um 1972 cheio de alegrias!"

(Carta da mãe, 22/12/1971)

A viagem de Silvia, tão festejada pela família, acabaria por marcar uma divisão de rumos. Ela voltaria com novas ideias, novos projetos, mas eu custaria a perceber a transformação.

"Meu querido padrinho. Estou com muitas saudades. Ando sempre com a Silvia, ela é uma ótima companheira. Fomos a Paraty. Nadamos um pouco, eu e a Silvia fomos as primeiras a entrar e as últimas a sair. Depois, mais tarde, todos estavam na sala e a Silvia saiu de fininho e foi para a praia. Depois de muito conversar eu falei para Silvia: 'Essa gente é chata né?'. Isso é verdade, são quadrados para burro. Sabe que eu vi as suas fotos de barba, você está bem legal. Um beijo e um abraço ponto tchau."

(Carta da prima, 31/12/1971)

"A chegada da Silvia foi um sucesso. Achei-a ótima, elegantíssima! O terninho com que chegou fez sucesso! Ela estava muito comovida e com uma carinha assustada logo de início, mas no dia 25, quando passou o dia aqui, já estava bem descontraída. Projetamos os slides e a ala jovem achou você bárbaro de barba, mas eu não gosto, acho você com cara de quem está passando fome, abatido, envelhecido. As fotos estão ótimas e o colorido, espetacular! Foi ótimo falar com você hoje no telefone, a ligação estava tão clara, não? Acho que a reportagem foi completa e só não disse como a chegada da Silvia alegrou o nosso Natal e quanto estou contente em tê-la aqui por perto. Estou contando os dias para sua vinda para a alegria ser completa. Que você tenha um 1972 muito, muito feliz e que seja um ano de Brasil."

(Carta da mãe, 28/12/1971)

De novo, não tenho nenhuma lembrança do Natal e do Réveillon de 1971. Estava sem Silvia, mas tinha alguns amigos, e meus colegas da Casa do Brasil às vezes se reuniam para cozinhar e compartilhar uma refeição. Sei que fazia frio e que eu tentava manter, ou acelerar, o ritmo de trabalho.

*Final*

1972

## 1972, JANEIRO

### ■ COMPROMISSO NO BRASIL

"Caro professor. Tenho o prazer de enviar a segunda parte do capítulo II da minha tese, que completa a que lhe entreguei no dia 14 de dezembro. Por favor, substitua o plano geral do capítulo II e a página 2 da primeira seção pelos que hoje envio. Vou me dedicar, a partir de hoje, à redação do primeiro capítulo da segunda parte do trabalho, iniciando assim a análise do alcance dos fundamentos constitucionais do Direito das Liberdades Públicas em seu conteúdo normativo. Espero poder concluir minha tese até o final do próximo mês, tendo também em vista um compromisso com o ensino no Brasil que deve ocorrer a partir de abril."

(Carta ao orientador, 11/01/1972)

O compromisso no Brasil era um emprego de professor que tinham me oferecido em São Carlos, com um salário razoável e a obrigação de dar aulas às sextas à noite e aos sábados de manhã. Parecia uma oportunidade extraordinária, eu não queria perdê-la.

"Não respondi à sua carta do dia 28, pois já havia escrito na véspera, e não há nada de especial no momento. Temos estado sempre com Silvia e acho impressionante como ela não mudou nada neste tempo todo de ausência, foi como se a tivesse visto na véspera. Está sentindo muito a sua falta, como era de se esperar, e só pensa em voltar. Bem, mas essas notícias você já deve saber tudo por ela e não são novidades. Foi bom você ter telefonado domingo e tomado o seu lugar vazio à mesa."

(Carta da mãe, 11/01/1972)

"Silvia ficou de vir jantar amanhã e Zé Olympio também, para estarem juntos. Hoje ainda não falei com ela, como é bom poder só pegar o telefone sem ter de se preocupar com os minutos e cruzeiros! Sua tese tem andado bem? Se atrasar, será que não prejudicará o seu lugar de professor? Bem, hoje estou sem cabeça para prosear."

(Carta da mãe, 12/01/1972)

"A última carta sua foi do dia 7 e assim há mais de uma semana não tenho notícias diretas suas, embora tenha sabido, por Silvia, das últimas novidades. Gostei de saber do progresso da sua tese, está conseguindo manter o ritmo para terminar em fevereiro? A torcida continua grande para que você possa mesmo voltar em março! Silvia deve ter ido a Paraty sábado, mas parece que o telefone da mãe dela quebrou e não tive mais notícias. Sexta-feira ela esteve aqui e estava programando ir, mas não ficou nada certo até ela sair daqui. São Paulo está bem vazia, mas o tempo virou e depois de quase um mês de manhãs ensolaradas e dias quentíssimos, estamos num verdadeiro dilúvio desde sexta à tarde e refrescou bem. Que pena se isto estiver acontecendo nas praias! Todos saíram tão animados em busca de sol e mar!"

(Carta da mãe, 23/01/1972)

"Silvia entrou na faculdade! As aulas devem começar em março. A mãe dela telefonou de um bar às 9 horas da manhã, pois o telefone dela continua quebrado. Já tinha lido a notícia na *Folha da Manhã* agora mesmo! Que bom, não? Ela estava meio apreensiva, mas saiu-se bem como todos esperavam! Ainda ontem havia uma página de comentários de diversos professores, sobre os vestibulares, e uma professora de português dizia que até professores universitários teriam dificuldade com o de português. Chico Buarque ganhou o troféu da TV Excelsior, o disco do ano, com a música 'Construção', que acho maravilhosa. Soube por Silvia que você também a aprecia muito. Ele foi homenageado por diversos artistas com show no Anhembi e é mesmo admirado por aqui. Outro que está fazendo sucesso louco é o Caetano, que fez um show que foi elogiadíssimo pelo Walter Silva, que comenta no artigo que ele poderia dar lições de show a muito artista americano!"

(Carta da mãe, 24/01/1972)

## 1972, FEVEREIRO

"Parece que é hoje que a Silvia vai embarcar para te ver aí em Paris. Imagino que você a essa altura deve estar transpirando tese por todos os poros. Sozinho, nesse frio, sem a mulher, sua vida não deve mesmo estar super badalada. Qual é mesmo o tema da dita cuja? Não consigo fazer ideia de você, de toga numa tribuna, dizendo coisas difíceis a uma série de cidadãos com fisionomias difíceis, e ainda por cima em francês. O próprio sarro, mas, por menos que a gente queira e esperneie, de repente percebe que estamos assumindo aquele papel tão detestado de gente séria. Eu juro que faço tudo para disfarçar, mas às vezes escapa uma ou outra consideração cretina, daquelas que algum tempo atrás a gente preferia morrer a ter que dizer. Por exemplo, agora tão pai de família, sinto aterrorizado que vou acabar passando o Carnaval em Ubatuba, porque lá, além de poder levar o filho, é mais barato, e então eu posso guardar dinheiro para construir a 'casa dos meus sonhos'. Isto é terrível! Primeiro porque é claro que eu queria ir para o Rio, como fiz desde que virei gente, e vou querer até deixar de sê-lo. Segundo – outro aspecto desagradável –, o Rio já está démodé, pois a transa toda agora é na Bahia, para onde vão todas as pessoas que consideram inseridas no atual contexto. É péssimo você constatar que as coisas que você gosta estão saindo de moda (diga-se de passagem, a Bahia como Carnaval me interessa muito pouco). Terceiro: ora, desde quando eu deixei de tomar minhas cervejas para guardar dinheiro para me estabelecer? Isto é uma ignomínia! Essa da gente ter que se fixar é muito fogo. Por último, eu me lembro como eu ria da imagem desses pais de família que iam com toda a prole (em geral bem branquelos e levando mil latas de goiabada) para a Praia Grande passar as férias, em vez de se mandar para um lugar mais decente, sozinho com a mulher. Pois olha, do jeito que está o menino, é difícil ter coragem de largar. Em suma, é o fenômeno das épocas que estão por aí. Nada mais engraçado. Eu já estou achando que o negócio é entrar de cheio nessa nova transa para ver se dá para não ficar que nem os outros que a gente sempre criticou. Afinal, a gente é gente e não deve se preocupar. Enquanto isso, eu vou tentando decorar os sambas-enredo deste ano (que não são bonitos quanto os do ano passado) na minha revistinha especializada. Aguardo notícias de vocês, e que o reencontro seja superbacana."

(Carta do amigo George, 01/02/1972)

"Espero que a Silvia tenha feito uma boa viagem e esteja feliz ao seu lado. Estou lendo um livro, *Time Life*, sobre o início e os primeiros anos [dessa grande empresa jornalística], que foram de grandes dificuldades. Só dois anos depois é que a empresa começou a dar um lucro mínimo, até chegar a ser essa potência que é hoje. O Vietnã do Norte não aceitou a proposta do Nixon e insiste na retirada total das forças americanas. Sua irmã foi com a tia para Campos e a casa está muito quieta. Seus pais vão bem e no fim do mês devemos mudar para minha casa. Estou torcendo para você acabar esta tese e chegar aqui em março. Faça força."

(Carta do avô, 04/02/1972)

"Caro tio. Eu queria, primeiro, agradecer o carinho com que a Silvia foi recebida por todos vocês, o que foi com certeza um dos fatores que contribuíram para sua rápida adaptação no Brasil depois da longa ausência. Ela chegou aqui satisfeita e muito bem-disposta e desde quinta-feira nós temos conversado quase sem parar. Eu confesso que fiquei meio assustado com a descrição dos problemas familiares, mas estou procurando encará-los com o maior sangue frio possível. Nunca tinha imaginado que a situação pudesse chegar a um ponto tão grave como vocês descrevem. Através das notícias que chegavam aqui, eu tinha a impressão de que os problemas se resolviam (ou não se resolviam) num aspecto apenas financeiro. Apesar de saber que eles poderiam assumir um aspecto mais grave, como acontece nesse tipo de situação, eu sempre preferia achar, talvez por uma espécie de acomodação, que não seria o caso. Pelo que vocês me transmitem, parece que me enganei, e que um drama pode se desencadear de uma hora para outra, com consequências imprevisíveis. Tenho pensado em como contribuir para atenuar as consequências. Acho que chegou a hora de voltar para aí o mais cedo possível. Fiquei muito contente com a perspectiva de dar aulas no interior, que nas condições em que foi apresentada é sedutora dos pontos de vista econômico, intelectual e profissional. O salário proposto ultrapassa as minhas expectativas e é muito interessante. Estou achando que talvez seja melhor apressar a volta, indo de qualquer maneira até o começo de março, mesmo que não dê tempo para terminar e defender a tese. Vou continuar tocando a tese nos próximos dias, vendo se, mesmo que não termine, eu a adianto bem antes de voltar, para discutir com o orientador. No caso de alguma emergência aí, fico atento ao seu aviso. Lembranças para todos e um abração apertado para você."

(06/02/1972)

## ■ DESPEDIDA DO ORIENTADOR

"Temo ser obrigado a retornar a São Paulo antes do tempo necessário para concluir a tese que estou escrevendo sob sua orientação, em virtude de alguns problemas familiares graves que podem exigir minha presença a qualquer momento. Prossigo com o trabalho, mas tomo a liberdade de enviar o primeiro rascunho da seção I do capítulo I da segunda parte. Caso se confirme a possibilidade de minha saída antecipada, gostaria de poder contar com seus comentários, pois se tiver que continuar a redação no Brasil, serei privado da possibilidade de encontrá-lo pessoalmente. Espero, de qualquer forma, poder defender a tese na França durante o ano de 1972 e lamentaria muito ser obrigado a adiar a realização desse trabalho."

(Carta ao orientador, 07/02/1972)

"Recebi ontem sua carta do dia 4, contando da chegada da Silvia, que nos deu muita alegria, pois estávamos loucos por notícias! Fiquei surpresa com a sua ideia de, afinal, vir antes de terminar a tese e voltar após para defendê-la. Será a melhor solução? Às vezes aparecem tantos imprevistos da vida e uma coisa que você queria tanto fazer, por que não completar logo? Enfim, você deve ter bons motivos, mas só lhe peço que não mude seu plano original por saber que eu gostaria de seu apoio nas horas incertas e difíceis que estamos atravessando. Na realidade, seria muito bom, mas acho mais importante você concluir o que planejava. Enfim, pode ser que seja por causa das aulas da Silvia e das suas, e aí o caso muda de figura."

(Carta da mãe, 10/02/1972)

### ■ TRÊS MESES DE BRASIL

"Estou em São Paulo há cerca de um trimestre e só agora a vida começa a ter um ritmo 'normal'. Isso significa que estou começando a ter tempo para me preocupar com a conclusão da minha tese. Cheguei uma semana antes do início do ano letivo brasileiro e logo fui contratado como professor de uma faculdade de Direito no interior, em uma bela cidade de cerca de 100 mil habitantes, a uns 200 quilômetros de São Paulo, onde tenho que passar dois dias por semana. Acabei de me mudar há duas semanas para meu próprio apartamento e estou começando a guardar meus livros, alguns acabaram de chegar da França. Os problemas que motivaram minha partida antecipada parecem estar se resolvendo, ou pelo menos se simplificando. O mínimo que posso dizer é que meu retorno contribuiu para isso, pelo menos do ponto de vista psicológico. No que diz respeito à minha tese, minha atividade foi reduzida a certo número de leituras adicionais, mas pretendo retornar logo à elaboração para que possa apresentar algo concreto até o mês de dezembro. Acabei de receber os formulários 'Relatório de fim de ano acadêmico' do Crous de Paris, parte do qual deve ser enviado ao orientador. Se de vez em quando sinto não estar em Paris, de onde guardo as melhores lembranças, também é bom estar em casa e começar a dar aulas. O trabalho de pesquisa sofre um pouco, é certo, mas continua. Desejo-lhe excelentes férias de verão e transmito meus melhores sentimentos."

(Carta ao orientador, 20/06/1972)

### ▩ FIM DE PARTIDA

"Assim terminou a primeira parte de minha vida em Paris. Paris nunca mais seria a mesma para mim, embora continuasse sendo a Paris de sempre e mudássemos de acordo com as modificações que nela se estavam operando."[98]

Eu gostava muito da vida de estudante em Paris. Por mim, teria continuado, mas no fim fui atingido no único ponto inegociável. A notícia que me chegou, por Silvia e por um dos meus tios, foi de que meu pai estaria pensando em tirar a própria vida, desesperado com os problemas financeiros. Bastou essa informação para tomar a decisão, largar tudo e vir embora. Não foi difícil me convencerem, mas não era bem assim. Meu pai ainda viveu por muitos anos, sempre procurando pagar as dívidas daquele tempo. Acho que Silvia se cansou da nossa vida na França quando abandonou o Teatro e passou no vestibular para Direito.

---

[98] Ernest Hemingway, *Paris é uma festa*, Bertrand Brasil, 2013.

A volta ao Brasil não foi ruim. As pessoas mais distantes não me reconheciam de barba e com cabelos longos. A família fez muita festa. Ficamos por um tempo na casa da mãe de Silvia, enquanto eu procurava um apartamento para nós. Meus livros foram chegando aos poucos, despachados da França de navio, por medida de economia. As aulas me motivavam, as viagens de fim de semana eram agradáveis. Achamos um apartamento num prédio recémconstruído, no começo só havia gente moça e divertida. Assim fomos tocando a vida. À diferença de alguns casais que queriam trazer o modo francês de vida, nos adaptamos logo ao padrão brasileiro. Nada de queijos e vinhos, adorávamos o China Massas Caseiras e o italiano Nello's, os dois no nosso novo bairro.

1972 não foi um ano bom. Em fevereiro ocorreu o trágico incêndio do Edifício Andraus, em São Paulo, com 16 mortos e 330 feridos. Em abril, começou a guerrilha do Araguaia, que seria depois exterminada. Em maio, uma emenda constitucional tornou indireta a próxima eleição de governadores. Em junho, crianças foram atingidas por bombas de Napalm no Vietnã. Em setembro, os jornais foram proibidos de publicar notícias da Anistia Internacional sobre torturas no Brasil. Silvia e eu nos separamos.

Na verdade, todos tínhamos mudado. Eu também, que até então acompanhava de longe, por cartas, a vida da família e do país nessa fase difícil. Meu pai tinha se tornado um homem mais compreensivo, as dificuldades que enfrentou o tornaram mais tolerante com as pessoas, pudemos conviver melhor. Meu avô tinha envelhecido, já não tinha o mesmo gosto pela ironia e pelas notícias. Minha mãe continuava sendo um pouco o centro da família, mas a falta do meu irmão deixava uma lacuna difícil de aceitar.

Silvia e eu formalizamos nossa separação no dia 9 de agosto de 1973, perante o juiz da sétima vara de família. Ficou um vazio enorme, só depois percebi que tinha ficado deprimido. Mas isso não está nas cartas, não escrevíamos mais cartas. Sem a correspondência, tenho dificuldade em voltar aos fatos e sentimentos de tanto tempo atrás.

"Faz tanto tempo. De tal modo uma outra época. Nada a ver com a nossa. Por que voltar a um tempo completamente estrangeiro quando necessitamos tanto do que hoje nos diz alguma coisa? Foi o que eu me disse, e mais de uma vez, enquanto produzia o que vocês vão ler. A maioria das testemunhas iria nessa direção, aliás, que era uma outra época, que você me fez mergulhar de novo no que já estava fechado. Faz bem quarenta anos que... Cinquenta anos... Eu nunca tinha voltado a tudo isso..."[99]

Nunca terminei minha tese, embora tenha sido professor por muitos anos. Veio a anistia, muitos exilados voltaram, a ditadura acabou. Os torturadores nunca foram responsabilizados, quase todos morreram, muitos de modo trágico.

Um amigo advogado me contou mais tarde que Silvia teve uma filha, seu companheiro morreu cedo, ela também tinha falecido havia três ou quatro anos. Meu avô morreu. Meus pais foram longevos, mas já morreram. George se foi. José Olympio morreu. Emílio também. Quase todos os tios. Mas, como diz Goethe em *Fausto*, "os mortos são invisíveis, não estão ausentes".

Quando minha mãe devolveu as cartas que eu tinha mandado de Paris, ali estava o retrato de minha paixão por Silvia e a descrição de uma vida que me parecia perfeita. Como as coisas tinham mudado, eu quis suprimir as

---

[99] Nathalie Quintane, *La Cavalière*, P.O.L., 2021.

referências a tantas manifestações de carinho que pareciam traduzir um amor quase infantil, a crença míope em uma felicidade imaginária. Os apelidos meigos, tão familiares, agora me pareciam ridículos e sem sentido.

Eram finas folhas azuis, a maioria escrita a tinta ou com caneta esferográfica. Lembro de tê-las destruído com energia, talvez com raiva. Não sobrou nada daquelas cartas, mas essa espécie de exorcismo roubou também lembranças de vida que hoje me seriam preciosas.

Apagar, com um gesto brusco, as perdas do passado: perigosa ingenuidade, inútil empreitada. Enquanto os registros somem e a memória se dissipa, os sentimentos se refugiam em algum lugar. Podemos chamá-lo inconsciente, ou alma, mas isso não muda nada. Tudo continua lá. Uma simples fagulha, uma canção, um aroma, uma *madeleine*, uma carta podem provocar inesperada erupção.

# CRÉDITOS DAS IMAGENS

**Recortes de mídia impressa:**
p. 21: *O Globo*, 1969.
p. 22: *O Estado de S.Paulo*, 1969.
p. 38: *Folha de S.Paulo*, 1969.
p. 39: *Folha de S.Paulo*, 1969.
p. 44: *O Estado de S.Paulo*, 1969.
p. 50: *Folha de S.Paulo*, 1969.
p. 59: *Folha de S.Paulo*, 1969.
p. 79: *Folha de S.Paulo*, 1969.
p. 82: Union Nationale des Étudiants de France, 1969.
p. 85: *Le Nouvel Observateur*, 1969.
p. 132: *O Estado de S.Paulo*, 1970.
p. 144: *L'Express*, 1970.
p. 146: *Le Parisien*, 1970.
p. 198: *France-Soir*, 1970.
p. 202: *L'Hebdo Hara-Kiri*, 1970.
p. 220: *The New York Times*, 1971.
p. 221: *Folha de S.Paulo*, 1971.
p. 233: *Paris Match*, 1971.
p. 236: *Folha de S.Paulo*, 1971.
p. 261: *Folha de S.Paulo*, 1969.

**Documentos públicos:**
p. 45 e 256.

**Reprodução de mapas:**
p. 153, 208 e 241.

**Outras fontes:**
p. 51: Divulgação/Memorial da Democracia.
p. 75: Paul Munhoven/Wikimedia Commons.
p. 159: Roberto Stuckert/Folhapress.
p. 173: Portail Persée, 1968.
p. 235: Muhammad Ali e Joe Frazier, "Fight of the Century", 1971.
p. 244: Arquivo público do Estado de São Paulo.
p. 276: Institut National de L'Audiovisuel: *Inter Actualités*, 1971.
p. 279: Acervo digital Théâtre de La Cité Internationale.

**Arquivo do autor:**
p. 15, 24, 31, 48, 54, 65, 70, 73, 88, 91, 93, 95, 97, 116, 120, 139, 147, 164, 168, 195, 206, 247, 251, 263, 281 e 287.

Este livro foi composto com tipografia Adobe Garamond Pro
e impresso em papel Off-White 80 g/m² na Formato Artes Gráficas.